Enterprise Risk Management

# ERMは進化する

## 不確実性への挑戦

有限責任監査法人トーマツ
**後藤茂之**【著】
Shigeyuki Goto

中央経済社

# はじめに

　人生に平坦な道がないのと同様，企業も数多くの失敗や混乱の中から経営管理技術を発展させてきた。1980年代後半，バブルが崩壊していく過程で，金融・保険業が体得したものは，現代のリスク管理につながる息吹であった。つまり，事業の本質が「リスクをとることで，収益を生み出している」ことを自覚したのであった。

　リスクとリターン，資本をトータルで効率的にマネージすること，これが経営の根幹であり，収益をあげるためにリスクにフォーカスし，「リスクへ挑戦」すること，この今日につながる経営の基本は，そのときに芽吹いたのである。

　それ以降20数年が経ち，金融・保険業におけるリスク管理は大きく発展した。リスク管理をマネジメントの中核に据えた統合的リスク管理（Enterprise Risk Management：ERM）が定着していった。もちろんその間にもリスク管理の失敗事例は後を絶たないものの，その失敗の教訓がリスク管理をさらに力強く発展させてきた。

　2007年から始まるサブプライムローン問題に端を発したグローバル金融危機は，リスク管理の過信を露呈させ根本的な改革を決意させる重大な事件となった。これをきっかけに，かつてない規制改革が断行される中でリスク管理がさらに強化されようとしている。しかし私は，既存のリスク管理の枠組みから発想して強化するのではなく，リスクの根源である不確実性に遡って枠組み自体を検証してみる必要があるのではないかと思っている。つまり，「不確実性」といった基本命題に正面から向き合わないかぎり，今後直面する経営課題にリスク管理やERMが十分な成果を挙げられないのではないか，と懸念している。

　不確実性は，あまりにも基本的な概念であり，かつ捉えがたいものであるがゆえにマネジメントの対象として必ずしも十分に取り扱われてこなかった。つ

まり，極論すると，不確実性をリスクに変えられたもののみを対象にしてマネジメント全般を論じてきたきらいがある。しかし，リスクを理解したと思っていたものの中で理解しきれていない不確実な要素に気づかされる経験は多い。また，これまで認識すらしていなかった不確実性が身の回りで拡大していることに改めて気づかされることも多い。まるで時代が，すでに構築してきたリスク管理やERMの枠組みに対し挑戦状をつきつけているようである。リスクの根源たる不確実性に直面すべきだと要請しているかのようである。リスクの領域（不確実性をマネージできている領域）が広がる以上に，新たな不確実性が速いスピードで広がっている。このようなリスク社会で，現実の企業は経営している。それゆえ今，リスク管理の原点に立ち返り，「不確実性のマネジメント」を正面から取り上げる必要がある。

このテーマに取り組むことは，文字どおり不確かで捉えどころのないものに直面することを覚悟しなければならない。しかし，逆にERMが今日のように一定レベルに達したがゆえに，アプローチすることが可能になったともいえる。

これまでの経済発展や生活向上の歴史を改めて振り返り，イノベーションを誘発する重要な要素を3点挙げるとしよう。1つ目は，科学技術の進歩による社会・経済の発展である。産業革命以降，生産性を飛躍的に向上させることに貢献してきたが，今や第4次産業革命のプロセスにある。2つ目は，金融システムのグローバル化である。経済活動に必要な資金を効率的に循環させ，同時に市場におけるリスクの交換を促進させてきた。3つ目は，情報ネットワークの変革である。インターネットの普及や今日のデジタル革命は，情報の概念を革新し，ビッグデータの新結合，循環を通じて知識改革を推し進めている。

これらの要素は，われわれに新たな機会を提供すると同時に，新たな不確実性やリスクを投げかけてもいる。換言すれば，経済社会のダイナミズムと同時に，リスク社会を現出させる要因ともなっている。社会環境の変化は，企業に新たな戦略推進のきっかけ（機会）を提供すると同時に，不確実性を拡大し，リスク管理，ERMの強化を要請し，さらなる飛躍のための試練を与えている

ようだ。

　本書は，現代の企業が確立してきたERMをスタート点とする。そして，今後のパラダイムシフトが引き起こす不確実性への挑戦と，ERMの進化の方向性について考えることを目的としている。

　企業活動は，いわば将来への働きかけである。将来の個別のシナリオは誰も正確に予測できない。そのため，企業価値は常に不安定である。しかし，企業価値にかかわる多数の可能シナリオを集合的に捉えることにより，その期待値とそこからの乖離（リスク）を評価し，その最悪の事態が現実になったときにも事業継続が可能なようにあらかじめ対処しておく。この考え方を実践的に体系化したものが，今日のERMである。つまり，不確実性をリスクに変える手段を経営管理に取り込むことで，リスクに対する戦略的経営を可能にしたわけである。

　今ERMは大きな壁にぶつかっている。企業を取り巻く環境が激変しているからである。例えば，科学技術の発展の副産物として生み出されたリスク社会や，デジタル革命が主導するビジネスチャンスの裏で拡大するサイバー空間上の脅威など，かつて経験したことのないほど，経営は不確実性にさらされている。換言すれば，不確実性の急拡大にERMの発展が追いつかない。かつて，リスクへの挑戦を旗印にして発展してきたERMは，リスクの根源である不確実性によって脅かされている。このような次世代の課題に対して実効性を発揮すべくERMは進化していかなければならない。そのような意味を込めて，本書に「ERMは進化する」という表題をつけた。また今後の進化は，「不確実性への挑戦」の成果にかかっていることから，それを副題にした。

　本書は，リスク管理の枠組みや技術的な解説を主たる目的とはしていない。日常の企業活動の様々な局面で直面する不確実性に対し合理的な意思決定や行動を取るためには，マインドセットをいかに変えなければならないのか，そし

て組織として的確に対応するためには，経営システムの中に新たな仕組みを追加しなければならないのか，といったことを考察する。ERMをトップダウンで導入しても，組織にリスクカルチャーが十分浸透しなければ，組織構成員の日々の業務の実効性は上げられない。また，リスク化されたものに適用する枠組みで，リスク化されていない不確実性を扱うのは十分ではないのである。

　ここで本書の構成について概観しておきたい。「起」，「承」，「転」，「結」の4部構成としている。なお，本書では，特段の説明がないかぎり，現状のERMについて述べる場合，現在の金融・保険業を前提にしている。

　「起」の章である第1章では，ERMの発展の歴史を振り返る。そして，最近の規制改革の本質から今後のERM強化の方向性について確認する。

　「承」の章である第2章では，本書のテーマとなっている「不確実性」について「リスク」との違いを整理し，不確実性の「リスク化」の意味について検討する。ERMは実践科学である。根底に流れる科学的アプローチを踏まえて不確実性にいかに対処するかについて考察する。また，これまでERMは，その発展の過程で活用できる知見を幅広く取り込んで発展してきた。例えば，戦略論，不確実性下の意思決定論，ガバナンス論といった関連領域の知見や，規制改革の過程で共有された経験知が組み込まれている。本書は，不確実性のプロファイルを把握し，これに対し合理的な意思決定を下す際に参考となる知見を整理する。

　「転」の章である第3章では，当時としては不確実性の要素が高く適切な意思決定ができなかったために発生した企業の失敗事例を検討する。不確実性が現実のビジネスにどのようなインパクトをもたらしてきたのか，そこからわれわれは何を学びうるのかを整理する。その中から不確実性に対処する際の留意点を抽出したい。そして，「起」「承」の章で整理した基本事項と合わせ，適切

なアプローチの糸口と対処のための視点を洗い出したい。

　「結」の章である第4章では，これまでの整理を踏まえ，「リスクへの挑戦」から「不確実性への挑戦」に転換させるため，マインドセットをいかに変え，現行のERMに対しどのような仕組みを組み込まなければならないかを検討する。また最新の技術，例えばロボティック・プロセス・オートメーション（Robotic Process Automation：RPA）や人工知能（Artificial Intelligence：AI）といった技術をERMの中でどのように活用しうるのかについても触れ，不確実性をマネージするため，われわれの潜在能力をいかに拡大できるかについても考えてみたい。

　2018年11月

後藤茂之

# CONTENTS
ERMは進化する ― 不確実性への挑戦

## 第1章 ■ ERMの発展と強化の方向性

### 1 リスク管理発展の流れ —————————— 2
1. 経営管理としてのリスク管理の意義 ———— 2
2. リスクへの科学的アプローチ ———————— 9
3. リスク評価モデルの意義 —————————— 12

### 2 戦略的意思決定とリスク管理の関係 ————— 18
1. リスクと戦略と意思決定 —————————— 18
2. ERMとビジネスモデル —————————— 20

### 3 ERM強化の方向性 ———————————— 22
1. リスクへの挑戦，失敗，規制強化 ————— 22
   (1) 環境変化と企業の盛衰／22
   (2) 金融・保険業の規制とERM／22
   (3) パラダイムシフトの意味／23
2. 金融危機後の規制強化 —————————— 25
   (1) 規制強化の概要／25
   (2) 監督当局の変化／30
   (3) ERM強化の方向性／32
3. 中長期の不確実性へのアプローチ ————— 42
   (1) デジタル革命と不確実性／42
   (2) 気候変動と不確実性／45
4. 中長期的不確実性対応のERM上の意義 ——— 53

## 第2章 ■ 不確実性へのアプローチとリスク化

### 1 リスクの変質，不確実性の高まり ── 58
1．ERM強化の方向性 ── 58
2．リスクと不確実性の相違 ── 58
3．想定外の意味 ── 60
4．リスク社会という視点 ── 63

### 2 不確実性に対するアプローチ ── 65
1．リスクマネージャーのアプローチ ── 65
2．科学的方法論 ── 71

### 3 不確実性下の意思決定 ── 74
1．不確実性の度合い ── 74
2．不確実性と動態性 ── 76
3．不確実性と意思決定 ── 78

### 4 不確実性のリスク化の意味 ── 84
1．不確実性の意義 ── 84
2．リスクパーセプションとアセスメント ── 87
3．リスク化の意味 ── 89

## 第3章 ■ 事例にみる不確実性のインパクト

### 1 事例検討に先立つ着目点 ── 94
1．先行知見の整理 ── 94
2．ERMの視点からの分類 ── 97

## 2 事例検討と教訓 ─────────── *99*

### 1．戦略的意思決定と不確実性 ─────── *100*
⑴ 米国貯蓄金融機関の破綻／*100*
⑵ エンロンの破綻／*106*
⑶ 検討後のまとめ／*114*

### 2．システミック・リスクと不確実性 ──── *122*
⑴ ベアリングス銀行の破綻／*123*
⑵ ヘッジファンドLTCMの破綻／*129*
⑶ 検討後のまとめ／*134*

### 3．オペレーショナル・リスクと不確実性 ── *136*
⑴ JCO臨界事故／*137*
⑵ 三菱重工長崎造船所大型客船火災事故／*142*
⑶ チェルノブイリ原子力発電所事故／*145*
⑷ 検討後のまとめ／*149*
⑸ リスクカルチャーへの展開／*152*

### 4．エマージングリスクと不確実性 ───── *158*
⑴ 自然災害リスクと不確実性／*158*
⑵ サイバー脅威と不確実性／*171*

## 3 不確実性への対処における留意点 ─────── *183*

# 第4章 ■ 不確実性をマネージするためのERM

## 1 不確実性に向き合うための視点 ───────── *188*

## 2 リスクと不確実性の峻別と投資判断基準の設定 ── *191*

### 1．リスクと不確実性の峻別 ──────── *191*
⑴ ERMの枠組みの変化／*192*

(2) 業務への展開／197
　2．不確実性への投資基準 —————————————— *198*
　　　(1) リスクアペタイトと不確実性／198
　　　(2) 不確実性への投資の判断基準／199
　　　(3) 不確実性の評価／201

## 3　バイアス管理の強化 —————————————— *203*
　1．不確実性への対処の枠組み —————————————— *203*
　　　(1) 不確実性の特定・評価／203
　　　(2) 不確実性の処理／205
　　　(3) 不確実性の検証・改善／205
　2．不確実性のカルチャーの醸成 —————————————— *205*

## 4　想定外のマネジメントの強化 —————————————— *212*

## 5　不確実性に対する戦略的思考 —————————————— *215*

## 6　新技術の応用とERMの進化 —————————————— *217*
　1．新技術の特徴 —————————————— *217*
　2．人工知能（AI）利用の可能性 —————————————— *218*
　3．不確実性に対する合理的対処 —————————————— *223*
　　　(1) 予測の変更／225
　　　(2) 戦略の変更／226
　　　(3) 想定外への対応／229

## 7　ERMの進化への期待 —————————————— *232*

あとがき／235
索引／237

第1章

# ERMの発展と強化の方向性

　企業活動は将来に対する働きかけである。将来の不確実性に対し経営は事業継続を担保し，持続的に企業価値を向上させるため，不確実性を管理可能な「リスク」に変える努力を重ねてきた。そして，これまで事業上の失敗を糧にERMを強化し今日に至った流れを，規制や経営管理の視点から振り返る。

　「**起**」の章である本章では，これまでのERMの発展を概観し，2007年のサブプライムローンの破綻をきっかけに発生した金融危機の教訓に基づく規制改革の中身を確認し，ERMの強化の方向性を導出する。

　さらに，現在進行中のデジタル革命や気候変動といったパラダイムシフトの進行が生み出す不確実性の特徴を確認することによって，ERMに対する中長期的視点から課題を明らかにする。

## 1 リスク管理発展の流れ

### 1．経営管理としてのリスク管理の意義

　今日，統合的リスク管理（Enterprise Risk Management：ERM）はあらゆる企業経営の中核に据えられている。なぜなら，企業活動は将来の不確実性に向き合い，それに働きかけることにより新たな価値を生み出して経営目標を達成するものと考えているからである。ERMの高度化のため，われわれは，不確実性をリスクに変える（確率分布を導出し計量化＝リスク化する）努力をしてきた。しかし，経営環境は大きく変化している。新たな不確実性がどんどん登場しているため，リスク化するためのデータ，情報の収集が追いつかず，それを計量化し評価できずにいる。さらに現時点で十分認識すらできていない不確実性の存在も否定できない。

　これまでの合理的な意思決定の基礎は，将来起こりうる事象を確率的に推定して，その結果を予測することによって，将来の影響を理解し，意思決定に活用するというものであった。このような考え方を基礎として，将来の期待値に基づいて戦略を立て，ある信頼水準の下において想定される最悪の事態に相当する経済損失を軽減する措置を講じたり，万一のケースに備えて資本を確保する形で，事業の継続性を確保する。そうした安心感の下で経営を行うという考え方が今日のERMの基礎となっている。しかしながら，不確実性に対処する際の問題は，われわれが直面する将来事象に対して類似事象が存在しない，あるいは類似事象に対する過去のデータ，情報が圧倒的に不足している中で，意思決定を余儀なくされることにある。これは，ケインズが主張してきたように客観的確率ではなく主観的確信に基づいた確率（主観的確率）に基づき対処することを意味する。このように説明してしまうと，確率の質が変わっただけで，意思決定の枠組み自体は変わっていないような錯覚を覚えるが，果たしてそう

であろうか。例えば,意思決定の拠り所となった主観的確率に客観的確率と同様の合理性が求められるのであろうか。主観的確率の持つ本質的課題とそれに対するガバナンスはいかに考えればよいのであろうか。

主観には無意識のうちに介在するバイアス（判断上のリスク）が懸念され,このマネジメントにも留意しなければならない。

今日われわれの周りには「リスク」という言葉があふれている。これは日常生活や企業活動の中で,不確実性が強く意識されるようになった証左であろう。しかし不確実性とリスクは必ずしも十分区別されることなく使用されていることに危惧を覚える。基本事項に遡って整理してみる必要があろう。

リスク管理とは,「リスク（Risk）」と「管理（Management）」の結合語である。ただ今日,リスクの概念はさまざまな意味合いで使われており,次の内容を含んでいる。すなわち①事故（Peril）,②事故発生の不確実性（Uncertainty）,③事故発生の可能性（Possibility）,④ハザード（Hazard）の結合,⑤予想と結果との差異,⑥不測事態（Contingency）,⑦偶発事故（Accident）,⑧危機（Crisis）,⑨危険状態（Danger）,⑩脅威（Threat）,⑪困苦（Pinch）などの意味である[1]。

マネジメントについても次の3つの考え方がある。第1は管理過程の循環（計画,組織,指導,統制のサイクル）,第2は意思決定の連続（情報,企画,選択,再検討の連続）,第3は対策の連結（導入,事前,渦中,事後の対策の統合）である。リスクマネジメントサイクルは,(a)危険処理の計画,(b)危険処理の組織,(c)危険処理の指導,(d)危機処理の統制という4つのプロセスから成り立ち,それがサイクルを描いて循環している[2],状況を表現している。

本書では,リスクを「予想と結果との差異」の意味で使い,リスク管理とは,

---

1　亀井利明（原著）,上田和勇編著『リスクマネジメントの本質』2017年,同文舘出版,14ページ。
2　亀井利明（原著）,上田和勇編著,前掲書,68,105ページ。

現時点で将来発生する可能性を予想し、それに対して先回りして（フォワードルッキングに）対処する意思決定、行為、モニタリングを含む管理サイクル全般のことを指すもの、とする。

　もとより将来の具体的シナリオは誰にも正確に予測することはできない。そして、自らが現時点で期待しているシナリオや結果に対する予測と将来実現するそれとの間には乖離が生ずるのが普通である（これを将来事象のランダム性（変動性）と呼ぶ）。
　このランダム性がもたらす期待値と結果の可能性との間の経済価値の乖離がリスク量であり、リスクが個人生活や企業活動にとって大きな脅威にならぬよう、計画力、組織力、指導力、統制力を発揮して管理しようとするのがリスク管理の実務である。リスクに対応する際、われわれは完全に客観的情報を入手しえないため、理性のみならず、感性までも動員してそれを理解し、それに対応しようとする。不確実性の本質を十分評価できない状況（未知リスク）においては、リスク感性も重要な要素となる。ここで、リスク感性とは次のとおり説明されている。
　「リスク感性はリスクに対する刺激や反応であって、リスクや危機をその前兆の段階で把握し、その対応策を講じうる能力である。…リスクを理性や理論でもって把握するのではなく、直感や経験に基づく勘によって把握する能力である。…直感は予感、洞察力、霊感、天啓、前兆、虫の知らせ、第六感、あるいは内なる声といわれている[3]。」

　リスクに対処する手段として、リスク制御（Risk Control）とリスク財務（Risk Finance）を区別するのが普通である。前者は、リスク発生状況を好ましい方向に統制しようとする行為全般を指す。例えば、交通事故回避のための運転規則の設定や、リスクのある行動をとるか否かの選択、防火設備を設置する

---

[3] 亀井利明（原著）、上田和勇編著、前掲書、16ページ。

等，リスクの幅を縮小するための広範な行為がこれに該当する。また，後者は，前述のリスク制御にもかかわらず残存するリスクに対し，あらかじめ財務的に対処する行為全般を意味する。例えば，損害が発生した際にその加害者に対して法的賠償請求の訴えを起こす，取引当事者間の契約にハームレス条項を設定する行為，将来の損失に備えた預金の確保や資本調達，金融取引に伴い発生するリスクをヘッジする取引，将来の人の生死や事故災害に対する保険契約の締結等がこれに該当する。

リスク管理はその主体により，区別されて論じられることも多いが，本書で扱うのは，企業の行うリスク管理（ERM）である。初期のリスク管理は，リスクをいかに最小のコストで管理するのかに関心が高かった。それゆえ，リスク対コストという観点からの論議が盛んに行われ，いかに保険を有効に活用するかといった視点が重要な論点となり「保険論」が発達した。

その後ハリー・マーコヴィッツが1952年に発表したポートフォリオ選択論（Portfolio Selection）[4]という論文により，証券投資における現代ポートフォリオ理論が展開され，リスクとリターンの観点から，最適ポートフォリオの構築が進められた。

企業のリスク管理も，企業を取り巻くリスクの変化や経営のあり様の議論の進展，企業の社会的評価基準の変化などの中で，リスク管理の概念自体も変化・進化してきている。これまでの流れを振り返ると，1930年代は，主として事故・災害といった純粋リスクに対する保険管理型のリスク管理が発展した。1950年代に入ると，企業活動の拡大や投機的リスクが認識されるようになってきた。1970年代には，企業の社会的責任が重視されるようになり，保険管理型

---

[4] ポートフォリオ選択論とは，平均−分散理論と呼ばれている。証券の個別銘柄のリターンとリスクは，リターンの平均値やその標準偏差といった統計量によって説明することができ，ポートフォリオの銘柄を増やすことによりリスクを低減させることが可能で，その低減効果は銘柄間の共分散（2組の対応するデータ間での，平均からの偏差の積の平均値）に依存すると説いている。この考え方により特定のリスクの下で期待収益率を最大化したポートフォリオの選択が可能となった。

リスク管理のみに頼る限界が強く認識されるようになり，経営管理型のリスク管理が論じられるようになる。1990年代に入ると危機管理を含むトータル的管理の重要性が認識されるようになる。2000年代以降は，ガバナンスや情報開示への要求，企業不祥事の多発も手伝い，社会的責任や寛容への配慮の要請も高くなってくる。このような背景も手伝い，企業価値増大に貢献する統合的リスク管理が意識されるようになってきた。

　ピーター・F・ドラッカーは，経済的な活動のことを，現在の資源を不確かな未来に投入することである[5]，と説明した。企業は経営目標を達成するために，将来に働きかける。将来は不確かであるが，事業に成功するためには，事業の機会（Opportunity）を体系的に分析し，脅威（Threat）や危険（Danger）とビジネスの可能性（Business potential）に分解する必要がある。企業が管理対象とするリスクは，ビジネス上のリターンを生むが損失も生む可能性のあるビジネスリスク[6]と経済的損失のみをもたらす純粋リスク[7]に分かれる。これらのリスクは共に企業活動に伴い生じ，価値を変動させる要素である。今日のリスク管理は，企業価値にインパクトを及ぼすリスクを幅広く捉えて統合的に管理しようとする。そして，事業の継続性（財務健全性）と，リスク・リターン対比による資本の効率性の両面から，リターン，リスク，資本を総合的に管理しようとする。

　例えば，企業活動に伴う価値（自己資本）向上のための無数の働きかけ（シナリオ）を描いていくとする。各シナリオの結果の可能性を集合的に確率分布として導くことができたとする（**図表1－1参照**）。ここには将来のある時点（例えば1年後）における企業価値の期待値と期待値を超える，あるいは下回

---

[5] P.F.ドラッカー『エッセンシャル版 マネジメント 基本と原則』上田惇生編訳，2001年，ダイヤモンド社，174～176ページ。
[6] ビジネスリスクとは，リターンを生む可能性のあるリスクで，その期待値より高い可能性（正のリスク）もあれば，低い可能性（負のリスク）も存在する。
[7] 純粋リスクとは，自然災害のように，災害が発生すると財物の毀損の可能性等，負のリスクしか期待できないリスクのこと。

る可能性が描かれている。もちろん実際の結果がどこに落ちるかを予測することはできない（ランダム性）。しかし，どの範囲に落ちるかが合理的に予測でき，それがどの程度の確率で起こりうるかが理解できる。この知見は，経営にとっては，大きな付加価値を生む。つまり，不確実性に挑戦しようとしたとき，期待しうる価値の大きさと共に最悪どの程度の損失を覚悟しておけばよいかを示唆してくれるからである。

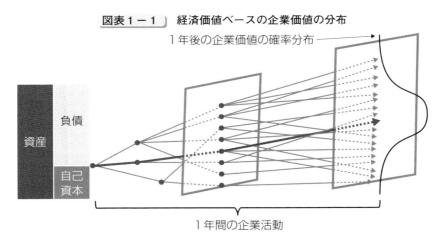

**図表1－1　経済価値ベースの企業価値の分布**

（出典：著者作成）

　企業活動には資本や資金が必要である。投資家は，事業というリスクを伴う活動に対し，株式や社債を購入することにより，これらを提供するので，そのリスクに対する見返りを要求する。実際には，将来支払われる配当や利息という形で報われることになる。

　投資家が投資判断をするとき，過去の企業の業績を確認し，企業がどのような戦略を打ちどのように結果を残してきたか，その実績を知ろうとする。しかし，投資家にとって本当に知りたいのは，今後どのような戦略を取り，その成功の可能性はどの程度なのかという将来に対する情報である。企業がどのような事業投資を実施し将来価値を拡大する可能性があるか，つまり当該企業に投資した見返り（リターン）が得られる可能性が高いのかという点に関心を払う。

リターンの担保は，企業の生み出す将来キャッシュフロー（経済価値の源泉）に依存するため，1年後のネットキャッシュフローの期待される水準やそれがどの程度変動する可能性（リスク）があるのかに関心を持つこととなる。不確実性を将来の経済価値の状況として合理的に理解し，経営判断に活用できることを，「リスク化」すると呼ぶこととしたい。リスク化された不確実性に関する情報は，投資判断の理論的枠組みであるコーポレートファイナンスに活用される。投資対象の企業がどの程度の資本を有しているかは，リターンの源泉としてのリスクの負担能力を意味し，事業継続の可能性と連動する。

　会計制度について考えてみたい。企業活動を記録し報告するのが，会計の機能である。企業の業績を報告する日本の現行会計基準は，収益から費用を差し引いて算出した「期間損益」に重きを置いている。企業は，過去1年間に発生した費用と，実現した収益という確定数値をベースにして算出した期間損益を開示する。しかし各国の会計基準には整合性はない。資金調達がグローバル化したにもかかわらず，各国の会計基準が異なっていることは，投資家が企業の経営状況を把握するのに困難をきたす。そこで，もし共通の国際会計基準が使用されればこの問題を解決できる。このような思想で作られたのが，国際財務報告基準（International Financial Reporting Standards：IFRS；通称「国際会計基準」）である[8]。IFRSの基本的考え方は，経済価値ベースで評価した資産，負債から純資産を算出し，この増分として利益を把握するものである。また，過去数値をベースにしたバックワードルッキングの視点から将来のキャッシュフローに目を転じフォワードルッキングな視点へとシフトした点にも特徴がある。これらの根底には，企業の業績を市場整合的に評価することを意図している。コーポレートファイナンスは，調達，運用，価値創造，資金提供者への還元を企業価値評価の問題と一体的に取り扱う理論的枠組みであり，不確実性に対する意思決定を支える枠組みの1つである。市場整合的な企業業績評価はコーポ

---

[8] 国際会計基準審議会（International Accounting Standards Board）によって推進され，ヨーロッパで2005年に義務化された。

レートファイナンスが前提としている投資判断と整合する考え方である。

## 2．リスクへの科学的アプローチ

　企業の将来に対する活動にはリスクが伴い，最悪の場合倒産する危険がある。このような最悪の事態を回避・軽減するための倒産回避の実学として当初のリスク管理はスタートした。

　リスク管理は実践科学である。ここで少し，科学的アプローチの意義について振り返ってみたい。

　1543年にベルギーのヴェサリウスが，『人体の構造について』を出版した。これは，ヴェサリウス本人が自ら行った人体解剖の実験と観察に基づく記録である。当時，西欧の大学の医学教育で用いられる解剖学の教科書は，2世紀に活躍したガレノスの手になる文献が中心であったという。古代ギリシアやローマの時代に著された古典の権威が，中世・近代に入ってもなお強い影響力を持っていた。すでに確立された古典の中に真理はすべて盛り込まれており，それを正確に継承し，伝えることが学問の要諦であるという考えに支配されていた。

　当時は，解剖学の授業でありながら，教授も学生も自ら遺体に直接触れようとはしなかったという。学者より身分が低いとみられていた職人が手を汚す作業—解剖—に従事し，教授は古典の文献をただ読み上げるだけであり，学生も実物の遺体よりも文献のほうに関心を向けていた。

　ヴェサリウスは，解剖の職人に委ねるのではなく，自らメスを手に解剖を行い，自らの目で人体の構造を1つひとつ確かめた。その結果，ガレノスの文献は200以上も誤りがあったことを初めて指摘した。このように，自分の目を通した観察を重視し，事実を記録し，そこから得られる証拠を拠りどころに論理を展開するという，今日では当たり前となった科学的アプローチの萌芽といわれている。

17世紀，ニュートンの物理学によって確立された近代科学は，われわれの世界観，宇宙観に大きな転換をもたらした。惑星の運動の数学的理論は，17世紀末にニュートンの開発した微積分法を中心とする解析学によって数学的に記述された基本法則（「運動の3法則」と「万有引力の法則」）を用いて，ケプラーの惑星運動の法則を数学的に導いたことに始まる。ニュートンは，この2つの力学の法則によって，宇宙に存在するすべての物体の運動を無限の過去から無限の未来まで因果法則として厳密に記述した。宇宙に起こるすべての現象は，この基本法則によって記述することができ，この基本法則が不変であるかぎり，現在の状態を厳密に観測すれば，過去の状態をさかのぼって知ることができ，また未来も正確に予測することができると考えた。そこには「偶然」のようなものが入る余地はまったくない。すべては必然であるかのように考えられた。
　19世紀初めの科学は，将来のすべての出来事が過去の出来事によって決定され，神の介入がなくても永遠に続く神不在の「時計仕掛けの世界」と呼ばれてきた強固な哲学上の決定論の信念に立脚していた。ここでは，予測と現実の差は，観測上の誤りとして，誤差関数として片付けられた。ところが，19世紀末になっても，誤差はなくなるどころか増え続けた。その結果，これまでの法則は大雑把な近似にすぎないことが証明され，徐々に科学は実在（Reality）の統計モデルという新しいパラダイムで動き始めるようになった。20世紀の量子物理学は，すべての事象は確率的にしか予測できないとし，ニュートンの力学的決定論を否定することとなった。

　科学について「世界についての真理を証明すること」といったイメージを強く持つと，科学理論とは，それが真であることが疑う余地なく証明された理論であるかのように思われがちである。しかし，黒鳥（Black swan）が17世紀に初めて発見され，ヨーロッパ人は白鳥が白いという，当時普遍的真理とみなされていた考えを変えることとなった。

　1748年デイヴィド・ヒュームは『人間知性研究』の中で，未来について確か

なことは言えない，という明確な認識を示した。1934年『科学的発見の論理』を表したカール・ポパーは，科学がどのような方法を用いて世界の真理を明らかにしていくかという視点に着目した。ある理論を科学的な理論というるのは，それがその後の経験によって誤りであることが反証されうる可能性を有していることが重要であると，指摘したのである。

ポパーに言わせると，われわれは自らの理論が真であることを証明することはできない。それゆえ，それを現実とつきあわせテストする可能性を担保する必要があると指摘する。このような視点から，科学的プロセスにおいて，観察された一連の事実（特殊事例）からより一般的な結論へと移行していくという「帰納的推論[9]」が重視されることとなる。

1878年に「私たちの観念をいかにして明晰にするか」という論文を書いたチャールズ・サンダーズ・パースを草分けとする哲学上の学派の1つであるプラグマティズムは，思考の目的を，世界の真の像を提供することではなく，世界の中でわれわれが効果的にふるまうよう支援することに置く。アメリカ社会の一般生活の実践的思考にその影響を及ぼしたジョン・デューイは，自然は全体としてみるなら，絶えざる変化の状態にある1つのシステムだとみなした。そして，人間を，自らの世界を意味あるものとしその中でどのようにふるまうのがベストなのかを決定しようともがいている生きものと位置づけた。

科学的アプローチの歴史を振り返ってみたが，今日のERMの枠組みも科学的アプローチを踏襲したものといえよう。ERMは，リスクの計量化を通して

---

[9] これに対して，逆に，一般的な事例から特殊事例へと進む推論として演繹的推論がある。これは，例えば，「もしそれがリンゴなら，それは果物だ（すべてのリンゴは果物だから）」と，「これはリンゴだ」という2つの前提から出発して，これら2つの前提の性質からして，「これはリンゴだ」という言明は不可避的に「それは果物だ」という結論にいたるという具合に進む推論のことである。

大きく発展を遂げた。リスク計量化のためにわれわれはリスク評価モデルを構築した。リスクを構造的に把握し，統計データと結びつけてリスク量を計測するモデルはいわば現時点におけるリスクに関する知見の集大成といえる。またモデルはリスク管理を実践していくためのツールの1つであるため，実際に使用する中で検証し，新たなデータを加えて変更し精緻化を繰り返していくものである。このプロセスこそ，正に科学的アプローチそのものといえる。

## 3．リスク評価モデルの意義

リスク管理の枠組みは，将来の具体的なシナリオが予測できない（個々のシナリオのランダム性）ことを前提にしている。それゆえ，多数の将来シナリオの確率加重平均から，統計的期待値を算出し，この期待値からどのくらい乖離する可能性（リスク）があるかをあらかじめ評価して意思決定の材料とすることを基本としている。

リスク評価モデルは，過去データに基づくパターンから確率分布を導出し，それを演繹的に将来に適用している。過去のデータは数多く収集したとしても母集団すべてではなく，現実には限られたデータといえる。もちろん多くのデータを分析することによって蓋然性に関する説明力を高めることができる。リスクの源泉は，自然現象もあれば，例えば，投資行動などの人の行動を源泉とするものもある。いずれにせよ不確実な現象の本質に着目することが重要である。例えば，民族の文化興亡を研究する際，何が永遠のものであり，何が過渡的なものであるか，を識別することが大切であるように，リスクにおいても，事象のプロファイルに影響を及ぼす本質的なリスクファクターを特定することが重要である。現時点において将来のリスクファクターの特性を適切に具現しているように思われていても，今後より適切なファクターが見出される可能性もある。

金融機関や保険会社が使用するリスク評価モデル（内部モデル）は，資産・負債の価値の変動（リスク）を計測するためのものである。価値の変動に影響

を及ぼす要素（リスクファクター）に着目して構築される。当然資産・負債の特性に応じてリスクファクターやその構造（リスク構造）も異なるものとなる。モデルの基本構造は，時間の経過と共に資産・負債の将来キャッシュフローが変化するものと考える。そして，資産・負債のキャッシュフローを変化させるシナリオを確率論的に多数発生させようとする。そこでは何がシナリオを変化させる要素（リスクファクター）であるかを明確にすることによってシナリオの変化を構造的に構築していくこととなる。今日のERMで使用されるモデルは，会社の資産と負債の多数のシナリオから期待値（時価ベースのバランスシート）を作成し，その期待値からの乖離をリスクとして評価する構造となっている。

例えば，今日保険会社が使用しているモデルは日々進化している。直接的なデータに制約がある場合は，関連する情報で補足する工夫を行っている。今日のモデルの構造上の特徴から概ね次の**図表1－2**のとおり分類できる。

モデル構築には前述のとおりリスク構造が明らかになり，価値変動に影響を及ぼす主要なリスクファクターが抽出され，そのリスクファクターと価値との関係を明らかにするデータが十分存在する場合には統計的手法を使い安定的なモデル構築が可能となる。しかしモデル構築過程で，一定の前提を置き構造の単純化を行うことも事実である。さらに統計的アプローチの基本は，過去は再現される，という前提に立っている点に留意する必要がある。現実はより複雑であり，かつ常に変化しているため，それを完全に捕捉できるモデルはない。

しかしながら，まったくその存在すら認識していない不確実性については，モデル化する方法がなく，ERMの枠組みとしては，エマージングリスクのモニタリングの対象となる。したがって，本書で主として検討の対象とする不確実性は，その存在を認識しているが，定量化できない，つまり十分リスク化できていない不確実性ということになる。

われわれの回りには「単純なシステム」と「複雑なシステム」が存在する。モデル構築の難易度はこれに左右される。単純なシステムとは，観察対象に変

**図表 1-2　モデルのタイプ**

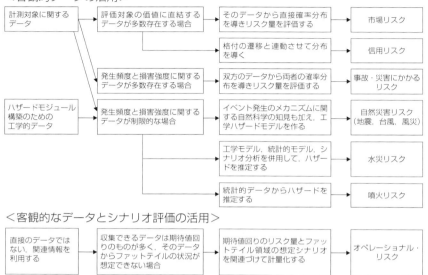

(出典：著者作成)

化があっても，そのすべてのほとんどをモデルが捕捉できるシステムのことである。複雑なシステムは，多数の独立した要素が非直線的な形で作用し合うものと考えられている。したがって，複雑なシステムでは，システムの一部におけるわずかな乱れが増幅され，ほかの部分に大きな効果を及ぼす。カオス理論における「バタフライ効果」である。

　社会システムは，人々の集まりであり，その場合，個人の考えや行動が他人に影響を与える。「社会」はこうした相互作用で成り立っているため，その過程は複雑性をはらんでいる。経済学者にとって，正確な経済モデルを作るという理想は夢物語であるといわれる。これも複雑なシステムに起因している。現実の社会は個人と個人，個人と企業，企業と企業，個人と企業と市場，万人と政府の関係など相互作用に満ちているからである。経済モデルはマクロモデルの本質である複雑性を重視しているがゆえに，数理モデル上「代表的企業」を

指定し，その企業が資源を経済全体の情報に基づいてどう合理的に割り振るかを問う。つまり，その企業の対応が経済全体の対応と解釈される。「代表的個人」は何千何万もの個々のアクター相互作用を黙殺し，景気循環の分析を非常に単純化する役割を果たすこととなる。このように，モデルは，個々の結果を予測するものではなく，結果の確率を予測するものである。

このようなモデル固有の特性があるものの，ERMにとってリスク評価モデルは意思決定を向上させるための欠くことのできない重要なツールといえる。リスクを定量化することで，目に見えないがゆえに人によって異なるイメージで捉えられがちなリスクを，組織内で標準化・客観化・共有化することができる。逆にモデルが不適切に管理され，そのアウトプットに基づき意思決定された場合には深刻な問題を引き起こすこととなる（これを「モデルリスク」と呼ぶ）。

われわれが現実に意思決定する際，「統計的に出された確率を完全に信じてはいけない。」といわれることがある。データに基づきモデルを作ったとする。データの中から法則性を見出そうとする過程で余計なものをはぎとって現実の核心に触れようとする。ただ実際にははぎとられた部分が影響を及ぼすことも考えられるからである。つまり，過去のパターンから導き出された確率やモデルのアウトプットと現実との間にギャップが存在している事実は常に意識しておかなければならない。

過去の傾向が完全に将来も繰り返すといった，いわば閉じた静態的な世界にわれわれは生きていない。将来は常に過去にはなかったもの（不確実性）を生み出していく。このような動態的な世界においては，過去の知見の集大成としてのモデルを絶えず修正し将来への利用可能性を高めていくことが必要である。

ところで危険事象の再現期間が長ければ長い程，長い観察期間のデータを分析しなければならないが，例えば数千年，数万年といった単位の再現期間を有する巨大自然災害の場合は，利用可能なデータに制約があるため他の知見（自然災害の発生メカニズム）も並行的に活用してモデル化している。

ここで自然災害リスクのモデル化の経緯を振り返ってみたい。1988年のハリケーン・ギルバート，1989年のハリケーン・ヒューゴやロマプリータ地震等の発生もあり，1980年代後半以降，現在グローバルで使用されている代表的な3つのモデル開発会社が立ち上げられている。その後，1992年のハリケーン・アンドリューのような巨大災害発生の度にそのデータが分析されモデルが改良されてきた。

モデルを用いた確率論的アプローチは，一定の前提の下で，損害を推定できることや，例えば台風の経路がずれた場合の予測分析も可能なことから，保険会社，格付け会社，規制当局などにとって有益な手段となっている。また，1990年代半ば頃からは，債券のリスクを評価したい投資家がキャット・ボンド[10]の評価にも活用され，金融市場においても同モデルが活用されるようになった。

自然災害リスクモデルは，複雑な物理現象を表現するものであり，その信頼性も，地震や台風などの複雑な自然物理現象や，これらの外因による建物などの財物への影響の理解に大きく依存している。しかしながら，これらが科学的に十分解明されていない部分もあり，不確実性を認識した上[11]で，モデル上そのランダム性は正規分布に従うとしてモデル化するなどの工夫も行っている。観測技術やコンピュータによる計算技術の進歩に助けられ，モデルは実務的に利用可能な水準まで進化している。

---

10　キャット・ボンド（Catastrophe債券）とは，自然災害が発生した場合には，投資家の償還元本が減少する代わりに，同程度の格付の発行会社が発行する普通社債よりも高い利率が支払われる仕組みの債券である。発行会社は，普通社債を発行する場合よりも高い利率を支払うこととなるが，契約により種々のアレンジが可能である。例えば一定の強度以上の自然災害が発生した場合には，あらかじめ契約で定めた条件（マグニチュード等の災害強度や対象地域の特定など）によって投資家と取りきめた金額を受け取ることができる内容として当初登場した。その後損害保険に近い内容を持つInsurance Linked Security等も登場している。

既存の理論やモデルではうまく説明できないものをアノマリ（Anomaly：変則性）と呼ぶ。モデルの妥当性検証（Validation）というプロセスの中で展開される反証主義に基づく実務的検証によりモデルは精緻化され、リスクへのフィット感を高めていく。このようなモデルの高度化の過程は、次に示した科学の進化と類似のプロセスである。

> パラダイムの成立→通常科学（Normal science）→解けないアノマリの蓄積（＝危機）→異常科学（＝新しいパラダイムの提案）→科学革命（＝新しいパラダイムの成立）→新しい通常科学

モデルを構築できる程十分なデータや情報がない場合には、リスクを定量的に把握して管理することができない。例えば、将来のバブルの過熱状態であるとか、政策的な金利水準であるとかをモデルに反映させることは一般に困難である。このように考えると、モデルは、将来を予測する有力なツールであるのは事実であるが、一定の前提の下における評価であり、万能ではないことも明らかである。ここに、モデルの限界を承知した上で、その限界を補う工夫として、定性的アプローチが活用される理由がある。これは、発生頻度、損害強度に関する定性的な評価基準を設定し、一定のストレスシナリオに基づいて自社のポートフォリオへの影響を把握しようとするためである。

---

11 例えば地震の場合、断層のどの部分でスベリが発生するか、発生した周辺の地質等により、地表に伝わるエネルギーが異なることとなる（ハザードに関する不確実：1次の不確実性）。このようにして伝わったエネルギーに対して、建物等の財物の脆弱性も考慮して（2次の不確実性）、予測損失を評価する。このように2つの不確実性を認識している。

## 2 戦略的意思決定とリスク管理の関係

### 1．リスクと戦略と意思決定

科学者とは迷路の中を探索する問題解決者であり，次のアプローチをとっているといわれる。

① 興味深い現象を見つけ出す
② そこから意味のある問題を明確な形で切り取る
③ 現象やデータの中に潜む法則を見つけ出す
④ いくつかの現象を体系的に分析する理論を作る
⑤ 理論から導かれる帰結を仮説として立て，それを検証する，など

このプロセスは，科学者に限らず，いろいろな領域で踏襲されている。例えば，医師が診断をくだすとき，企業が顧客に自らのサービスを提案するとき，建築家が住宅を設計するときなどである。もちろん，企業がリスクを管理するためのアプローチも同様である。

企業活動はリスクとリターンに対する選択である。リスク対コストで捉えていた初期のリスク管理から，今日ではリスクを取らなければリターンが得られないといったトレード・オフの関係を踏まえて総合的，かつ戦略的に意思決定しなければならないと考えられている。科学的アプローチの中で，データに着目し，そこから法則性を見つけ出すという点は本質的部分である。サンプルから全体を推測するといった科学的プロセスはわれわれのなにげない日常生活の中にも溶け込み慣習化している。例えば，われわれの食事のときのワイン選びの儀式（テイスティング）がある。これもサンプリングの一種である。ワインのボトルを飲み干す頃になって，そのワインが飲むのに値するのかどうかを決めても遅すぎるわけである。そこで，ワインを一口飲んだり，一度匂いを嗅ぐ

という行為（サンプリング）を通じて，ワインを飲み干した状態（全体像）を推定しているわけで，このプロセスは，ワインを1本開けるか否かを決定するという意思決定に組み込まれたサンプリング行為といえよう。しかし，この単純なプロセスの中で熟練者は多くの関連情報や経験を踏まえて適否の判断をする。これはリスクマネージャーも同様である。的確な判断を下すため，過去の多数のデータによって検証された判断基準をモデルに体系的に組み込み，再現性の高いリスク評価を行おうとしている。またその評価のプロセスの透明性を高めるために，リスク評価モデルを構築する。そして構築されたモデルの利用価値をさらに高めるために検証，変更等に関するガバナンスを明確にしている（「モデルガバナンス」と呼ぶ）。

料理を戦略に，リスク管理をワインにたとえて戦略とリスク管理の関係をもう少し説明しておきたい。ソムリエのあるべき姿として，「ワインだけを見つめていてはいけない。レストランに，組織に貢献しないとソムリエは生き残れない。」というソムリエ・マネジメントという考え方がある[12]。

会社における経営戦略は，これまでの歴史の中で培われてきた企業カルチャーや競争力を反映したものであり，リスク管理もその戦略と相性のよいものでなければ機能しないと言える。同様に，ワインはその品種の産地の気候風土，土壌に影響を受け，さらに料理と一緒に，その土地の文化，歴史，習慣，食事などの影響を個性として色濃く映し出すといわれている。料理に良く合うようワインの状態を管理するため，適切な状態で保管し，料理との調和を考えて提案する専門家としてソムリエが必要となる。

売上や収益の追求とリスク管理のトレード・オフを調和させる戦略が必要なのと同じである。

---

12　石田博『10種のぶどうでわかるワイン』2013年，日本経済新聞出版社。

## 2．ERMとビジネスモデル

　今日ERMが発達した業種として金融・保険業がよく引き合いに出される。両業界にはいくつかの共通点がある。

　まず第1に，一般事業会社との対比でいうと，「リスクを積極的に取って収益を確保する」ビジネスモデルであることからリスク管理技術の向上を，経営管理技術の必然としている点である。

　第2に，両業界とも，国民経済に影響を及ぼす可能性が強いため免許事業となっている点である。監督当局も顧客保護の観点から事業の健全性を確保するためにリスク管理を強く要請してきた経緯がある。

　第3に，ここ数10年の環境変化の大きさを指摘できる。例えば企業の外部環境を見ると，マクロ経済の不安定性，金融市場のグローバル化・複雑化・予測困難性，科学技術の発展が及ぼす中長期的影響の多面性，自然環境の変化などが，事業ポートフォリオの予測の不透明性を高めている点である。

　金融機関や保険会社は情報産業と言われる。デジタル革命は，ビジネスモデルを変革する。それに伴う不確実性の拡大はERMの進化を強要する。

　さて銀行，保険のERMの特徴を整理しておく。銀行のリスク管理が資産側の投資のリスク・リターンの管理を中心に進められてきた歴史があるのに対し，保険のリスク管理は，保険負債の財務健全性の管理を中心に進められてきたという違いがある。このように，ビジネスモデルやリスクの特性から生じる違いはあるものの，ERMの基本コンセプトは同じである。両者の特徴を整理したのが，**図表1－3**である。

## ❷ 戦略的意思決定とリスク管理の関係

**図表1－3　保険業と銀行業のビジネスモデルとリスクの比較**

| | 保険 | 銀行 |
|---|---|---|
| 事業の範囲 | ビジネス（商品の範囲／ポートフォリオ），サービスやビジネスモデルの種類は比較的少ない。主要な役割はリスク保有およびリスク移転。 | 多種多様なビジネス，サービスやビジネスモデル。さまざまな機能を持つ（例：預金，貸出，マーケットメーキング，投資顧問業など）。 |
| 財源，資金調達 | 主に保険契約者からの資金であり，株主資本・負債への依存は少ない。資金のほとんどは前払い・長期であり，結果として安定的なバランスシートとなる。保険契約を解約すると，資産と負債の両方が同時に消える構造となっていることから，資産と負債はかなりの程度リンクしている。 | 資金構造は多種多様（例：預金，銀行間借入，CP，債権，レポ取引，株主資本，他）。資金は通常短いデュレーション。資産と負債は，一般的には強くはリンクしていない：ローンの返済や資産の売却は資金構造に直接的な影響を与えない。 |
| バランスシートの構造 | 保険契約者への負債や株主への責任が長期であることから，安定かつシンプルなバランスシート。景気循環によって引き起こされる大規模な支払いは限定的。一般的には，保守的なポートフォリオであることから投資ロスは低い。ローンは限定的。資本市場へのリスク移転は限定的。 | 資産と負債がリンクしていないことから，リスクはバランスシートの両側に独立して存在する。ローン勘定の価値が主要リスクであり，資産と負債の価値は景気循環に大きくさらされている。銀行間借入は主要ビジネスモデルの一部。 |
| 流動性リスク | 流動性リスクに対するエクスポージャーは限定的。<br>負債側：例えば損害保険の場合，契約者勘定（責任準備金）の大宗は，契約者の判断で引き出すことができないもしくはペナルティー付きでしか解約できない。大口の保険金は，通常は支払いに数年を要す。<br>資産側：流動性リスクは主に，四半期先のことであっても予測可能な，大口の支払いにより起こる。 | 流動性リスクが主要リスク。通常は，資産の平均デュレーションは，負債よりも長い。短期間かつ大規模な資金調達に依存する。 |
| リスクに対する責任感と透明性 | 損害保険では，元受契約の約80％を，生命保険では約95％を引受リスクとして保有していることから，リスクを評価しプライシングする強い動機付けがある。（契約者に対しては100％の責任を有している） | リスクを評価しプライシングする高い動機付けがある。しかしながら金融危機以前は，証券化による資産の移転によりリスクをバランスシートに載せなくなったことから，アンダーライティングの基準が劣化した。 |
| 相互依存 | 保険会社間の相互依存は少ない。保険会社は代替性が高く財務的脆弱性が小さいことから，一つの保険会社がシステミック・リスクを引き起こす可能性は低い。 | 銀行間の相互依存は大きい。銀行間の資金調達や現先市場など，銀行間の取引は多い。他の銀行が発行した証券化商品への大規模な投資。一つの銀行の破綻がシステミック・リスクに至る可能性は高い。 |
| ビジネスボラティリティー | 保険契約期間が長期に渡ることから，長期を基準としたビジネスモデル。短期のボラティリティーが業績や企業存続に与える影響は限定的。 | ビジネスの特性が短期であることから，収益のボラティリティーは高い（特にトレーディング業務を活発に行う銀行にとって）。レバレッジの使用が多い。 |
| ALM管理と資産運用管理 | 負債の方が資産よりデュレーションが長く，安定的な資金ポジション。資産運用は保守的であり，債務側の特徴に基づいた投資である。 | 負債の方が資産よりデュレーションが短く，資産をすぐに流動化できず負債を支払えないリスクがある。資産側の特徴に基づいた投資である。 |

（出典：CEA（ヨーロッパ保健委員会：ヨーロッパの保険・再保険連盟であり，33ヵ国の加盟保険協会を通じあらゆる種類の保険会社を代表している）の整理を著者が試訳要約したものである）

## 3 ERM強化の方向性

### 1．リスクへの挑戦，失敗，規制強化

#### （1）環境変化と企業の盛衰

　環境変化は，科学技術の革新や経済主体の価値観，行動の変化，社会，経済，金融などの諸制度の変化などによって引き起こされる。その変化は，水面下で進行中の初期の間は日常業務において小さな変化としか感じない程度のものであるが，それが，連続し結合して大きな潮流となると，一定期間を経て振り返ったときに，これまでの枠組みを一変させるパラダイムシフトが起こっていると感じることも多い。

　経営環境が大きく変化するとき，企業はその対応に成功する者（勝ち組）とそうでない者（負け組）とに分けられる。一般に戦略推進とリスク管理をバランスよく実践した会社が勝ち組となる。

#### （2）金融・保険業の規制とERM

　リスクを取ることを業とする金融・保険業においては，この管理が事業の健全性を左右することから，リスク管理やERMは，当該事業に免許を与える立場にある規制監督当局の重要な関心事になってきた。金融システムの安定性や契約者保護に大きな影響を及ぼす事態が発生すると，規制強化が要請され，それに影響を受ける形でERMも強化されてきた。

　金融システムの発展過程において，各国政府は常に銀行や保険会社に対してどの程度規制すべきか，という命題を検討してきた。金融・保険業は利益追求を目的とする民間事業だという考えを持つ一方で，他の民間事業とは異なっているとの認識も必要である。資金の循環や事故・災害に対する補償（保障）は健全な経済活動に不可欠なものである。それゆえ，規制当局は，どの程度の利益追求を許し，どの程度のサービス提供責任を負わせるべきかという問題に悩

まされることとなる。米国の銀行規制をみると，20世紀を通じて規制は拡大を続け，商業銀行と投資銀行の分離を求めるグラス・スティーガル法や，米国連邦準備金制度理事会（Federal Reserve Board：FRB）が商業銀行に課す自己資本の20倍以上の負債保有の禁止ルールなどにその典型を見ることができる。こうした各国の国内規制のうえに，バーゼル合意（BIS規制）と呼ばれる国際規制が存在する。

昨今の金融政策については，物価安定志向の政策が各国の中央銀行によって共有されるようになってくるとともに，金融市場，金融システムの不均衡にいかに対処するかという視点が新たな重要課題として意識されるようになってきた。

金融の均衡は，金融政策と，銀行監督のような金融システム面の政策（プルーデンス政策）や，金融市場のミクロ的な機能を高める施策が総合的に発揮されなければならない。経済・金融政策における不均衡の累積がもたらす予期せぬリスクへ対応するためには，各国中央銀行や財務当局による政策の協調・調整に加え，金融機関の監督・規制体系が業種，国境を越えてハーモナイズしなければならない。

そして，かつては金融機関の一部の専門家の領域であったリスク管理が金融の最も本質的な側面であるとの認識が定着し，リスク管理をベースにした金融行政を再構築することが，金融当局にとっての共通の課題となっている。

### （3）パラダイムシフトの意味

金融・保険業に起こった，あるいは起こっているパラダイムシフトを概観しておきたい。

第1の波は，護送船団方式といわれてきたような規制で統治されていた時代から規制緩和が行われた時代への変化の中で経験したインパクトである。この中で実感した一般事業会社との違いは，金融機関とリスクとの関係が直截的なことであろう。すなわち，リスクを取りマネージすることによって事業を行うという特性が，リスク管理技術を体系化し，銀行では，バーゼルⅡ，Ⅲ，保険

では欧州ソルベンシーⅡといった体系の中に収斂されている。この過程で，リスク管理という用語よりは，より経営管理の中核としての意味合いを持つERMという用語が使われることが多くなった。

　第2の波は，サブプライムローン問題をきっかけにしたグローバル金融危機以降に発生した。金融危機は，これまでの歴史の中でも，比類ない影響力を持つものであった。グローバル金融システムに大きな影響を及ぼしたため，その後の国際経済，各国経済の環境を大きく変えてしまった。また，欧米の政府は，この危機に対応するため，多くの税金を投入したことから，同様の事態が二度と起きないように各国政府がグローバルに連携して抜本的に金融・保険業の規制を改革することに合意し，改革を進めている。並行して，金融機関，保険会社も自らのガバナンス，戦略，ERMを見直している。

　第3の波として，今日のビジネスにおいて，既存のモノや仕組みが，デジタル技術を用いた別のモノや仕組みに移行する「デジタル化」と，既存のビジネスモデル自身がデジタル技術によって変化する「デジタル革命（Digital transformation）」が急速に進行することとなる。特にデジタル革命は，既存の枠組みと非連続で，予想しないことが起こるという意味で，破壊的イノベーションを引き起こすといわれている。金融・保険業におけるビジネスモデルも，ロボティック・プロセス・オートメーション（Robotic Process Automation：RPA），人工知能（Artificial Intelligence：AI），ブロックチェーン（Block chain）といった技術を活用したビジネスの変革が起きようとしており，フィンテック（FinTech），インシュアテック（InsurTech）と呼ばれる動きとなっている。

　ビジネスモデルの変化は，これまでの既存の秩序に変化を及ぼすため，規制との関係では，イノベーションによる顧客利便性の向上と顧客保護のバランスをどのように取るかといった問題，ERMとしては，新しい変化が引き起こすリスクや不確実性にどのように対処するかといった問題に直面することになる。

　また，ビジネスとサイバー空間との関連が密接になるにつれ，サイバー攻撃といった新たな脅威に直面しており，そのセキュリティ対策やリスク管理の強化が切実な問題となっている。

第4の波として，地球規模の長期的課題への対処を挙げることができる。企業は社会における市民としての責任を果たしつつ，経営目標を達成し成長する組織である。その意味で，経営戦略に社会の視点を組み込むことが重要となる。21世紀に入り，環境・経済・社会のすべての分野で深刻かつ複雑な問題が発生し，その解決策，社会のあり方が問われている。環境分野では，砂漠化，生物多様性の危機，地球温暖化など，地球環境問題が存在する。なかでも2007年に公表された気候変動に関する政府間パネル（Intergovernmental Panel on Climate Change：IPCC）の『第4次評価報告書』では，地球温暖化による衝撃的な内容が明らかにされ，環境領域における持続可能性が問われている。経済の分野では，2006～08年にかけて原油・食料価格の暴騰，エネルギー・食料危機が深刻化するなか，アメリカのサブプライムローンに端を発した金融・経済危機とその影響が世界に及び世界同時不況をもたらした。このように，経済の持続可能なあり方も問われている。

　ERMとしては，長期的なリスクポートフォリオの変化を先取りした対応という意味で，従来以上に動態的な側面の強化が求められることとなっている。

## ２．金融危機後の規制強化

### （1）規制強化の概要

　世界経済は未曾有の金融危機に陥り，この危機の中で多くの大手金融機関，保険会社が破綻した。そのきっかけは，2007年8月9日仏大手銀行BNPパリバがサブプライムローン関連の証券化商品を組み込んだファンドの解約停止を発表したことによる。これを契機に，個人投資家が銀行窓口に殺到した。それ以前はこれまで住宅ローンを元にした高利回りの証券化商品を，欧米の投資家がこぞって購入していた。証券化商品は高い格付けを得ていたため，投資家は安心していたにもかかわらず，このような事態に至り，金融界は疑心暗鬼となった。平時にはレバレッジを効かせ回転していたサブプライム関連取引が停止状態に至り，流動性の問題も発生し，一気に危機状況に至った結果，信用リスク，市場リスクが発現した。この危機は証券化という新たな金融技術が引き

起こした危機連鎖であり，これまで世界が経験したことのなかったリスクということで，当時未知リスクの発現と言われた。

2009年11月6－7日，G20ピッツバーグ会合において，G20の財務大臣・中央銀行総裁は，世界経済と金融システムの健全性を回復し，金融システムを強化するために改革プログラムを推進していくことに合意した。その基本的な考え方は「システミック・リスクの波及」を防ぎ，国際金融市場の安定性を将来的に確保することである。各国の金融監督当局は，「金融機関が巨大すぎると国際的に影響力が大きすぎて潰せない（too big to fail）」という事態を防ぐために，経営危機に陥れば，金融システムに混乱が及ぶ恐れのあるグローバルなシステム上重要な金融機関（Global Systemically Important Financial Institutions：G-SIFIs）について，一般の金融機関よりも厳しい規制（自己資本の上乗せや，混乱を最小限に抑えるような破綻処理の枠組み整備など）を課すことで合意した。

この改革はG20（サミット）のリーダーシップの下で進められることとなり，国際政治的枠組みとして金融安定理事会（Financial Stability Board：FSB）を設立し，金融システム改革を実行することを承認した。

FSBが主導する規制改革の枠組みは，銀行，証券，保険を対象にしており，以降金融・保険業の規制は，それぞれのビジネスモデルやリスクプロファイルの違いは考慮されるものの，金融システムの安定という観点からハーモナイズされることとなった。

破綻した金融機関・保険会社すべてに公的資金が投入されたわけではなかった。異なる対応となった理由の1つとして店頭金融派生商品（デリバティブ）取引の存在があった。金融危機時において，CDS（Credit Default Swap）の有数の引受手であった保険会社が破綻すると，CDSの取引先である多くの金融機関へリスクが伝播することを米国政府は懸念し公的資金を投入した。このような金融危機の教訓を踏まえ，店頭デリバティブ取引のシステミック・リスクへの対応が重要なテーマとなった。国際的な金融規制設定機関である，FSB，バーゼル銀行監督委員会（the Basel Committee on Banking Supervision：BCBS），

証券監督国際機構（International Organization of Securiteies Commissions：IOSCO）で論議がなされると同時に，各国監督当局でも規制の見直しの検討が進められた。その結果，標準的な店頭デリバティブ取引については，中央清算機関による清算集中を行う。つまり，デリバティブの取引の決済相手先を個々の契約先から中央清算機関に移すこととなった。一般的に中央清算機関については，清算参加者のデフォルト時の損失発生に備えるために，参加時もしくは取引時に清算基金（デフォルトファンド）の拠出が求められる。さらに，取引開始時に清算対象取引の将来的な価格変動に備える当初証拠金の差入れと取引期間を通じた清算対象取引の日次の時価の変動部分について変動証拠金の授受が必要となる。これに対して，清算集中の対象外取引については，取引当事者間で当初証拠金を提供しあう。また，日次の時価の変動については変動証拠金の授受を義務付けることとなった。これが，証拠金規制の仕組みである。

これらの改革は，従来のサバイバーズ・ペイ（一定の健全性を有する金融機関が，破綻する金融機関がもたらす損失を吸収するという考え方）から，デフォルターズ・ペイ（破綻した金融機関自身が，自らがもたらした損失を吸収するという考え方）への修正を意味する。この国際合意に沿う形で，日本では，2016年9月から証拠金規制が導入されている。当初証拠金は，グローバル・グループベースの想定元本の規模に応じて，2020年9月までに段階的に実施される。

当初証拠金対応を行おうとすると，個々のデリバティブ取引の明細をグループ内で把握すること，取引当事者間でリスク評価を合意し，担保を速やかに提供する必要がある。このように，規制対応には，まず取引にかかわるリスク関連情報を整合的に把握できる体制と適切な処理を迅速に実施できるよう，担保管理方針をグローバルで設定しなければならない。

リスク関連情報については，金融危機や，その後の欧州におけるソブリン危機時において，大手金融機関で，グループ全体で保有している特定のリスクに関する情報が迅速に収集できる体制が構築されていない。あるいは，そのような情報収集を可能とする経営情報システム（Management Information

System：MIS）が構築されていない不備が指摘された。また，ITシステムを用いたグループ内でのリスク情報の一元的収集にトップが十分関与していないといったデータガバナンス上の問題も指摘された。BCBSが2013年に公表した，実効的なリスクデータ収集とリスク報告に関する諸原則は，こうした問題に対処するため，一定の期限内に，ガバナンスやデータ・アーキテクチャー，正確性や完全性などの観点からデータ収集能力，リスク報告体制といった分野において，監督当局が満足する水準に達することをグローバルなシステム上重要な銀行（Global Systemically Important Banks：G-SIBs）に求めたものである。

　ここで証拠金規制のERMへ及ぼす意味について考えてみたい。特に，同規制が要求する時間軸に着目したい。当初証拠金は約定の翌日には担保をお互いに提供しあうことを想定している。これを可能にするためには，取引相手とリスクについて合意し相手の破綻時の影響を担保という形で当初の段階でお互いに解決することを意図している。流動性の欠如が金融システムの破綻を助長した教訓が，デリバティブ取引の集中清算方式への移行と，非集中清算店頭デリバティブにおける証拠金規制の導入につながった。ただ，取引の翌日に当初証拠金を提供するためには，関連する業務のスピードアップが不可欠となる。つまり，従来のプロセスの抜本的変更を意味する。取引規模によっては，大量処理を迅速にこなすため，単純反復業務のRPAや，定型化された判断業務に対するAIの活用も要求されよう。ある意味このような改善は，業務の効率化と同時にヒューマン・エラーの回避を実現することにもつながる。しかしながら，同時に自動化はサイバー脅威の増大も引き起こす。

　金融危機以降の保険規制に目を転じたい。国際的に活動する保険会社に対する各国の監督のハーモナイゼーションも進められた。保険の規制には銀行のような国際ルールは存在しない。しかし，金融危機後は，1994年に設立された保険監督者国際機構（International Association of Insurance Supervisors：IAIS）が，グローバルな監督者間の連携強化とハーモナイゼーションの推進役を果たし，積極的な活動を続けている。2009年，保険基本原則（Insurance Core Principles：ICPs）の要件を拡大するとともに，国際的に活動する保険グループ（Internationally

Active Insurance Groups：IAIGs）を監督する共通のフレームワーク（通称Com-Frame）の策定を進めている。

　金融危機において，金融リスクを多く抱えた保険会社が金融システムへ大きな影響を与えたことから，金融システムの安定化を意識した保険監督の強化が進められてきた。IAISは，G20とFSBの要請を受けて，財務上の困難や無秩序な破綻に陥った場合に，その規模や複雑性，相互連関性ゆえに世界の金融システムや経済活動に大きな混乱を引き起こしかねない保険会社をグローバルなシステム上重要な保険会社（Global Systemically Important Insurers：G-SIIs）に指定しその監督を強化しようとしている。具体的には，G-SIIsに，G-SIBsと同様，上乗せ資本を要請するとともに，監督の強化と実効性を担保するために，システミック・リスク管理計画や流動性計画の策定，再建・破綻処理計画の策定や危機管理グループの設置といった破綻処理の実効性を要請することとなった。

　さて，金融・保険業に共通することであるが，リスク評価において，従来の金融工学でしばしば仮定するマルコフ型（過去の時系列情報を与えたとき，1期前の情報だけに依存する）モデルの限界についても認識されることとなった。信用リスクの変動は，過去との長い相関をもっており，モデルで捕捉できない要素，いわばリスク化されていない領域(不確実性)が意識された。このような不確実性に対する補完ツールとしてストレステストに注目が集まることとなった。各国当局やBCBSおよび国際金融協会（Institute of International Finance：IIF）によって，従来のストレステストの問題点が指摘された。これらに関する経緯・論議については大山剛編著『これからのストレステスト』に詳しく説明されているが，その問題点を要約すると次のとおり整理できる[13]。

① 　ストレステストのあり方やストレスシナリオの作成プロセスにおける経営の関与が弱い。

② 　ストレスの程度は，経営が決める「リスクアペタイト（Risk Appetite：

---

13　大山剛編著『これからのストレステスト』2012年，金融財政事情研究会。

リスク選好)」と整合的なものも含まれるはずであるが，①の要因もあって，そうした考慮がなされておらず，全体的に非常に弱いものにとどまっている。
③　ストレステストの結果を起点として，どのような対応が，経営の耐性を強める結果を導くかといった議論も十分でない。
④　リスク分野ごとにまちまちのシナリオが作成される一方で，組織全体を見渡した統一的考え方に基づくシナリオが作成されていない。
⑤　シナリオとして過去のストレス・イベントがそのまま用いられる結果，将来に焦点を当てた，いわゆる「フォワードルッキング」なシナリオが作成されていない。

### (2) 監督当局の変化

　規制対応の最終目的は，新たな金融危機の発生の阻止と金融システムの安定的維持にある。銀行規制改革を推進するBCBSは，これまで，最低限の強靭性規準を導入することにより金融機関が破綻する可能性を低下させることに努力してきた。同時に仮に金融機関が破綻したとしても，金融システムやマクロ経済に与えるインパクトを減じることに腐心してきた。前者の施策としては，自己資本や流動性バッファーの増強，リスク，アセット計測の見直しなどがある。金融危機後にすべてのリスクに対して保守的な視点から再評価がなされ，財務バッファーの増強がなされている。また金融機関の経営の安定性を保つためにはリスクに見合った資本バッファーを維持する(存続可能性)のみでは不十分で，日々の資金繰りの十分性(流動性バッファー)の重要性が確認された。
　また，後者の施策としては，G-SIFIs対策やデリバティブ市場改革（デリバティブ取引集中化や証拠金規制強化）など，システミック・リスクを削減する方策がある。これは，金融システム全体の安定性を保つためには，個々の金融機関の健全性を保つだけではなく（ミクロの視点），金融システム全体としての安定性を維持するマクロの視点が不可欠であるが，これまでこの視点が十分でなかったという認識を反映したものである。

しかしながら，これまでの規制対応は，ある事故が発生したことを受け規制が強化されるというように，後追い的規制になりがちである。しかし金融危機以降の規制改革では，この従来のループから脱皮するための試みも確認される。それは，金融・保険業の各社固有のリスクアペタイトやリスクカルチャーに着目する規制当局のスタンスであろう。これは，金融・保険業のビジネスがリスクをとることで収益を生み出すモデルであるという特徴から，どのような方針でリスクテイクするかを示すリスクアペタイトから会社のリスクプロファイルに着目し，固有のリスクポートフォリオに対して的確なリスク管理を実施しているかに着目すること，こうすることにより，将来の事業破綻を回避するといったフォワードルッキングな監視を行おうとするスタンスと理解される。さらに，リスクアペタイトと事業戦略とを密接な関係としてとらえ，そのリスクポートフォリオをモニタリングする枠組みであるリスクアペタイト・フレームワーク（Risk Appetite Framework：RAF）の実効性を担保する姿勢として，組織構成員の適正な行動に着目し，経営トップの責任としてリスクカルチャーの組織内への浸透に高い関心を払おうとする監督当局の変化を確認できる。

　元英国監督当局の経験者と著者が対談したとき，金融危機直前の資本の厚さの差は，金融危機を乗り切るうえで十分な安心とはなりえなかったという発言が印象に残っている。そして，危機状況による自社のポートフォリオへの影響を的確に予測し，迅速に経営者行動を取りうるかが重要であったという経験がERMの実効性に影響を及ぼすリスクカルチャーの重視と個人の行動に対する高い関心につながっている理由の1つといえよう。

　このような動きを踏まえると，リスクカルチャーとRAFは**図表１－４**のように密接な関連性を有するものと理解される。
　リスク管理は，本来将来を適切に予測し，あらかじめその対策を講じておくことにより，健全経営を担保しようとするものである。また，ERMの実効性を担保する要素としてリスクカルチャーが重視されているのは，リスクアペタ

**図表1－4　RAFとリスクカルチャーの連環**

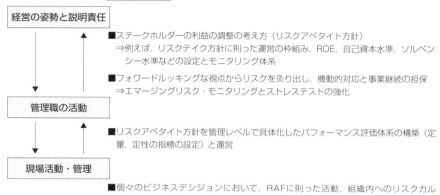

(出典：著者作成)

イト方針を組織に提示していても，日常業務においてリスクに対処する人のジャッジメントが合理的でなければ，その実効性は担保されないからである。そこで，経営者の方針を着実に実施するために，期待する行動を規範として提示し，実際の行動や成果に対して報いるインセンティブ・報酬制度を整備し，リスクカルチャーの浸透を図り，ERMの実効性を高めようとする。これは，事故後に厳しい罰則を課し，再発を防止しようとする施策とは異なり，未然対策に属するものといえる。

### (3) ERM強化の方向性

金融危機後のERMの方向性について考えてみたい。

#### ① 行動視点への注目

金融危機後，ガバナンス強化やERM強化に関する規制改革が進められた。その中で，LIBOR（London Inter-Bank Offered Rate）事件が発生した。この事件はハイレベルのガバナンス強化の観点だけではなく，組織に所属する個々人の行動そのものに監督当局の目を向かわせるきっかけになった。

LIBOR金利とは，ロンドンの金融市場で金融機関同士が，資金の貸借に使うときに適用される金利である。LIBOR金利は，英国銀行協会（The British Bankers' Association：BBA）がそれぞれの通貨について，取引量の大きな有力銀行からの自主申告に基づいて毎日算定される。この金利は，銀行間の資金の貸し借りに使われるだけではなく，個人の住宅ローンや，企業の借入金利の基礎となる指標であり，デリバティブなどの価格算定の基準としても使われる金利である。LIBOR金利は，今まで民間の金融機関の自主申告に基づいて算定されてきた。つまり，「有力な金融機関は不正な操作など行わない」という倫理観が前提となっていた。ところが，2006年から10年にかけて，スイスの大手銀行UBSや米シティグループ東京法人のトレーダーが，他のトレーダーらと共謀してLIBORの指標を操作し，自らの取引で不当に利益を得ようとした事件が起きた。

　LIBOR不正には，10以上の大手銀行が関係し，世界の金融当局が各行への調べを進めている。また英国では，不正を生んだLIBORの制度の見直しを進めている。

　LIBOR不正操作事件では，2012年6月にバークレイズが米英当局に約2億9,000万ポンド（約400億円），12月には，スイスの大手銀行UBSが14億スイスフラン（約1,300億円）の課徴金を支払っている。2015年4月に，ドイツ銀行は25億ドル（約3,000億円）の和解金を支払うことで合意した。

　英国ロンドンのサザーク刑事法院は2015年8月，LIBORの不正操作事件の被告トレーダーに対して14年の禁錮刑を言い渡した。

　LIBOR事件後も個人の行動に関連した事件は多く発生している。特に，米消費者金融保護局（Consumer Financial Protection Bureau：CFPB）が2016年9月に摘発したウェルズ・ファーゴ事件は業界に大きな衝撃を与えた。これは，顧客の許可のないまま口座を開設したりクレジットカードを発行したりする行為が横行していた事件である。不正に開設された口座の数は百万件以上に上り，同行は，2011年のCFPB発足以来最高額となる1億8,500万ドル（約190億円）の罰金を支払った。また，顧客への損害賠償として500万ドルを支払うという。

CFPBの局長は声明で「ウェルズ・ファーゴの行員は売り上げ目標を達成して賞与を得る目的で，顧客の許可を得ずに秘密裏に口座を開いた。」と述べた，と報じられている。

　これらの案件は，個人の行動にかかわるリスク，すなわちコンダクトリスク（Conduct risk）やリスクカルチャーへの関心を高め，人間の行動とリスク管理について考えさせるきっかけを作った。ERMの実効性を高めるためには，行動視点に立ったリスク管理（Behavioral Risk Management）を意識する必要がある。

② 行動のインセンティブへの注目

　個人が人間として有する誘因を「モチベーション」と呼ぶ。組織にはその固有の目標がある。この目標との関連で生ずる行動の誘因を「インセンティブ」と呼ぶ。個人が固有に持つリスクに関する認知とリスク管理上の評価（Risk assessment）は必ずしも一致しないことが知られている。リスクに対する的確な行動を組織全体として求めていく際，リスクに対する個人のモチベーションとインセンティブをどのように調整していくか，という新たな課題に直面している。

　金融機関の不祥事や社会に大きな損害をもたらす事件が発生した場合，欧米の組織のトップや責任者は，辞職こそすれ十分な法的責任（刑事だけでなく，民事責任）が追及されなかったという事実がある。また，辞職したとしても，バブル期の報酬を返還するどころか，ゴールデンパラシュートといった特別の報酬を受け取って辞めていくという事実があった。このような歪んだインセンティブがあれば，十分なガバナンスが効かないといった教訓からガバナンスと報酬，インセンティブ制度は相互に関連するものとして取り上げられている。

　LIBORや為替レート操作等の不祥事の発生は，組織構成員の個々の責任追及と当局によるモニタリングの必要性を喚起することとなった。このような背景から，英国では，2016年にシニアマネジャーズ・レジーム（Senior Managers Regime）が導入された。また，米国では，2015年9月に，企業不祥事におけ

る個人責任と題した指針が，全米の連邦検事向けに送付された。このようにリスク，リターン，資本の管理に関連する直接の業務や，これらに影響を及ぼす業務の意思決定に関する責任追求の対象は，経営陣だけでなく，組織構成員へと広がった。また，リスクカルチャーの浸透への関心に合わせ，個人の行動に影響を及ぼす報酬，インセンティブ制度の有り様の重要性に光をあてることとなった。

この結果，国際機関が各種の提言を出したり，モニタリングの強化を図るなどの動きとなっている。例えば，FSBは，健全な報酬慣行に関する原則を2013年に公表し，2018年3月には，その基準に係る補完的ガイダンスを公表している。ガイダンスでは，報酬方針や手続は，ミスコンダクトの重要な統制手段であり，その一貫性，公平性，透明性を確保するため，報酬とミスコンダクトについて取締役会が監督すること，などが提言されている。このような流れの中で，組織における適切なリスクカルチャーの醸成と浸透は，ガバナンス上の課題となると共に，適切なインセンティブ制度の導入は，重要な手段として位置付けられることとなった。

インセンティブ・報酬制度の進化の例として最近の実務を紹介しておきたい。グループ全体のボーナスのファンドから実際の配分のファンドを決定する過程で，過年度のコンダクトリスクの発現やリスクカルチャー上の課題を確認し，実際の配分ファンドを削減する。そして，削減したファンドを課題解決のために使用し対策を講じる。そして次年度の状況をモニタリングするといったPDCAを回していく取り組みも試みられている。

保険業においても金融業と同様，インセンティブへの注目は高い。2016年1月より欧州（EU）で保険業を行う保険会社に適用される新たな健全性規制の枠組みとして欧州ソルベンシーⅡ（SolⅡ）が導入された。この規制は，保険会社にとって経済価値ベースに基づく健全性に関する最初の体系的な規制といえる。

SolⅡではガバナンスシステムの中で，報酬制度に言及しており（the Commission Delegated Regulation Article 275），欧州保険年金監督者機構（the

European Insurance and Occupational Pensions Authority：EIOPA) はガバナンスシステムのガイドライン (Guidelines on system of governance 14 September 2015) を公表している。保険グループのリスク管理，内部統制システムを適切に維持するため，保険業の重要な意思決定，経営や監督，事業運営において重要な役割を果たす人物（Sol Ⅱ Staff）の報酬に関して，その活動と事業のリスクを十分考慮した制度にすべき旨を規定している。

例えば，英国健全性監督機構（Prudential Regulation Authority：PRA）は，保険会社に対し報酬方針（Remuneration Policy Statement）やその運営状況（評価方法，固定報酬，変動報酬，繰延報酬など）について所定の様式（Template）で報告することを要請している。

これは，金融危機において，リターン偏重でリスクを無視した一部の保険会社の活動が資本の毀損を招き，税金の投入や契約者保護に反する財務健全性を損なうこととなった教訓も踏まえた対応である。このような行動を誘発しない適切な報酬制度を設定させる意図がある。

例えば，リスクは通常一定期間後に発現することを勘案して，変動報酬部分の実質的部分（少なくとも40％の部分）は，最低でも3年間に分けて支払われる仕組み（Deferral of variable remuneration）を要請している。

③ リスクガバナンスとリスクカルチャーへの注目

最近の個人の行動に着目した責任追及の流れは，ERMの観点からどのように捉えるべきであろうか。これまでトップダウンで導入されてきたERMではあるが，その実効性を担保するものは，組織の個人1人ひとりの適切な行動であることを改めて明確にしたものといえる。そこには，制度といったハードコントロール面の重要性のみならず，個人がいかに考え行動するかといったソフトコントロール面の重要性を改めてクローズアップしている。組織・個人のリスクカルチャーやインセンティブといった問題をガバナンス上の課題として捉えていることがERM強化の今後の方向性を示している。

これまでルールベースとプリンシプルベースの対比やコンプライアンスとリ

スク管理の対比に関する議論があった。これらの議論とリスクと不確実性の対比の議論には，次元の違いはあるが，共通の要素も見出すことができる。

過去の具体的失敗の事例の積み上げにより，守るべき基準が設定されたとする。それをルール化し遵守すべき基準としてルールベースの監督が形成される。この基準を適正な業務遂行のための最低限守るべき法令や会社のルールとして順守する行動がコンプライアンスである。しかしながら，このような絶対的な基準が設定できない領域においては，法令，基準，ルールに遵守した行動という方法では管理できない。このような領域においては，プリンシプルに戻る必要があり，企業価値とリスクの関係に基づいて判断しなければならない。これがプリンシプルベースであり，リスクカルチャーが重視される領域といえる。

また，ハードコントロールとソフトコントロールという視点で捉えることもできる。ルールベースを基準に制度という形で管理できるハードコントロールに対し，プリンシプルベースでアプローチするのがソフトコントロール，と整理することもできよう。今日，ルールやハードといった枠組みでは捉えきれない領域が拡大しており，その結果，プリンシプル，ソフトコントロールといった視点が重視されているものと考えられる。

両概念の違いは，リスクと不確実性の区別にもつながる。先ほど，適正行動か否かを基準化，標準化できる場合，コンプライアンス・マターであると述べた。リスク管理に関する意思決定は，行動の良否をコンプライアンスのような絶対的基準（ルールやハード）で判断できないケースが多い。つまり，個々の状況における判断が必要となる。企業価値への影響度合い（例えば，リスク，リターンの予測など）で個別に判断しなければならないわけである。リスクの場合は，定量化され，その度合いが組織内で一定可視化・標準化されているが，不確実性のプロファイルはこの状況には至っておらず，判断の困難さを伴う。リスク，リターンが過去のデータ，情報から一定の信頼度の下で定量化できる場合，それをリスクと呼び，そこまで特定・評価できない場合，それを不確実性と呼び区別したとする。不確実性に対応するためには，現在盛んに論議されているソフトコントロールとしてのリスクカルチャー浸透の論議に加え，リス

クと不確実性のプロファイルを判断できるリテラシーが必要となってくる。これは，コンプライアンスからリスクへと発展させてきたカルチャーを，さらに難度の高い不確実性のカルチャーへと高めていくことを意味する。

　英国金融行動監督局（Financial Conduct Authority：FCA）が行動に関するディスカッションペーパーを2018年3月に公表した。このペーパーでは，ミスコンダクトの根本原因として金融機関におけるカルチャーに焦点が当てられている。カルチャーは企業によって異なり，目指すべき画一的なカルチャーは存在しないものの，健全なカルチャーは被害を縮小するとの認識が強いためである。金融機関におけるミスコンダクトが依然として多い状況から，カルチャーの変革に向けた論議を促すために，金融業界のリーダー，学者，プロフェッショナルなどからの意見を収集した論文集形式のディスカッションペーパーとして公表したものである。本ペーパーはコンダクトリスクに対する多くの示唆を与えてくれるため，以下2つの視点につき要約し紹介したい。

(a)　行動の誘因としての報酬，能力，環境の役割
　報酬，業績目標および処罰等の外生的動機付けによりカルチャーを変える試みがなされてきた。カルチャーの変革には，外生的および内生的動機付けのどちらも利用すべきである。論文著者の1人は，有効な行動の動機付けとして，営業目標などを通じた方向性の提示「Point」，大局観を示すことにより従業員の決定を形成する「Perspective」および社会的な報酬や賛辞による推進「Propel」の3つのPの重要性を挙げる。
　個人の道徳性は行動における重要な要素であり，より高い倫理観を有する個人を採用することにより，企業のカルチャーをよりよくすることが可能である。
　個人の倫理観が重要であると同時に，職場環境がもたらす影響も大きいと考えられる。社外に目を向け，根本的に異なる見方を提供する外部の視点を取り入れることが有効である。
　中間管理職は，リーダーの期待を実行に移す重要な役割を果たす。中間管理

職層など影響を与える従業員層に注目し，従業員に心理的な安全を与えつつ懸念を共有できるよう自由に意見が言える枠組みを構築することが肝要である。

(b) カルチャーに変革をもたらすために

カルチャーは，トップの姿勢（Tone from the top）が重要と言われている。しかしながら，同時に従業員全員がカルチャーに影響を与えると考えるべきである。カルチャーの変革においては，組織は脱落者を探し出すことが必要である。これは多くの人が，世間一般の平均より自身の道徳性が高いと考えているからである。

カルチャーにかかわるバリュー・ステートメントは有用である。しかし，これは最初のステップに過ぎず，次の点の実行が何よりも重要である。
・コーポレートガバナンスの強化。
・効果的なコミュニケーションおよびステークホルダーの管理。
・サーベイなどによる現状把握，各種定量指標のモニタリング，顧客満足度や生産性への関連付け。
・適切な教育や人事評価。
・個人の役割と企業のより大きな目的との整合性の合致。

前述の要約でわかるとおり，カルチャーや行動に影響を及ぼすためには，複合的な仕組みに基づくアプローチが必要である。組織のすべての層を意識し，整合させることが課題である。

最近の規制や監督の動きを観察すると，リスクをその結果の傾向を踏まえて対応していこうとする方向から，そのような結果がどういう行動や要因から生じるのか，といった観点により関心が移っているものと思われる。これは，そのような事態の発生を未然に防止すること，リスク制御の実効性を高めること，に関心が移り，ERMが，さらに実効性向上の視点から強化されていく方向にある。

現在，欧州では，第2次金融商品市場指令（Markets in Financial Instruments

Directive 2：MiFID2）や外為コードなどコンダクト関連規制の強化が進められている。このように企業カルチャーがミスコンダクトを未然に防ぐ施策として各国で注目されている。

日本においても「顧客本位の業務運営に関する原則」の原則2において「金融事業者は，高度の専門性と職業倫理を保持し，顧客に対して誠実・公正に業務を行い，顧客の最善の利益を図るべきである。金融事業者は，こうした業務運営が企業カルチャーとして定着するよう努めるべきである。」と企業カルチャーの定着を求めている。

また金融庁は，2018年10月に「コンプライアンス・リスク管理に関する検査・監督の考え方と進め方（コンプライアンス・リスク管理基本方針）」を公表している。これは，「金融検査・監督の考え方と進め方（検査・監督基本方針）」（2018年6月）を踏まえ7月「ディスカッションペーパー」を出し，パブリックコメントを求め，正式の方針としたものであり，利用者保護や市場の公正・透明への影響を含めたより広義のコンプライアンス・リスクを意図した内容となっている。リスクカルチャーの醸成と効果検証や，報酬・人事・通報制度などの整備見直しにも触れており，グローバルで論じられているコンダクトリスクとほぼ同義と考えられる。

雇用労働環境や報酬制度は各国によって異なっている。企業活動がグローバル化する中で，カルチャーの違いが意識されるようになる。日本では，特有の雇用慣行を有することから海外で発生したようなミスコンダクトが起こりにくい企業風土が醸成されている，という指摘もある。また，長期雇用を前提とした報酬と業績の連動性も低く，労働の流動性も低いことから，従業員による行動が深刻なミスコンダクトに発展するケースは限定的であったという指摘もある。しかしながら，海外と発現形態は異なるものの，日本独特の形で問題が現れているケースや，グローバルで見たときに日本特有の見方で運営している欠陥が露呈したケースなど，形態は異なるもののカルチャーに根差した問題が発生していることから，本問題への対応の重要性は変わらないものと考える。

④　システミック・リスクへの行動視点からのアプローチ

われわれは未だシステミック・リスクを十分コントロールできずにいる。しかし最近IAISで議論されている内容は，行動視点を組み入れた新たなアプローチとして注目される。本節の２．(1)で述べたとおり，金融・保険業におけるシステミック・リスクへの規制強化が進められている。IAISでは，保険会社のどのような行動が，同リスクにつながっていくのかについて，行動視点で分析している。

IAISはFSBの要請で，G-SIIsの指名手続を行っている。2016年にIAISはG-SIIs指定の枠組みを検証し，３年周期で見直す方針を示した。保険会社の規模を基準に決定する傾向がある現行の企業ベースのアプローチ（Entity-Based Approach：EBA）に関しては以下の批判があり，行動ベースアプローチ（Activities-Based Approach：ABA）の検討が進められている。すなわち，システミック・リスクが拡大しうる行動や経路に焦点が当てられていない，また，システミック・リスクが拡大するのは，保険会社や銀行といった典型的な金融機関のみに起因するものとは限らないというものである。

このような背景から，システミック・リスク評価を業界間で整合的にし，G-SIIsの評価手法の見直しにつなげるため，2017年２月に，システミック・リスク評価タスクフォース（Systemic Risk Assessment Task Force：SRATF）を立ち上げた。

これまでの検討内容は，中間市中協議書（Activities-Based Approach to Systemic Risk 8 December 2017 Public Consultation Document）[14]として公表されている。本書の検討に参考になる部分を中心に以下本レポートの内容を要約して紹介したい。

・「行動ベースアプローチ」とは，保険，再保険，非保険活動に関し，会社横断的な類似の行動によってシステミック・リスクに発展する可能性を検

---

14　本レポートは，下記から入手可能。
　　https://www.iaisweb.org/page/consultations/current-consultations/activities-based-approach-to-systemic-risk//file/70440/interim-aba-cp-final-for-launch

討するアプローチのことである。
- EBAの特徴は，個々の会社（特に規模の大きな会社）が破綻した影響が他社に伝播するといった視点（ドミノ・ビュー）に立っている。これに対し，ABAは各社の破綻を要件とはせず，複数の会社間で，類似する行動が集積する結果，金融システムに影響を及ぼす可能性に着目する。共通のエクスポージャーが連鎖する視点（津波ビュー）を重視している。したがって，本アプローチを採ることにより，システミック・リスクに発展する行動に対する政策論議が可能となる。
- ABAの検討に当たっては，流動性リスク，マクロ経済的エクスポージャー（市場リスク，信用リスク），その他の集団行動に分けて整理している。

　例えば保険会社が，保有する証券を担保に現先取引を行っていたとする。保険会社の流動性の悪化によって本取引を解消することがカウンターパーティへの流動性に影響を及ぼす（流動性リスク）。また，マクロ経済の悪化が保険会社のバランスシートを悪化させたとする。保険会社のポートフォリオに類似性があるがゆえにリスクオフのための同様の行動を誘発する（マクロ経済的エクスポージャー）。

さらに，外因・内因を問わず，あるイベントから保険会社の経営が悪化し，その対策のため同様な行動（保有アセットの広範な解約，再配分など）によってシステミック・リスクが誘発される（その他の集団行動），と分析している。

## 3．中長期の不確実性へのアプローチ

中長期の視点で考えた際の不確実性として，**3** 1．(2)で触れた，デジタル革命と気候変動の影響について考えてみたい。これらの引き起こす不確実性の中身については，第3章**1** 4．で検討する。ここでは，今後中長期の視点でERMに及ぼす影響について整理しておきたい。

### （1）デジタル革命と不確実性

近年のIoT，RPA，AIなどの新たな技術，あるいはそれらを組み合わせた技

術革新を用いたデジタル革命は，第4次産業革命の到来といわれている。金融・保険業は，単に基幹システム更新や局部的なビジネスプロセスの効率化にとどまらず，経営戦略の根幹をなす競争力の源泉として，また他社との差別化の手段として捉えている。

　金融の世界におけるフィンテックは，ファイナンス（金融）とテクノロジー（技術）を融合したデジタル革命を表す1つの用語である。電子ウォレット機能を使ったスマートフォンによる決済やクラウド家計簿のサービスが展開されている。これをきっかけにキャッシュレス決済につながる動きも出てきている。

　また法定通貨を仮想通貨に換えた後に，仮想通貨の発行上限額を管理するだけで，利用者間で直接取引するサービスも登場している。正しい取引か否かのモニタリングは，銀行のように巨大なメインコンピュータで膨大な取引記録台帳を一元管理する方式ではなく，各ユーザーの取引台帳の取引記録がチェーンでつながれていき，その台帳はネット上で公開され，取引関係者が誰でもみることができるようになっている。このため，データの改竄などの不正記録は，仮想通貨の運営者であるマイナー（Miner）[15]によって発見され，その取引が無効になる仕組みによって運営されている。従来の法定通貨における銀行のような管理者がいない仕組みであり，分散型台帳システムで取引の塊（ブロック）がチェーンのようにつながっていくため，この技術のことをブロックチェーン（Block chain）と呼んでいる。この技術は，仮想通貨にとどまらず，不動産取引や文書管理などにも広がろうとしている。

　一方，保険の世界でも，インシュアテックという用語が登場している。これは，インシュアランス（保険）とテクノロジーを組み合わせたものである。例えば，インターネットとつながったウェアラブル端末で，健康管理状況を把握し，医療保険に健康増進を組み合わせ，保険料に反映させる仕組みであるとか，平均速度やアクセル，急ブレーキなどの個人の運転状況のデータを活用して保険料に反映させる自動車保険への応用などさまざまな動きが出てきている。

---

15　ブロックチェーンで行われた取引の記録作業をマイニング（Mining）と呼び，その記録作業を行う者をマイナーと呼んでいる。

オーストラリアのアクチュアリー協会（the Actuaries Institute)が『遺伝学－保険会社にとって試練の時（Genetics - A Testing Time for Insurers)』[16]という報告書を出した。要約して紹介する。

「生命保険業界にとって，もし保険申込者が承知している健康情報が開示されなかったら，逆選択に繋がるかもしれず，保険料の増加，最終的には業界の財政的持続可能性に影響が出るかもしれない。逆に，もし遺伝子検査情報が生命保険契約引受のための告知情報となるなら，自身の将来の幸福（wellbeing)に直結するかもしれない検査の実施を人々は思いとどまるかもしれない。この事態は，伝統的な保険会社のビジネスモデルの持続可能性に対して根本的な緊張を創り出す可能性がある。潜在的に不健康な人の保険料は上昇し，逆に，もし遺伝的に病気を発症しそうにない人は生命保険の解約に動くかもしれず，被保険者の新たな行動の結果，保険プールは変化することになるだろうと指摘している。」

これらの破壊的イノベーションは，金融・保険業において支配的役割を果たすには至っていないが，その変化はさらにスピードアップしている。金融・保険業にどのような破壊的創造をもたらすかは，今後の動向を見守る必要があるが，新たな機会と脅威をもたらすことは間違いあるまい。

同様に，監督当局においても，先端テクノロジーをどのように理解し，それらを活用していかに効率的な監督を実施していくか，が検討されている。このような当局側のデジタル改革を称して，レグテック（Regulatory Technology：RegTech）と呼ばれている。現時点では，財務監査，資本やソルベンシーのモニタリング，ライセンス供与監督などに利用されている。今後は，さらに不遵守（Non compliance）やデータ不正操作調査などより深い分析，調査に利用さ

---

[16] 同レポートは，下記より入手可能である。
https://actuaries.asn.au/Library/Miscellaneous/2017/MediaReleaseGeneticsATestingTimeforInsurersv4261017final.pdf

れることであろう。また，財務情報の当局へのファイリングなどへの適用が進むものと予想される。

一方，テクノロジーの進化，ビッグデータの利用可能性に伴うイノベーションと，アルゴリズムの進化やセグメンテーションの超細分化に伴う特定グループの排除といった差別，データプライバシーなどの問題をどのように総合的に調整するのかといった課題が残っている。

### （2）気候変動と不確実性
#### ① 科学的不確実性

気候変動（Climate change）の意味について整理しておきたい。地球の気候自体はこれまでもずっと安定していたわけではなく，過去20億年間に数千万年〜億年のスケールで氷河時代と無氷河時代を繰り返してきたことがわかっている。数万年スケールでは，海洋の変動や火山の噴火，地球軌道の変化などによって，気候は変動している。

古気候学の知見によれば，地球は氷期が終わって温暖化に移行して1万1,600年経っているという。これまで過去3回の温暖な時代は長くても数千年しか持続せずに終わっており，すでに例外的に長く続いているという。このような関係から地球は本来なら氷期に突入しているはずであるが，人間が温室効果ガスを放出することで，次の氷期を先延ばししていると考える研究者もいる。

古気候学が示唆する氷期，間氷期間の移行期の変化は，非連続な激変でありIPCCが想定する穏やかな移行とは異なる可能性があると指摘する研究者もいる。このように気候変動については，線形予測が全くゆるされない世界であるといえる。

「気候変動に関する国際連合枠組条約（United Nations Framework Convention on Climate Change：UNFCCC）[17]」では，「気候変動とは，地球の大気の組成を変化させる人間活動に直接又は間接に起因する気候の変化であって，比較可能な期間において観測される気候の自然な変動に対して追加的に生ずるものをいう」と定義し，「人為的なもの」としている。このため，この人為的な意味での気

候変動のことを,「地球温暖化（Global warming）」と呼び区別している。

　地球温暖化の問題は,気温の上昇の原因が化学燃料の燃焼による二酸化炭素を主とした温室効果ガス（Green House Gases：GHGs）濃度の増加を問題とするため,その原因や責任をめぐり先進国と途上国間の利害対立を生んでいる。これは,過去と将来の責任をめぐる対立,対策の影響に関する対立,懸念される被害の差に基づく対立に起因している。

　これまで現代社会は,多くの衛生問題,産業公害問題,都市公害問題などを克服してきたが,地球温暖化問題については,世界気象機関（World Meteorological Organization：WMO）と国際環境計画（United Nations Environment Programme：UNEP）のもとに1988年に設立されたIPCCで取り組んできている。

　ここでは,地球温暖化のメカニズムや予測に関する科学技術の不確実性に焦点を当てたい。気候モデルは,過去の気象観測結果に基づいて,物理法則にしたがって将来の気象現象や気候要素を再現するもので,地球上の大気,海洋などの気候を長期的・量的にシミュレーションするものである。温暖化科学と呼ばれている領域では,気候モデルに基づく数値シミュレーションが重要な意味を持っている。

　数値シミュレーションは予備的実験などとして実施される補完的ツールとして活用されることが多い。そして,実験や観測によって実証されていく。その意味で,シミュレーションは模擬実験とも呼ばれ,実際の系を近似的,あるいは仮想的に再現（モデル化）し,数式化と条件・パラメータ等の設定をしたうえで,演習することになる。そしてこの演習からでてきた結果を予測などに活用している。

　しかし,気候モデルに基づく長期予測は,実際にはその時期が到来しなかぎり実証できないうえに,過去のデータが実証に十分な精度と量を備えているか

---

17　UNFCCCは,1992年6月3日から6月14日まで,ブラジル,リオ・デ・ジャネイロで開催された環境と開発に関する国際連合会議（United Nations Conference on Environment and Development：UNCED）において,採択された地球温暖化問題に関する国際的な枠組みを設定した環境条約である。

否かについても定かではない。観測結果に対して十分多くのパラメータを持つモデルは，たとえその構造が実際には現実と大きく異なっていたとしても，パラメータを調整することによって（キャリブレーション），すべての観測結果と計算値を一致させることが可能といわれる。それゆえ，あるパラメータが閾値を超えると系を支配する方程式自体が全く別のものに変わってしまうといった現象と，系を変えずにパラメータ調整の結果確からしくみえているものとを区別できないこととなる。つまり，今のモデルがもっともらしく見えるのは本当に現実の系を反映しているのか，それともキャリブレーションの結果による単なる偶然の一致なのか客観的に判断する方法がない，との批判を生むこととなる。

しかしながら人類にとっての被害の大きさから早期の緩和策が必要であるという価値観から各種の対策論議が行われている。この意味において，科学的不確実性の存在は認めるものの，これを極端に重要視せず予防原則に関する社会的合意が存在している，と整理することができる。

気候変動の影響の大きさについて，日本と同様に災害の多いニュージーランドの動きを紹介しておきたい。

ニュージーランド政府は，国内で地震保険および自然災害基金の管理・運営を行う機関である地震委員会（the Earthquake Commission：EQC）を通して，自然災害保険を提供している。EQCは，自然災害被害者の経済的復旧を支援する目的で政府により創設された。

EQCは，個人所有の住宅地や家具類に対する地震，噴火，地熱活動，地滑り，津波，自然災害に起因する火災から生じる損害を補償する。

IPCCによる最も楽観的な排出ガスのシナリオの下においても，世界の平均海面レベルは2100年までに44cmから55cm上昇すると予測されている。最も多く排出されるシナリオの下では約1mの上昇に至るという研究がなされている。またニュージーランドの全域において，平均高潮が1.5mとなると43,683棟が，50cmでも8,806棟が浸水すると見積もられている。

それが現実のものになると，民間保険会社が市場から撤退することも十分想定される。その場合，住宅所有者はEQCにその補償を求めざるを得なくなる。特定の領域から保険会社が撤退することは，EQCに対する政府の負担を拡大させ，税金の優先的配分を変化させることを意味する。

② 金融・保険業の対応

　国際機関が提示する企業が取り組むべき社会課題について整理しておきたい。「持続可能な社会」に関する国際的論議を振りかえってみる。これは，スウェーデンで1972年に開催された「国連人間環境会議」（ストックホルム会議）までさかのぼることができる。環境問題や貧困，格差拡大などの課題を放置すれば経済成長は続かず，健全な社会を築くこともできない。こうした問題意識から，持続可能な社会に向けた取組みを強めようという動きが世界で広がっている。1999年の世界経済フォーラムで当時のコフィー・アナン国連事務総長が，人権の保護，不当な労働の排除，環境への対応，腐敗の防止などの10原則を提唱し，国や企業の署名・参加を呼び掛けたイニシアティブがグローバルコンパクトである。そして，企業が取り組むべき社会課題に取り組む際のガイダンスが，ISO 26000「社会的責任に関する手引き（Guidance on Social Responsibility：GSR）」である。

　また，2006年4月ニューヨーク証券取引所で，当時のコフィー・アナン国連事務総長が世界の機関投資家に対して，6つの原則，35の行動からなる責任投資原則（Principles for Responsible Investment：PRI）を提唱した。その中で，次のとおり述べられている。「機関投資家が，受益者のために長期的視点に立ち最大限の利益を最大限追求する義務がある。この受託者としての役割を果たす上で，（ある程度の会社間，業種間，地域間，資産クラス間，そして時代ごとの違いはあるものの），環境（Environment）の問題，社会（Social）の問題および企業統治（Governance）の問題が運用ポートフォリオのパフォーマンスに影響を及ぼすことが可能であると考える。さらに，これらの原則を適用することにより，投資家たちが，より広範な社会の目的を達成できるであろうことも

認識している。」と述べている。このように国連事務総長が世界の機関投資家に対して，投資先の財務状況だけでなくESGへの考慮を投資プロセスに組み入れることを推奨したイニシアティブは，この原則によって広く知られるようになった。この原則自体に法的拘束力はないものの，ESG課題を考慮することが機関投資家にとって投資リスク管理基準および社会的責任になるものと考え，PRIに署名する企業も増えている。

　2015年9月第70回国連総会で採択された「持続可能な開発のための2030アジェンダ」がある。2030年に達成するアジェンダとして，貧困，飢餓，健康，教育，ジェンダー，水・衛生，エネルギー，働き甲斐・経済成長，産業・技術革新，平等，都市，つくる・つかう，気候変動，海洋，陸，平和と公正，パートナーに関する17の持続可能な開発目標（Sustainable Development Goals：SDGs）と169の詳細なターゲットが提示されている。このアジェンダはその前文にあるとおり，世界を持続的かつ強靭（レジリエント）な道筋に移行させるために緊急に必要な大胆かつ変革的な手段をとることに決意し，人間，地球および反映のための行動計画である，と宣言している。そして，すべての国およびすべてのステークホルダーは協同的なパートナーシップの下で，この計画を実行することを求めている。環境や社会問題とのつながりを考えて事業を進めることは，企業にとっては社会的責任を果たすだけでなく，新たなビジネス機会を得たり，事業のあり方を改善する機会ともなる。このように事業を通じたSDGs達成への貢献を表明する企業も増えている。

　2014年に国連貿易開発会議（UNCTAD）が発表した"World Investment Report 2014"によれば，17のすべての目標を2030年までに達成するためには，先進国と途上国の資金需要を合わせると毎年5兆～7兆ドルが必要と試算されている。

　さて気候変動については，2015年9月FSB議長であり，イングランド銀行総裁のマーク・カーニが，ロイズでスピーチを行った。気候変動が金融安定にとって明らかに課題とわかった時点では手遅れとならないように対処を急がな

ければならない（Breaking the tragedy of the horizon），と述べ，将来の世代に多大な負担をかけないように現役世代が変革行動を起こすことを求めた。

　また，IPCCの報告などにより温室効果ガス削減の必要については国際的に認識され，1992年6月に開催された環境と開発に関する国際連合会議（United Nations Conference on Environment and Development：UNCED）で，地球温暖化問題に関する国際的な枠組みを設定した環境条約である気候変動に関する国際連合枠組条約（United Nations Framework Convention on Climate Change：UNFCCC）が採択された。これに署名した締約国は，気候変動に関する国際連合枠組条約締約国会議（Conference of the Parties：COP）の場で，温室効果ガス削減に関する国際的取り決めについて論議してきた。2015年に合意されたパリ協定は，2016年11月に発効した。本協定は，「2020年以降の温室効果ガス排出削減を実現し，産業革命前からの平均気温上昇を2℃未満に抑える（さらに1.5℃に抑える努力をする）目標を設定し，今世紀後半には温室効果ガスの排出を実質ゼロにする」ことを打ち出している。

　なお，2015年12月には，FSBが主導する形で気候関連の財務情報開示タスクフォース（Task Force on Climate Financial Disclosure：TCFD）が設置されている。TCFDが2017年6月にまとめた提言では，2020年以降地球の平均気温の上昇を産業革命前に比べて2度未満にとどめるパリ協定の実現に向け，顕在化する可能性のあるリスクなどを分析して示すよう求めている。エネルギーや運輸，素材など気候変動の影響を受けやすい業種では，売上高10億ドル以上の企業に情報開示を求めている。具体的には，気候変動にともなう異常気象の多発や損害の巨大化による物的リスク（Physical risk）や，政府が温暖化ガスの排出規制を強めたり炭素税を課すなど政策変更によりエネルギー構造の転換などが生産や流通に被害を与える移行リスク（Transition risk）が収益にどう影響するかを開示することが要求されよう。

　ここで，TCFDの推進する開示と金融，資本市場の健全な発展との関係について考えてみたい。すでに述べたとおり，2017年以降の金融危機の検証の過程で明らかになった教訓として，コーポレートガバナンスやリスク管理の重要性

の再確認がある。これらの脆弱性が、リスクの適切な評価の失敗、資本配賦の不適切を生み、金融、資本市場の健全性を大きく阻害したとの反省に基づくものである。そして今、金融、資本市場の健全性を阻害する長期的視点でみた不確実性として、気候変動の影響に注目が集まっている。金融危機で起きたようなリスク評価、資本配賦の失敗を回避するためにも、開示の強化による市場取引の透明性の促進が重視されているわけである。イングランド銀行総裁が警告した「時間軸の悲劇（Tragedy of horizon）」が示唆するとおり、徐々にではあるが確実に現実化する特性（Slow burning character）は、関係者間で適切な情報を共有しないかぎり、金融、資本市場を悲惨な結末に導きかねないとの危機感がある。

　TCFDは、気候変動に関するリスクの評価について適切な開示を通じたプライシングへの誘導を意図し、長期的で不確実性の高い気候変動の影響について、関係者間の理解を促進するため、シナリオアプローチを通じた分析を勧めている。そしてこれらの開示を通じたステークホルダーの行動による持続的効果が、気候変動といった不確実性に対する理解の向上、適正プライシング、資本配賦の向上へつながることが期待されている。

　TCFDに沿った収益評価を実施し開示するためには、将来の$CO_2$排出量を決め逆算して削減計画を作る必要があり、その分析の前提となる長期の環境計画の設定が必要になる。

　金融・保険業に直接かかわる領域として、企業の環境や社会分野などへの取組みを投資行動に反映させる「ESG投資」や、持続的成長を促進させる「グリーン・ファイナンス」などの持続的金融システムへの取組みが進められている。また気候変動については、持続的保険フォーラム（Sustainable Insurance Forum：SIF）で、自然災害被害の増加に比し保険補償の拡大が追いついていない状況が提起されている（**図表１－５参照**）。そして、気候変動に伴う自然災害の猛威に対しESG投資を通じた$CO_2$排出の抑制や保険による補償の充実を促進させる目的で持続的保険（Sustainable Insurance）の取組みが進められている。

**図表1－5　気候変動における課題と保険への期待**

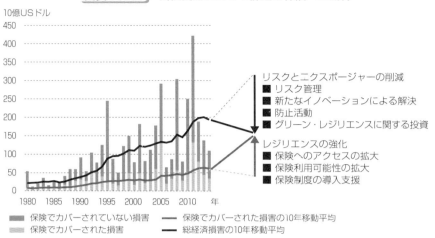

（出典：Sustainable Insurance "The Emerging Agenda for Supervisors and Regulators" 2017年8月，P.12, FIGURE2：The Sustainable Insurance Challengeを著者が試訳）

　気候変動の影響もあり自然災害被害がグローバルベースで巨大化している。一方，その損害の保険による補償は，保険の浸透率が小幅な上昇となっているため，そのギャップは拡大し，社会・経済に深刻な影響を及ぼしている。この拡大する保険浸透ギャップを埋めるために，保険会社には，脱炭素社会の実現のための投資イニシアティブによる温暖化の抑制活動と，保険サービスの持続的提供と保険利用可能性を拡大するためのリスクの適正プライシングを通じたリスク分散機能の促進，が期待されている。つまり，資産・負債両面での主導的活動が期待されている。これは，長期的なリスクポートフォリオの変化を先取りした戦略の推進と不確実性・リスク管理の強化（動態的ERM）が期待されている。各国当局においても，そのような保険会社の活動を促進させる目的で，各種の取組み（開示，ロードマップの作成，気候リスク・フレームワークの作成など）が始まっている。

　このような背景もあり，持続可能な保険の原則（Principles for Sustainable Insurance：PSI）を推進するため，主要な監督当局間のネットワークとして持

続可能な保険フォーラム（UN Sustainable Insurance Forum：SIF）が立ち上がっている。SIFは，2017年7月に"Sustainable Insurance The Emerging Agenda for Supervisors and Regulators"を公表している。同ペーパーを踏まえIAISは"Issues Paper on Climate Change Risks to the Insurance Sector 2018.4."を公表している。

PSIはIAISと共同で2019年5月を目標に「損害保険引き受け業務のESGガイダンスの草案」を作成する動きとなっている。

2018年4月にアムステルダムで開催された監督機関のための気候リスク会議で，イングランド銀行総裁はスピーチを行い，「損害保険会社，再保険会社は既に洗練された気候リスクモデルを使用しており，補償範囲と事業モデルを適切に調整している。しかしながら，第3四半期のハリケーンなどの災害によって，2017年は天候関連の保険損害額が1,300億ドルに上る史上最悪の年となっており，物的リスクレベルが高まっている。中央銀行の調査によると，大規模な保険損失を引き起こす可能性が高いハリケーンはより高頻度で発生しており，保険会社によるリスクモデリングの改善はより重要となっている。」と述べている。また，「年次の価格改定や補償範囲の縮小が損害保険会社にとって短期的なリスク削減につながる一方，気候変動が進行するに従い，自社の事業モデルへの長期的インパクトを検討する必要がある。」と述べ，保険会社には気候変動の長期間にわたるインパクトを考慮し，時間軸により変化する物的リスクの変化を踏まえた対応が求められている。

## 4．中長期的不確実性対応のERM上の意義

保険会社のポートフォリオ管理の進化について考えてみたい。

現行会計は，発生費用，実現収益を表示する過去の確定値の報告である。一方，時価，将来キャッシュフローの現在価値をベースにした経済価値ベースの会計（例えば，IFRS）へシフトしようとする中で，経営のスタンスも，フォワードルッキングに大きく舵を切った。

SDGsという国際目標の設定と企業活動への影響を合わせて考えてみたい。これは長期的視点に立ち，本業を通じてグローバルの社会的課題に対する責任

### 図表１−６　動態的ERMの発想の転換

**従来のシミュレーション（シミュレーション１）**

将来を予測しようとする場合，現時点（$t_0$）から将来の起こりうるシナリオを描写しようとするのが普通である。しかしそれは，現在すでに存在している（顕在化している）環境を前提にアンカーリングされたシナリオしか想像できない。

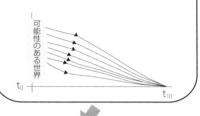

**今後のシミュレーション（シミュレーション２）**

逆に10年後の社会・経済を変革させる主要なドライバーに着目し，10年後の環境前提を大胆に想像した上で，そのドライバーが創造する可能性の世界を描き，その世界から現在（$t_0$）にパスを引いてみる。

シミュレーション１の期待値パスとシミュレーション２の期待値パスを比較する。

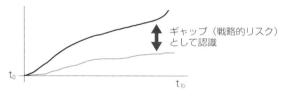

ギャップ（戦略的リスク）として認識

戦略的リスクの認知が動態的ERMの起点

戦略的リスクへの的確な意思決定が組織的対応のスタート

(出典：著者作成)

を果たしつつビジネスの機会を拡大することが期待されている。もしこれまでのビジネスモデルを変えずにSDGsへの企業戦略の適合を怠ることは，企業のレピュテーション・リスクを招致することを意味する。このように，パラダイムシフトが起こり，今日の環境前提が大きく変化する場合には，これまでの静態的ERMでは機能しない。パラダイムの変更に適合する動態的ERMを構築しなければならない。これをイメージ化すると，**図表１−６**のとおりである。こ

のような枠組みからは，過去の達成度や現状から未来の動向を予測し，その延長線上に将来のポートフォリオを想定（Forecasting）するのではなく，将来の環境前提から，将来の期待しうるポートフォリオを想定したうえで，将来像へ到達するため現在に線を引く（Back casting）といった発想の転換が必要となろう。そしてこの両者のギャップを戦略的リスクとして把握し，対処していくことが重要となる。

　今後進展する，デジタル革命や気候変動によって中長期に出現する「リスク社会」は，現在の環境を前提とし将来を予測する静態的なフォワードルッキングに基づくERMから，環境前提自体の変化も組み込んだ動態的ERMへと大きく転換させる必要を示唆している。

第2章

# 不確実性へのアプローチとリスク化

　「承」の章である本章では，ERMが発展してきたとはいえ，いまだリスク管理に関する失敗事例が繰り返されている事実に着目する。そして，リスクと不確実性の相違について，これまでの知見を整理する。それを踏まえた両者の峻別の重要性と，「リスク化」の意味について検討する。

　その上で，ERMがさらに進化するための挑戦の対象として，不確実性にいかに向き合うべきかを多面的に検討する。また，不確実性にともなう判断上のリスク（バイアス）の存在やリスクパーセプションに介在する人の意思決定に関する留意点について確認する。

　これらを踏まえ，不確実性に対峙するスタンスやマインドセットに言及する。さらに，不確実性に対してアプローチは今後の長期的取組を通じてリスク化されることを踏まえ，リスク化までの合理的プロセスを担保する科学的アプローチの意義を確認する。

# 1 リスクの変質，不確実性の高まり

## 1．ERM強化の方向性

　前章で，リスク管理やERMの発展の歴史を振り返り，今後のERM強化の方向性を確認した。要約してみると，**図表2－1**のようにまとめられる。

## 2．リスクと不確実性の相違

　ERMは，リスクに積極的に向き合うことによってその管理能力を高めてきた。しかし，われわれは不確実性を未だ十分管理できず，むしろ翻弄されている事実を直視しなければならない。確かに，リスクが発現し社会に大きな影響を及ぼすたびに，その教訓を踏まえ対策が打たれてきた。しかし，その後も管理能力の限界を思い知らされる事象が繰り返し起こっている。そのたびに，新たな不確実性について再認識するといったことを繰り返している。これは，現在のリスク管理がすべての不確実性を捕捉できずにいる証左であり，ここに，さらにリスク管理を進化させなければならない必然性がある。

　将来を予測し，経済価値の低下の可能性に対しあらかじめ対処するために，リスク管理は発展してきた。そして，企業のフォワードルッキング経営を支えてきた。

　本書のテーマである不確実性を直視し対処していくためには，まず不確実性の意味を理解しなければならない。

　2011年3月11日に発生した東日本大震災は，リスク管理の観点から種々の教訓を残し，想定外という言葉を流布させた。「リスクは繰り返す」と言われる。また「リスクは変化する」とも言われる。東日本大震災が示した現実は，少なくとも中央防災会議などの機関においても想定されていない事態であった。しかし，より長い歴史の中で捉えると，遠い昔に経験した痕跡が堆積物の調査から明らかになっている。「天災は忘れた頃に来る」という寺田寅彦の発した名

**1** リスクの変質，不確実性の高まり　59

### 図表2-1　今後のERM強化の方向性

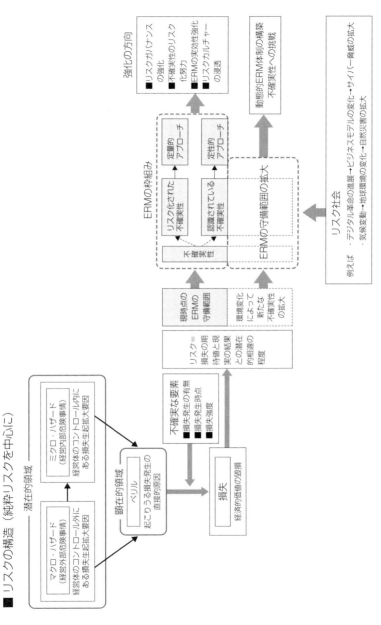

(出典：著作作成)

言は，今でもわれわれに不確実性への向き合い方に対し警鐘を鳴らしている。

## 3．想定外の意味

　われわれは意外な事態に直面すると，「想定外」という言葉を容易に口にする。想定外という言葉は，われわれの意識の枠外にあるような事態を意味する。経営は驚きをなくすためにリスク管理技術を発展させてきた。つまり，理想的にはあらゆる不確実性はリスク管理の中で把握される必要がある。しかし現実には想定外が起こりうる。つまり，リスクとして掌握しきれていない不確実性が現行のリスク管理の枠外には存在していることを意味する。鎌田浩毅は，地震災害に関して3つの想定外の可能性を指摘する[1]。今後の検討に参考になるので要約し紹介したい。

　第1に，政府の地震調査委員会で，以前は，今後30年以内に起こる確率の高い大地震を長期予測として発表していたが，東日本大震災は，数100年から1000年に一度というものであった。この発表のみを鵜呑みにした対応を取るなら，例えば，1000年に一度の地震であったとしても現実には想定外の巨大地震が明日発生する可能性を否定できない状況の中では，対応が不十分になる恐れがある。

　第2は，これまでの詳細な地質調査によっても地下に埋もれた活断層の過去の活動状況を確認することは困難で，まだ十分確認されていない活断層によって生じる直下型地震を否定できない。現在まで，日本では，2,000本ほどの活断層が調査されてきたが，過去に繰り返し活動したことがわかっている断層は，100本ほどしかない。

　第3に，岩盤のどこが割れるか，またいつ割れるかを予測できないことである。この状況は，例えば，1本の割りばしを両手でもって，力を加えて折る場合を想定する。徐々に力を加えてゆくといつかは折るが，どこで，いつ折れるかを予測するのは困難であるのに似ている。

---

1　鎌田浩毅『生き抜くための地震学』2013年，ちくま新書，82〜89ページ。

さて今度は，われわれの経済行動，投資行動が引き起こすバブルについて考えてみたい。これは，集団行動の結果現象である。バブルとは，資産価格がそのファンダメンタル価格から上方に乖離し継続的な高騰が続き，それがいきすぎると，その後は一転して資産価格がそのファンダメンタル価格を下回り急激に暴落する（下落のオーバーシュート）現象のことである。これまでわれわれは何度となくこれらを経験してきた。

　ケネス・S・ロゴフとカーメン・M・ラインハートは，金融危機の長期データベースを分析し，過去の多数の金融危機は驚くほど似通っていることを示した。われわれは，いつか来た同じ道にもかかわらず，そのたびに，「今回は違う」，という言葉を繰り返してきた，と警告する（この現象は「今回は違うシンドローム」と呼ばれている[2]）。

　2007年のサブプライムローン問題に代表される金融危機などを行動経済学の視点から分析した『アニマルスピリット[3]』では，不況を作り出す経済主体の心理的特徴，行動の特徴を整理している。「アニマルスピリット」は，ジョン・メイナード・ケインズが『雇用，利子，貨幣の一般理論』の中で，人間の持つ衝動，血気を経済発展の原動力として説明するために使用した用語である。しかし，この概念は後世の経済学で十分取り上げられなかった結果，不況発生に対して無防備な経済理論が横行するようになってしまった，との指摘もある。

　また『ブラック・スワン―不確実性とリスクの本質[4]』は，われわれの持つ原理的なバイアスについて指摘した。経済主体が取るバラバラな行動の総体としての経済現象（例えば，株式投資の結果としての株価）について，効率市場の仮説が想定する正規分布の世界は，平時においては説明力を有するが，有事においては説明がつかない。有事では，ベキ分布をとり，極端なファットテイル

---

[2]　ケネス・S・ロゴフ，カーメン・M・ラインハート『国家は破綻する―金融危機の800年』村井章子訳，2011年，日経BP社。
[3]　ジョージ・A・アカロフ，ロバート・シラー『アニマルスピリット』山形浩生訳，2009年，東洋経済新報社。
[4]　ナシーム・ニコラス・タレブ『ブラック・スワン―不確実性とリスクの本質』望月衛訳，2009年，ダイヤモンド社。

現象（ブラック・スワン）が起こることに，警鐘を鳴らした。

1980年代後半以降のデリバティブ取引の拡大から，金融機関のリスク管理は複雑さを増した。デリバティブ取引を含むトレーディング活動から生ずる新たな管理の必要から，「G30[5]レポート」が出され，それをきっかけとして，金融監督当局と金融業界は，市場リスク管理手法の議論を開始した。その後バリュー・アット・リスク（Value at Risk：VaR）を中心とした管理手法が業界に浸透し，その他のリスク（例えば信用リスクやオペレーショナル・リスク）に対してもこの考え方を応用して定量的管理が進められてきた。

このようにリスク管理技術を発展させてきたにもかかわらず2007年にサブプライムローンの破綻から金融危機が発生し，システミック・リスクが発生した。金融機関の経営悪化や破綻が起こり，各国政府が金融システム安定のため公的資金を投入することとなった。金融危機の教訓を踏まえ，現在もG20主導で規制改革が進められていることは前章で述べた。

古くて新しい課題であるシステミック・リスクという不確実性を現行のERMが十分管理できなかったことを再認識させられた形となった。

一方，デジタル革命が機会の創出と既存の枠組みを破壊しようとしている現在の金融・保険業を取り巻く環境は，ERMにどのようなインパクトを与えるのであろうか。かつてオックスフォード大学はデジタル革命によって最も大きく影響を受ける業界の筆頭として保険を挙げた。

保険のような規制業種において，規制は基本的な事業運営の枠組みを定めるものといえる。保険のコア業務（商品設計，販売，保険金支払い）には非常に多くの情報が利用されている。今後進展するビッグデータ，コネクティビリティの高い世界では，データアナリティクス技術やエコシステムの進展によってそのビジネスモデルは大きく変革される可能性があり，これまでの経験知が活用できない不確実性も増す。

---

5　グループ・オブ・サーティの略称。米国ワシントンに本拠を置き，各国中央銀行首脳や主要な民間金融機関の関係者からなるシンクタンクである。

## 4．リスク社会という視点

　チェルノブイリ原子力発電所の事故が起こった頃から「リスク社会」という用語が頻繁に使われるようになった。この概念を最初に提示したウルリッヒ・ベックの社会理論を伊藤美登里[6]が自然と社会の関係から整理しているので，要約し紹介したい。

　20世紀までの社会理論には，自然と社会を対置させる考え方がある。自然は，根本的には所与のもの，あてがわれるもの，征服すべきものと考えられていた。そして同時に，人間にとって未知なもの，社会と対置されるもの，社会と異なるものと考えられてきた。しかし，20世紀の終わり頃になると，自然は外部にある現象から内部にある現象へと変化し，所与の現象から製造された現象へと変化した。その結果，自然は産業システムの内部に組み込まれた。この意味において，環境問題は社会の外側の問題でなく，発生においても結果においても社会的な問題であり，人間の問題でもある，と捉えられるようになった。

　ベックは，近代が，古典的な産業社会から，リスク社会へと，移行しつつあること，そしてそれは産業社会の諸前提そのものの近代化が必要となっている，とした。産業社会そのものの近代化，これを再帰的近代化と呼んだ。これは，近代化が自分自身の作り出したものに適用されている，いう意味を持つ。

　リスク社会において，リスクの分配が社会の重要な課題となると従来の科学のあり方も変容を余儀なくされる。

　生態系（Ecosystem）という次元でリスクを捉えてみるとわかりやすい。生態系という用語は，ある一定の区域に存在する生物と，それを取り巻く環境をある程度閉じた１つの系であるとみなしたときに使う用語である。例えば，木が１本生えていると，幹のまわりには人が踏まない空間ができる。人が踏まない土は硬く締まらないので，草や木の種が発芽しやすくなるため，草木が生え

---

[6] 伊藤美登里『ウルリッヒ・ベックの社会理論』2017年，勁草書房，１〜３，22，23ページ。

てくる。鳥が枝で休んで糞をすると，鳥がついばんだ実に入った種が消化されずに糞となり落ち，木や草が生える。木や草に虫が寄ってくると，その虫は捕食する虫を呼び，虫は鳥の餌になる。こうして木の成長にともなって小さな生態系ができあがる。

　このように形成された生態系の一部が破壊されると，その全体に影響を及ぼすおそれがある。生態系のように必ずしも十分に全体像が解明されていないような系の安全を考える場合，どこまでゆけば安全といえるかを1つに決めることは困難である。社会的リスクに対し，そのリスクを測定・計算する際に，ある仮定Aを用いて測定，計算した場合にはリスクはきわめて小さく安全だとする結論が導かれ，別の仮定Bを用いて測定，計算した場合にはリスクはきわめて大きく危険という結論が導かれるといった事態も起こりうる。

## 2 不確実性に対するアプローチ

### 1. リスクマネージャーのアプローチ

　リスク管理は実学であるがゆえに，理論と実務の間の相違について理解しておく必要がある。ダン・ボルゲが科学者とリスクマネージャーのアプローチの違いについて，興味深い描写をしている。参考になるので要約し紹介する。

　科学者は，この世の不確かさの大部分は無知のせいなのだから，真理を発見することによって不確実性を減じることができると考える。
　科学者は，科学的手法を使って無知の問題を解決しようとする。科学的手法を支えるのは論理的で観察と再現が可能な証拠であり，科学者は証拠が動かしようのないものであることがはっきりするまで判断を下さない。科学者は理論を構築し，証拠を解釈するにあたって個人的な偏見を交えない。一方，リスクマネージャーは不確かさに対して，「将来は不透明かもしれないが，予測できないわけではないし，自分の力でよい結果が起きる確率を高め，悪い結果が起きる確率を低くすることができる」という実用主義的な態度をとる[7]。

　さらにリスクマネージャーは，意思決定にかかわる現実的な要請を無視できない。この点を踏まえ，ボルゲは次のとおり説明する。

　起こりうる結果の発生確率がどのくらいなのか見当がつかないときはどうしたらよいのだろうか。結論を言うと，確率がわかっているかどうかは重要ではない。なぜなら，確率がわからないことを理由に何もしないことに決めたとしても，それはそれで１つの意思決定であり，やはり何らかの結果が生じるから

---

[7] ダン・ボルゲ『リスク管理』椿正晴訳，2005年，主婦の友社，12, 13, 29ページ。

である。しかも，何もしなければ貴重なチャンスを逃す可能性があるし，脅威が現実になるおそれもある。さらに，何もしないというのはいろいろな選択肢を残しておくということでもある。その場合，決断を先延ばしにしている間にさまざまな新情報が入ってくるため，結局は何らかの意思決定をせざるをえなくなる。そして，どのような意思決定をするにせよ，確率に関する自分自身の信念に基づいて行動するわけで，発生確率を意識していない場合でもこの点は変わらない[8]。

　このボルゲの説明は，実務家にとって現実感と納得感があると思う。先例がない，データや情報が不足し客観的確率が明らかになっていない事態に直面すると，人は，直観や主観的確信（主観的確率）でもって意思決定する局面が増える。ボルゲが記述する内容は，不確実性に直面した現実の意思決定を描写している。しかし，このような事態をできるだけ回避するために不確実性をリスクに変えリスク管理を発達させてきたわけである。

　現実のリスクマネージャーが抱える苦悩を踏まえ，ある意味勇気づけるように，ナシーム・ニコラス・タレブは，「間違いを嫌う」状況ではなく，「間違いを愛する」状況，彼の言葉を借りるならば，反脆弱（Antifragile）を開拓せよと主張する。すなわち，間違いは起こりうるが1つひとつの害は小さいという状況を作ればよい。不確実性に対し細かく失敗し，その都度アジャストせよ（小さく投資せよ）[9]，と説く。

　間違いを愛するという意味は，失敗にこだわる，さらに失敗の兆候（弱いシグナル）を捉えて対応することの重要性を指摘している。小さな失敗からいかに新しい気づきを得るか，そしてそれを既存の枠組みの改善につなげていき，失敗を防止するか，という視点の重要性を指摘している。

　さらに，弱いシグナルや小さな失敗から読み取らなければならないものは何

---

8　ダン・ボルゲ，前掲書，31ページ。
9　ナシーム・ニコラス・タレブ『反脆弱性―不確実な世界を生き延びる唯一の考え方　上』，望月衛監訳，千葉敏生訳，2017年，ダイヤモンド社，51ページ。

か，という点について考えてみたい。企業の戦略，計画の大半は，これまでの経験知を土台にしている。企業の成長は，新しいオポチュニティへの挑戦の中で達成される。これは不確実性への挑戦を意味する。挑戦すべき不確実性の度合によるが，これまでの経験知から手触り感がない不確実性に挑戦する場合は，その戦略の失敗や期中の変更も覚悟しなければならない。それゆえ，弱いシグナルを見失うことなく迅速に対処し，小さな失敗を次の改善につなげていく管理体制が必要となる。不確実性の管理は，リスク管理の枠組みとは明らかに異なる体制といえる。

清水勝彦は，失敗した戦略仮説とその前提の検証を通じて次の3つを明らかにしつつ新戦略へつなげるべきである，と指摘する[10]。

① 自社に関する仮説，前提（例えば，自社の資源や能力，できると思っていたこと，できないと思っていたことに違いはなかったか）

② 顧客，競合を含めた，外部環境に関する仮説，前提（例えば，顧客のニーズ，競合相手の能力の判断は正しかったか）

③ このような前提を使い，仮説を立てる意思決定のプロセスおよびその後の実行プロセス（現実との違いはあったか，もし違いがあったら今度はどのように修正すれば新しい成功パターンが作れるのか）

そして，かつて成功パターンを反映した戦略は，現実の失敗に直面し新たな「気づき」を得て戦略を練り直し，新たな戦略へと生まれ変わるというプロセスをとる，と説明する。

この説明を著者なりに不確実性管理に関連付けて解釈すると，次のようになる。将来の具体的なシナリオの想定は，将来の出来事がランダムに起こることから，それを正確に予測することはできない。それゆえ，まず，この事実の認識に立って対応することが大切である。間違いの兆候に気づくとすぐに代替案の対応ができるようにする。結果，その影響を小さな損失に抑えつつ前に進む

---

10　清水勝彦『失敗から学んだつもりの経営』2008年，講談社，98～102ページ。

ことも可能となる。

　しかしながら，不確実性に対する意思決定を難しくし適切な戦略変更を阻止する要因に留意する必要がある。少なくとも次の２点には十分意識する必要がある。

　１つ目は，意思決定に先行する過程で，われわれが不確実性を認知したり判断する際のバイアスの存在であろう。例えば，収益機会と損失機会を比較考量する際の心理状態を考えればわかりやすい。投機に対するギャンブルに参加したい一方で，株で大損を抱えたときや競馬で負けたときに，それを正当化しなければならないような気持ちを同時に抱えた矛盾した状況である。このような状況を「認知的不協和」と呼ぶ。これは，イソップ童話の「酸っぱいブドウ（Sour Grapes：負け惜しみ）」で示されたような心理である。つまり，キツネが豊かに実ったブドウを取ろうとして何度も飛び上がるが，ブドウは木の高い位置にあって届かない。ついに諦めたキツネは，「あのブドウは酸っぱくてマズイに決まっている。誰が食べるものか。」と言って立ち去るという話である。このたとえ話が示しているように，人は手に入れたくてたまらないのに，努力しても手が届かない対象がある場合や目的や欲求が達成されなかったとき，その欲求と現実のギャップを埋めるために，自分の都合のよい理屈で埋めようとする心理メカニズムが働きやすい。また逆に手に入れてしまうと，どんなにすっぱいレモンでも，自分のもので有るかぎり，甘いと思いこもうとする心理が働く（これを「甘いレモン（Sweet lemons）」と呼ぶ）。酸っぱいブドウも甘いレモンも共に現状維持（Status Quo）バイアスのひとつとして説明されることが多い。想定外の事態に直面して思考停止に陥る原因になる。

　将来は不確実である。常にリスクとオポチュニティを創出している。しかしもう少し正確に述べるなら，不確実性をビジネスの土俵に持ち込み，チャンスに変えるためには，不確実性をリスクに変える必要がある。つまり，リスク化する必要がある。その上で，リターンの源泉としてリスクを捉え，リスク，リターン，資本の管理を統合化する必要がある。

　また，企業は変化する環境の下で活動を続けている。リスクに影響するハ

ザードは常に変化しており，十分承知していたつもりのリスクにも不確実性の要素が繁殖する。また新たな不確実性もどんどん登場している。したがって不確実な要素を定期的に確認し，ERMの有効性を継続的に検証しなければならない。

2つ目は，われわれが意思決定し行動を起こす中で生じる変化に対し，いかに効果的に対応できる組織を作っていくかという問題である。想定外の事態に対し復旧力（レジリエンス）の高い組織の構築に腐心しなければならない。そのような組織はどのような要素を持っていれば可能になるかを考える，「想定外のマネジメント」という研究領域がある。不確実性は想定外の事態を惹起するので，不確実性の管理を考える場合，この知見は有用である。

カール・E・ワイクとキャスリーン・M・サトクリフ[11]は，厄介な状況下にもかかわらず，ほとんど無事故でオペレーションを続けている組織を研究し，このような組織にはマインドフルな組織化（Mindful organization）があると説く。小さな合図や不運に敏感で，コンスタントにそれらを調整する能力が必要である，という。なぜなら，これらの合図や不運を放置しておくと蓄積していき，システムの他の部分と相互作用してより大きな問題となっていくからである。いわば早い段階で対処できる能力の必要性を説いている。

ワイクとサトクリフは，想定外のマネジメントに必要な5つの原則を提示している。要約して紹介すると**図表2－2**のとおり整理される。

これらの原則を不確実性の管理を意識して，著者なりにまとめると，「想定外のマネジメントを実践するためには，オペレーションに敏感になり，異常な合図に対しバイアスを排除し，真正面から向き合い，専門知を結集し，適切に理解し，大事故に至らないよう復旧にコミットする。」ことが大切である。

弱いシグナルに敏感になる必要性は，多くの実務家が経験しているように，時の経過とともに事態が悪化していくので，異常事態は，それらがまだ扱いや

---

11　カール・E・ワイク，キャスリーン・M・サトクリフ『想定外のマネジメント—高信頼性組織とは何か—第3版』中西晶監訳，杉原大輔ほか高信頼性組織研究会訳，2017年，文眞堂。

**図表2－2　想定外のマネジメントの原則**

| | | |
|---|---|---|
| 原則1 | 失敗にこだわる（小さな失敗の検知） | 一連の流れに合わない小さな異常な合図（Cue）を何かが失敗している（Failing）サインではないかと警戒し見逃さず，悪い知らせを脆弱性の気づきとする。 |
| 原則2 | 単純化を避ける（カテゴリーの差別化） | カテゴリーや類型，一般化は，つじつまのあわない出来事の細部を覆い隠してしまい，想定外のトラブルの予兆の可能性がある。それゆえ，微細な違いをうやむやにしてしまわず，予兆を正しく把握する。 |
| 原則3 | オペレーションに敏感になる（一瞬一瞬の状況変化への警戒心） | 今起こっていること（相互関係としてのオペレーション）に綿密な注意を払う。 |
| 原則4 | レジリエンスを決意する（Commit） | 変化する状況に対応する柔軟性でもってエラーを小さく抑え，大事故につながる前に修正する。 |
| 原則5 | 専門知（Expertise）を重んじる | 想定外の事態が起きたとき，極めて不確実な仕事に対する謙虚さを持ち，職位に関係なく最も適切な人を関わらせ，人々がお互いに質問しあい，データや意見などを交流して専門知を創造する。 |

（出典：カール・E・ワイク，キャスリーン・M・サトクリフ『想定外のマネジメント―高信頼性組織とは何か―第3版』中西晶監訳，杉原大輔ほか高信頼性組織研究会訳，2017年，文眞堂から著者が要約）

すく，切り分けて対処可能なうちに検知し大事にいたらず対応可能なうちに処理するためである。特に経験がない領域においては，問題が複雑にならない段階で対応することが重要である。ニアミスを成功とみなしてしまうか，ヒヤリ，ハットとして適切に対処するか否かは，不確実性に対するカルチャーの問題とも関連するが，想定外のマネジメントにおける成功の分水嶺となる。

ワイクとサトクリは，1984年12月2日に発生したインド，ボパールのユニオンカーバイト社の殺虫剤プラントからの有毒ガス（イソシアン酸メチル：MIC）漏出事故において，何度も対処しうる機会があったにもかかわらずそれを無視したことが最悪の事態を招いたと，指摘している。つまり，プラントの従業員が同僚にMICの臭いがしないかと尋ねているが，プラントが稼働していなかったため無視された。制御室の作業員が圧力計の針が突然上昇したことを話したが，目盛りの故障ではないかと無視された。その後，真夜中になり涙が

とまらなくなる従業員が出始めたり，液体の気化による振動に気づきようやく異常を確認するという事故の経緯を指摘している。

彼らはセンスメイキング（Sense making）という概念を提示している。人は自明でない瞬間に放り込まれると，「ここでの筋書きは何なのか」とか「どうなるのか」という疑問を持ち，行為しながら尋ねるのが普通である。しかし，「行為すると同時に見つけたものの本質を部分的に定義しながら，状況を見定める[12]」センスメイキングの能力が想定外のマネジメントには重要である，と主張する。

## 2．科学的方法論

実務において，科学的な知見は重視されているものの，理論を実務に当てはめることができる程現実は単純ではない。それゆえ，「たかが理論，されど理論」と言われることがある。

科学の営みは，知りたいという人間の好奇心に基づいている。科学が明らかにするのは，世界がどのように作られているのかという説明の体系である。「不確かなところにこそ科学が生まれる[13]」と言われる。不確かさを認める謙虚さとその原因を深く究明し，新しい解決法を試し続ける努力こそが科学を進歩させる原動力となってきた。未知の事象に対して，部分的解明を試み，その知見を活用してさらなる課題解決に当たるという科学的プロセスは，われわれが繰り返してきた歴史である。

かつて天動説は，地球から見ると，月や太陽が等速の円運動をしていることから，ごく自然の流れとして受け入れられた。ただ惑星は，時として動きを止めたり，西から東へ逆走したりする。天動説を前提にして不規則なこれらの動きを説明しようとすると，各種の修正を施さなければならない。一種のパラメータ操作といえるが，これでも十分な説明ができず，結局は，前提自体を修正し，地球も太陽の回りを回っている，と考えなければ説明できなくなった。

---

[12] カール・E・ワイク，キャスリーンM・サトクリフ，前掲書，31ページ。
[13] R・P・ファインマン『科学は不確かだ』大貫昌子訳，2007年，岩波現代文庫。

われわれの五感や常識に照らすととても信じられない世界や現象（例えば，前述の例では，地動説）が存在することを受け入れる必要がある点に留意すべきであろう。科学が今日のように発達したのは，過去の伝統を基礎にして，不確実性に対して時代時代の経験を丹念に築き上げてきた結果である。不確実性と正しく向き合う際に科学的アプローチを踏まえるべきである。

　近代科学の方法論を確立した経験主義者のベーコンは，多くの個別的事例を観察して，それらに共通する普遍的パターンを発見することによって，自然法則を抽出すべきだと考えた。このように個別から普遍を導く帰納法に対する暗黙の信頼が，現代科学の方法論にも引き継がれている。

　「進化論的科学論」といった考え方によれば，環境に適応できない生物が自然淘汰されるのと同じように，古い科学理論も観測や実験データによって排除されていく。つまり，科学者の仕事は，科学理論のバージョンアップにある。科学者の仕事は，問題を解決するための仮説を立て，その仮説を批判的にテストすることによって誤りを排除し，その過程で生じる新たな問題に取り組むことである。このような「批判的思考（Critical thinking）」の実践によって，科学が真理に接近していくものと考えた。

　帰納的推論の背後に「斉一性原理」がある。これは，これまで観察されたものと，まだ観察されていないものは似ている，という前提に立つことを意味する。不確実性に向き合うということは，これまでに有効な成果を挙げてきたアプローチに信頼を置くと同時に，そのプロセスが暗黙の内に前提にしているものや，そのプロセスを活用するわれわれ自身の持っている傾向についても批判的検証を忘れないようにしなければならない。

　福島第一原子力発電所の事故後，放射線の影響や，事故原因をめぐって科学者の間において種々の異なる意見が存在し，混乱を招いた。不確実な事象を前にしたとき，思考停止に陥らないための仕組みとして，欧米各国には科学者の意見を代表して政権に伝える首席科学顧問（Chief Science Advisor）という諮問機能がある。

　2011年12月に新設されたEUの初代首席科学顧問に就任したアバディン大学

の生物学者，アン・グローバー女史へのインタビュー[14]の中に次のような興味深いコメントがあった。「英国で狂牛病が広がったとき，政府は当初，人に感染しないと言いましたが，後になって間違いだとわかりました[15]。このときは英国の科学者も信頼を失いました。」どうやって信頼を取り戻したのか，という質問に対して，「私は間違いを認めることによってだと思う。正直さと透明性が大切だ。」「科学のプロセスを市民がよりよく理解することで，科学への信頼が増した。」と答えている。

このような首席科学顧問の制度は，その社会において，科学的知見は完全無欠ではないものの，市民が入手できる情報の中で，最も判断材料として役立つものであるという信頼が前提となっている。科学的知見に完璧はない。ただ現実の問題は，仮説が確定するまで待ってはくれない。思考停止に陥り行動できず，事態を悪化させてしまうおそれもある。このような事態を避けるため，今信頼できる情報を拠りどころとして迅速に意思決定するための仕組みを考えていくことが不確実性へ対応していく際には重要と考える。

---

14 朝日新聞，2012年8月2日のオピニオンのコーナー。
15 1986年に英国で発見されたBSEは，最初は牛だけの病気で，牛肉を食べただけでは人が感染することはない，と英国政府は発表していた。ところが，BSEの原因であるプリオンが人に移行し，変異型クロイツフェルト・ヤコブ病を引き起こすことを1996年になって認めた。このような対応の遅れに至った背景の1つに，中立であるべき科学的評価と政策決定として行うリスクの管理の機能を受け持つ機関が分離されていなかったことが指摘されている。その後，欧州では，2000年に入ってから，フライドポテトやポテトチップスに含まれているアクリルアミドに発がん性が疑われるという問題が発生し，欧州連合（EU）は，リスク評価，リスク管理，リスクコミュニケーションの3つの要素を関連づけ，科学に基づき安全性を評価し，その評価に基づき管理し，それを広く社会に伝えるといったシステムとしての考え方（リスクアナリシス）を確立している。組織的にも，リスク評価を中立的に行う専従機関である欧州食品安全機関（EFSA）を2003年に設立している。日本でも，2003年に食品安全委員会が設立され，この概念を取りこんでいる。

## 3 不確実性下の意思決定

### 1．不確実性の度合い

　話を企業経営に戻したい。企業活動は将来に向かって活動することにより，経営目標を達成しようとする活動である。もちろん企業として最も成功する度合いが高いと判断する方策を実行するわけであるが，企業が期待するとおりの結果が出るか否かは不明である。自らの打ち手（戦略）が成功することもあれば逆に失敗することもある。無数の要素により影響を受け，結果はランダムである。このように将来の結果が明白でない場合，われわれは「不確実性がある」という。

　われわれは，その起こりやすさの程度には差があることを知っており，それを表現した確率の大きさを意思決定に利用する。そして人はできるだけ好都合な事象が起こる確率を大きくし，不都合な事象が起こる確率を小さくするように意思決定し行動しようとする。このような合理性の追求がリスク管理という実学を発展させた。

　経済学における将来に対する意思決定の枠組みは期待効用理論を前提としている。これは，課題に対して選択可能な多数のシナリオをあらかじめ想定する。そして，そのシナリオごとの結果に対する効用を評価する。そしてシナリオの発生確率を掛けた期待効用が高い案を選択するというものである。ただこの枠組みは将来の予測が具体的に可能なケースを前提にしている。

　さて，「十分に起こりそうにない出来事は起こりえない」というボレル[16]の法則がある。これは，数学上，極めて低い確率は実際にはゼロではないがゼロとして扱われていることを意味している。確かに現実の実務的な人間的な尺度

---

16　エミール・ボレルは1871年生まれのフランス人数学者。確率の数学的側面の分野での先駆者の一人。

において，確率が十分に低い出来事は決して起こらない，と考えられているのだから，ボレルの法則はそのことを表現したものである。しかしデイヴィッド・J・ハンドは，なにを基準にし，「十分に低い」と考えているかにより，その程度は相対的な意味を持つとして，次のとおり指摘する[17]。

　人間的な尺度で無視できる確率：約100万分の１より低い。ポーカーでロイヤルフラッシュが出る確率は約65万分の１で，確率100万分の１より２倍近く高い。…

　地球的尺度で無視できる確率：約$10^{15}$万分の１より低い。地球の表面積は$5.5 \times 10^{15}$平方フィートである。…２人とも同じ１平方フィートを選ぶ確率は地球的な尺度でまったく無視してかまわない。ブリッジをしているプレーヤーにすっかりそろった手札が配られる確率はおおざっぱに$4 \times 10^{10}$分の１で，地球的尺度で無視できる出来事に比べると，起こる見込みははるかに高そうだ。

　ダンカン・ワッツ『偶然の科学』は，確率に対するわれわれの期待の大きさから生じるギャップの存在を巧みなたとえを使いながら説明する。要約すると次の通りである[18]。

　「人々が天気予報について不満を持つのは，その降水確率が信頼できないからではなく，信頼性と人々が求める正確さが異なるからである。われわれは，明日のような日が60％の確率でどうなるかを知りたいわけではない。実際に明日がどうなるか，つまり明日雨が降るのか降らないのかを知りたがるからである（また次のような例も提示する）。例えば，バラク・オバマが2008年の大統領選挙で勝利する前日に，オバマが勝利する可能性は90％だと言うことは何を意味するのだろうか。オバマが10回挑めば９回勝つということか。選挙は一度

---

17　デイヴィッド・J・ハンド『「偶然」の統計学』松井信彦訳，2017年，ハヤカワ文庫，25，26ページ。
18　ダンカン・ワッツ『偶然の科学』青木創訳，2014年，ハヤカワ文庫，184，185ページ。

きりだし，それを繰り返そうとする試みは－つまり次の選挙に出たとしても－連続したコイン投げのようには比較できない。予測を得るために，われわれはさまざまな別の未来の可能性を熟慮し，いくつかの未来はほかの未来より可能性が高いと判断するところまで行くかもしれない。だが結局のところ，そういう未来の可能性のうち，ひとつしか実現しないのを知っているので，どれがそのひとつなのかを知りたがる。（しかし）結果を予測することと結果の確率を予測すること（一定の確率で一定の範囲におさまること）は根本から異なっていることを理解しなければならない。」

　タレブは，確率の精度向上より，エクスポージャー管理の重要さを主張している。今後の検討において参考になるので，抜粋引用したい[19]。

「ある結果は，信頼水準95パーセントで正しいという言い方をすれば，聞いた側はなんとなく満足するだろう。しかし，「飛行機は信頼水準95パーセントで安全だ」と言ったら？　信頼水準99パーセントでもダメだろう。墜落の確率が1パーセントあるなんて言われただけでも，身の毛がよだつはずだ（現代の民間航空機の墜落確率は数十万分の1未満で，確率はどんどん小さくなっている。失敗のたびに安全性は全体的に改善するからだ）。つまり，…実世界では，確率（「正しい」か「正しくない」か）など役に立たない。大事なのはペイオフなのだ。…予測の専門家たちは，予測ミスを指摘されると，事象の予測精度を高め，確率を理解するためには，「計算の改良が必要だ」なんて答える。「エクスポージャーを修正」して，トラブルに近寄らないすべを学ぶほうがずっと有効なのに。」

## 2．不確実性と動態性

　リスク管理の世界では「リスクの3様相」という言葉がある。これは，①過

---

19　ナシーム・ニコラス・タレブ『反脆弱性―不確実な世界を生き延びる唯一の考え方　下』望月衛監訳，千葉敏生訳，2017年，ダイヤモンド社，44，45ページ。

去のリスクは将来のリスクであるということ（リスクは繰り返す），②環境の変化により将来のリスクは過去のリスクから変化していること（リスクは変化する），③リスクは新たに創造されていること（リスクは隠れている），を意味する。

　伝統的なリスク管理は，上記①を中心に発展してきた。しかし現実には，リスクと不確実性が併存している。過去にうまくいった方法を真似るやり方は，一見安全な方法のように見える。しかし，動態的な時代において過去のパターンから将来を予測する手法には，過去と将来のトレンドのギャップといった問題を孕んでいる。例えば，技術革新によるサイバー被害を想像しなければならない状況においては，過去その方法で成功した時代の「環境前提」が当てはまらないからである。この状況を企業価値の変動でイメージすると**図表２－３**のような世界にわれわれは身を置いている。

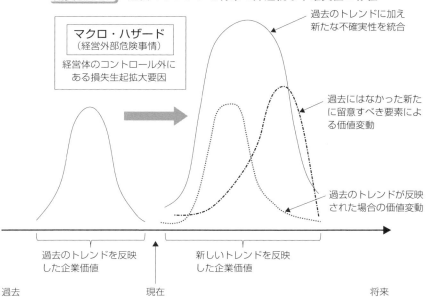

図表２－３　過去のトレンドと将来の非連続な不確実性の存在

（出典：著者作成）

## 3．不確実性と意思決定

　次に，不確実性に対処しようとするわれわれの意思決定上の課題についても整理しておきたい。1978年にノーベル経済学賞を受賞したハーバート・H・サイモンと2002年に受賞したダニエル・カーネマンは，今日の行動経済学を発展させる礎を創った。サイモンは当時カーネギー・メロン大学で学際的研究を通して「限定合理性[20]」という概念を導出した。これは，世界は大きく複雑であり，それに比べて人間の頭脳と情報処理能力には限界があるという考え方である。この概念を提示することによって人間の認知[21]の限界（Cognitive limits）を示した。

　カーネマンとトヴェルスキーは，限定合理性を経済学に応用して，経済学が無視してきた心理的側面からアプローチして，行動経済学の発展に貢献した。また，人間の意思決定は経験によって発見され単純化された決定方法であるヒューリスティクス（直感的な推論，あるいは単純化されたシンプルな経験則）[22]を活用していることを明らかにした。これにより，情報処理能力の制約を補完し短時間で妥当な結論を得ることができるようにしている。しかし一方，厳密な思考プロセスを踏んでいないため，必ずしも最適な判断や意思決定につながらない危険（バイアス（Bias）による判断上のリスク）が存在することを指摘した。

　危機管理を専門とするアイアン・ミトロフは，危機に対応しようとするわれ

---

20　取り扱う事象が複雑になればなる程，情報の利用と探索といった処理量は膨大になり，人間の情報処理能力に限界が生じるという問題が生じる。人間の合理性は，完全なものではなく，限定的なものである，という概念。
21　ハーバート・H・サイモンは，「認知（cognition）とは，認識することの過程をいう。そして1人では情報処理能力に限界のある人間は，階層や分業や手続をつくって他人の認知限界を克服する組織を作った」と説明している。
22　例えば，人が最終的な解を得る過程で，初期情報に依存し，出発点から目標点に十分な調整ができないことを表す係留効果，人が判断する際に論理や確率に従わず，サンプルがどのくらい似ているかという基準に依存してしまう代表性効果，心に思い浮かべやすい事象に過大な評価を与えてしまう想起しやすさ効果などがよく知られている。

われの中に，危機の重要性と深刻さを少しでも軽く見ようとする企業カルチャーに根差ざした姿勢（組織の防衛メカニズム[23]）の存在を指摘し，その危険性を示してみせた。典型的な判断上のリスクといえる。

　カーネマンとトヴェルスキーの研究の背後にあったものは，直感とは，人間が他の動物と共通して持っている知覚メカニズムから進化してきたものであり，それが人間だけが持っている推論のメカニズムとの間の橋渡しをしたのではないか，そして直感には何らかの制約があり，さまざまな点で知覚の特徴を反映するものであろう[24]，というものであった。

　われわれの脳の中では2つの異なるシステムが並存する，と考えられている（二重過程モデル）。すなわち，直感による「ヒューリスティク処理：システム1の思考（System 1 thinking）」と，「分析的・系統的システム：システム2の思考（System 2 thinking）」である（**図表2－4参照**）。

　ところで，「直感」と「直観」を区別することは難しい。奈良潤は，次のとおり説明する。

　「「直観」とは，推理や論理を用いず，すでに習得している知識や技能，経験を通して瞬時に物事を判断する，または，物事の本質をとらえる人間特有の能力のことをいう。…一方で，「直感」は，…学習，訓練，経験など以前に「感覚的に物事を感じとること」と考えられている。…両者は，人が論理的・分析的な思考によるのではなく，感覚に頼って瞬間的に判断を下すという点で共通している。しかし，「直感」を研ぎ澄ますのに学習や訓練の必要性があまり強調されないのに対して，「直観」を高めるためには学習や訓練が必要であるという点に違いがある[25]。」

---

23　アイアン・ミトロフ『クライシス・マネジメント』上の正安，大貫功雄訳，2001年，徳間書房，74-75ページ。
24　ダニエル・カーネマン『心理と経済を語る』友野典男訳，山内あゆ子訳，2011年，楽工社，24ページ。
25　奈良潤『人工知能を超える人間の強みとは』2017年，技術評論社，46ページ。

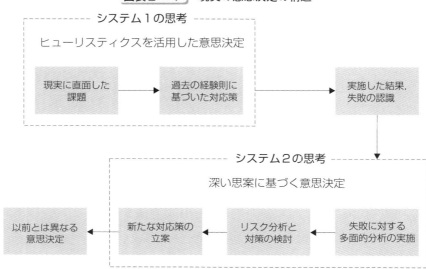

図表2－4　現実の意思決定の構造

(出典：カーネマン（2011），Finkelstein, Whitehead, and Campbell（2008）を参考に著者作成)

　また，ゴールドバーグは，直観という言葉にはもともと偶発性，直接性，即時性という意味が備わっている，と指摘する。そして，直感的認識は，意識的あるいは計画的な合理的プロセスという段階を経ることなく訪れる。何かを知ったとき，それをどうして知ったかわからない場合に直観という言葉を使う[26]，と説明している。

　前述した帰納推定と直観との関係を整理しておきたい。過去の数多くのデータに支えられた確かな基盤に基づく推定は「論理」と呼ばれる。論理は整然とした分類と二者択一の思考ルールを必要としている。データが少なく，感覚と体験を結合させて推定する場合がある。この場合，論理のような堅牢性を有しない。このような推定はヒューリスティクスと呼ばれる。このヒューリスティクスについても直観の訳を付ける場合もあれば，直感と訳される場合もある。

---

26　フィリップ・ゴールドバーグ『直観術』神保圭志訳，1990年，工作舎，32～34ページ。

本書では，以降「直観」としておきたい。

現実に企業が直面した不確実性に対処するためには，経験則に基づき意思決定せざるを得ない局面もある。また企業には意思決定を必要とする局面が数多く存在するため，すべてに論理的プロセスを適用すると情報処理能力や時間的制約から遅きに失する事態も多い。直観の利点，欠点については学者によって対立がある。しかし一方実証分析の中でその利点が確認されている。

奈良は，ゲイリー・クラインの実証分析を引用し直観の有用性を次のとおり説明している。

「1980年代はじめの頃，消防士の消火活動について調査した。火災現場では，消防士は数十秒から長くても数分以内で状況を判断しなければならない。156の事例を分析したところ，全事例の約8割（127ケース）は，消防司令官たちは，1回の直観的判断だけで最適な解決方法を見つけ出していたことが判明した。また，その判断はよくありふれた単純な火事だけでなく，過去にあまり体験していないような目新しい火事の場合でも同様であった。残りの29のケースは，1回の直観的判断だけで最適な解決方法を見つけられなかった場合，いくつかの候補となる解決策を比較検討し，新しい解決方法を考案することで意思決定していた[27]。」

クラインが構築した現場主義意思決定理論（Naturalistic Decision Making）は，従来の不確実性下の伝統的意思決定理論である期待効用理論とは根本的に異なっている。消火のような厳しい物理的制約がある状況下（時間や情報が限定されており，ときに身の危険性が伴う状況）では，期待効用理論を展開する余裕はないからである。

直観の強みと弱点について，奈良は，クラインとカーネマンの敵対的共同研究の概要を紹介している[28]。学問論争の結果，どのような条件下ならば，エキ

---

[27] 奈良潤，前掲書，48，49ページ。
[28] 同上書，72〜81ページ。

スパートの直観は信頼できるか，直観とアルゴリズム，統計の優劣関係に関する論争の過程がまとめられている。詳しくは，同書に譲りたいが，本書における今後の検討に参考になる部分について，要約し紹介したい。

　カーネマンとクラインの論争のなかで，人間は，学習や経験を積むことなく直観を働かすことはできない，との共通認識に至っている。これは，われわれの常識的推論に近いものであり，実際問題頼りとすべき直観に関する条件を再確認できる。さらに，直観の陥りやすい弱点がバイアスであるという点も指摘されている。これらは，実務上の参考になる。
　両者の直観に関する価値感については，平行線のままであったというが，クラインとカーネマンの敵対的共同研究から，自信過剰とバイアスが正確な直観的判断を狂わす要素になることが，確認されている。また暗黙知や身体知は，体験や経験無くして獲得できないことが確認されており，大きな示唆といえる。

　これらの知見を不確実性とリスクに対する意思決定の局面にあてはめてみたい。不確実性がその後のデータによる分析とモデル化によりリスクに転じている場合は，モデルから算出された（いわばシステム2の思考から導かれた）指標に基づき意思決定が可能となる。しかしながら，そのような状況に至っていない不確実性に対して，われわれが今判断を求められた場合，どのように思考するのであろうか。この問題はシステム2の思考は取りえない状況にあることは明らかであるが，そうかといってシステム1の思考を取っているとも考えられない。なぜなら，経験知に基づく直観が働かないからである。このように情報の少ない事象に対してなんらかの意思決定をくださなければならない状況の下で，どのようなアプローチをとればいいのか。現在のERMの枠組みを踏まえ，意思決定の留意点を提示してみたい。
　・第1に，コンティンジェンシー・プランの活用である。すなわち，不確実性の特性や影響を判断する場合はシステム2の思考でゆっくりと考えて最適な解を検討することが必要となろう。しかし，その解を求めている間に

事態が悪化するといった迅速的対応の重要性に留意する必要がある。この点から，ヒューリスティクスで迅速に決断し素早く行動することが要求される。このように時間の制約と情報処理能力の制約の問題に適切に対処するためのリスク管理上の意思決定においては，平時にシステム2の思考に基づき十分な分析を実施し，有事の際のコンティンジェンシー・プランを立てておき，有事において迅速に対処する必要がある。そのためには，洞察力によりストレスシナリオ分析を実施し，不確実性に対し仮想シミュレーションを繰り返す中で仮想空間の中での経験を積み上げヒューリスティクスを養っておくことが理想であろう。なぜなら，想定外に対処する際には，弱いシグナルに対して迅速に対応する必要があるからである。

・第2に，ヒューリスティクスを利用して適切に判断するための注意として，自信過剰やバイアスが適切な判断を阻害する要素となる点に留意しなければならない。

・第3に，直観でもって意思決定した後のフォローアップの枠組みの大切さである。すなわち，帰納的推定がデータの不足から実施できない場合の手段と位置付けるなら，データを後日集め，帰納的推定と同様のプロセスに乗せて着実に補強する，いわば科学的プロセスに則って中期的に知見を向上させるプロセスが重要であろう。

84　第2章　不確実性へのアプローチとリスク化

# 4　不確実性のリスク化の意味

## 1．不確実性の意義

　「将来について不確かである」と「将来は不確かである」は異なる。なぜなら，前者は自分が十分な情報を持っていないことを表現しており，十分な情報があれば意思決定に必要な予測ができることを意味しているが，後者は意思決定の対象となっている事象そのものが不確実性を含んでいるため，確定的な意思決定が難しいことを意味するからである。リスク管理の高度化を目指し，不確実性に挑戦するためには，両者を峻別する必要がある。

　一般に「不確実性」という用語は2つの局面で使われている。1つは，将来起こりうる具体的シナリオが不確実である，という意味である。通常ビジネスにおける意思決定を行う場合，対象となる事柄に対し，どのようなアプローチをとればどのような事態に至るだろうかを推測するだろう。将来のシナリオは無数に考えられる。そして，そのシナリオを決定づける要素も数多く存在するため，たとえあるアプローチを採用したとしても，その結果のシナリオはさらに多くの可能性に分かれる。このため，今後起こりうるシナリオを正確に予測することはできない。その意味で，将来のシナリオは不確かである，といわれる。もし現時点で将来何が起こるか，それがどんな意味を持つかを予見できれば意思決定はどんなにか楽であろう。しかし，実際はそうではない。そこで，今どのような情報が利用可能でその情報を活用すると何がわかり，何がわからないか，そしてこの問題を変動させる要素（不確実性の要素）は何かを洗い出す必要がある。ここで無数のシナリオを想定し，そのシナリオの結果予想される価値をヒストグラムにしたとする。

　このような作業をさらに精緻化していくと確率分布を導き出すことが可能となる。この確率分布から期待値（平均値）とそこからの乖離状況（リスク）によって本問題によって影響を受ける将来の価値の特徴が明らかになったとする。

このように今対処しようとしている課題が有する不確実性の度合いを計量化（リスク量の把握）できるなら，あらかじめ最悪のケース（価値の棄損）を想定して資本を担保するといった対応（リスク処理）が可能となる。さらに，直面している複数の課題について同様の作業を実施するなら，企業が抱える諸課題に内在するリスクの比較も可能となる。

　今日のリスク管理は，個々のシナリオは不確実であるが，可能性のあるシナリオの束を集団で捉えると，そこに統計的な法則性が見いだせることから着想し発展してきた。例えばサイコロの目が等確率で出るというのは，十分多くの回数を行った場合，つまり，多くの試行を集団として捉えた際の法則性である。しかしながら企業が直面する課題の不確実性の度合いについては，この法則性がどの程度の信頼度，安定度で把握できるかという視点でみれば，必ずしも同一ではない。例えば，再現期間が非常に長い巨大地震に関し十分なデータを入手しようとすると，超長期間に発生した災害データを収集する必要がある。とともに，そのうえ，統計処理においてデータの質も同等にして取り扱われなければならない。過去の法則性についての安定性は，このデータの利用可能性に依存する。一方，これまで数多くのデータが積み上がった自動車事故による損害の法則性は，相対的に安定度は高い。

　さて次に，第2の不確実性について考えてみたい。例えば台風について考えてみる。これまで一定のデータが蓄積されてきたとはいえ，今後温暖化によって過去のパターンが変化しているとする。この場合，たとえ過去の多くのデータから確率分布を導出したとしても，将来の分布の形状はそれから変化する。このようなリスクのことを「パラメータ[29]リスク」と呼んでいる。科学技術が変化し社会構造が変化すると，パラメータは変化し新たな不確実性を生み出す。

　経済学者のフランク・H・ナイト[30]は，不確実な状況を3つのタイプに大別

---

[29] 統計学では，母集団の確率分布を特徴づける数のことを「パラメータ」と呼んでいる。したがって，パラメータが変化する事態というのは，想定している特徴が変わってしまうような事態を意味する。数学では，媒介変数のことをパラメータと呼んでおり，両者は異なる意味である。

する。第1のタイプは,「先験的確率」で,例えば「2つのサイコロを同時に投げるとき,目の和が7になる確率」のような数学的確率である。

第2のタイプは,「統計的確率」であり,「2017年時点での40歳日本人女性の平均寿命」のように,経験データから作られた確率である。

第1と第2は,ともに,数値計算することが可能であるという意味で「測量可能な不確実性（Measurable uncertainty）」であり,今日のERMの定量化可能なリスクを意味する。第3のタイプは,人間の主観的な「推定」ないし「判断」に関わるもので,ナイトが特に注目するものである。それは本来的に「測量不可能な不確実性（Unmeasurable uncertainty）」であり,「真の意味での不確実性（True uncertainty）」と分類している。

心理学者のゲルト・ギーゲレンツァー[31]も,ナイトと同様に,経験的データに基づいて確率や頻度のように数字で不確実性を表すことができるとき,これを「リスク」と呼び,経験的証拠がなくて,考えうる結果のそれぞれに数字をあてはめることができない,あるいはあてはめることが好ましくない状況を「不確実性」と呼ぶ。

リスクを考える際,確率は重要な概念となる。一般に「確率」という用語が使われる場合にも,その意味合いは大きく3つに分類することができる。何を基準に確率とみなすか,それにより,精度や厳密度に違いがある点に留意する必要がある。

① 信念の度合い…主観的確率。主観的には,まったく新しい状況でさえ確率の法則を満たしていれば,生か死かというように起こりうる結果がすべて網羅されていて,それぞれが起こる確率の合計が1である場合である。
② 傾向性…傾向性とは対象のもつ属性で,例えばサイコロが物理的に対称

---

30　Knight, H.P., *Risk, Uncertainty and Profit*, 1921, Boston and New York, Houghton Mifflin Company, Part Chapter.1, 2
31　ゲルト・ギーゲレンツァー『リスク・リテラシーが身につく統計的思考法』吉田利子訳,2010年,ハヤカワ文庫,48〜53ページ。

形をなしているというようなことである。サイコロが完璧な対称形であれば、6の目が出る確率は6分の1である。この場合、主観的確率のように確率の法則を満たしているだけではリスクといえない。重要なのはサイコロの形であり、形がわからなければ、確率は出せない。

③　頻度…ある出来事の「もとになる集団」の相対的頻度として定義されるものである。したがって、大量の体験的データが存在し、経験的頻度が計測できる状況においてリスクは捉えられる。

会社でリスク管理の論議をする際、リスク、不確実性といった用語を無意識で使っていることも多いが、今どの基準でこの用語を使用しているかを確認する必要がある。特にERMの高度化を意識する場合には、リスクと不確実性の間には大きな隔たりがあるためである。ナイトやギーゲレンツァーの考え方を踏まえて整理した概念を**図表2－5**に示しておく。

**図表2－5　不確実性とリスクの区別**

| 分類 | 特徴 |
|---|---|
| ①不確実性 | 確率で表現することができない事象。 |
| ②主観的確率に基づくリスク | 主観的に評価した確率で考えられる事象。 |
| ③傾向性による確率に基づくリスク | 対象のもつ属性で評価できる確率で考えられる事象。 |
| ④頻度による確率に基づくリスク | 多数のデータから頻度を計測できる確率で考えられる事象。 |

(出典：ナイトとギーゲレンツァーの考え方を踏まえて著者が整理)

## 2．リスクパーセプションとアセスメント

実務において、不確実性やリスクを扱う場合、客観的データから導かれる確率と主観に基づく確率を特に区別する必要がある。同時に、リスクパーセプション（Risk perception）とリスクアセスメント（Risk assessment）を区別しなければならない。企業活動は最終的には経済価値の向上を目指すものであ

る。不確実性を含んだサービス（例えば，株式などの金融商品の販売や，保険商品の販売）を考えた場合，供給側と需要側では，そのリスクの受け止め方に違いが生じるケースがある。したがって，顧客がどのように感じているか，その意味を十分理解しなければならない。

　金融・保険の販売をめぐり，ミスセリングやファイナンシャル・アドバイスの不備にかかわるトラブルが発生している。このようなコンダクトリスクを防止するためには，その根底にあるリスクカルチャーに着目する必要がある。

　またこの問題は，グローバル展開する企業が同種の商品・サービスを多国間で販売する場合，各国における顧客の購買行動，期待，ニーズに違いがある点にも留意する必要がある。社会人類学の立場から，ホフステードは次のとおり指摘しており傾聴に値する。

　「不安と恐怖を混同してはならない。恐怖には対象がある。…不安には対象がない。…不確実性の回避と危険の回避とを混同してはならない。不確実性の回避と危険の回避は，不安と恐怖との関係のようなものである。…恐怖の場合には恐れる対象があり，危険の場合には危ない出来事がある。…不安と不確実性はどちらも漠然とした感情である。不確実性を回避しようとする行動は，危険を減らすよりもむしろ，あいまいさを減らす方向に向かう。不確実性を回避しようとする文化では，あいまいな状況が嫌われる。そのような文化では，何が起こるかを明確に予測でき解釈できる構造が，組織や制度や人間関係に求められている[32]。」

　これをリスク管理の世界にあてはめてみたい。あるリスク処理をめぐり，社内の関係者が論議しているとする。リスクに対する人の感じ方は，これまでの経験や価値観によって異なる。したがって，リスクや不確実性への感性と経済価値への影響度合いとは乖離する。客観データに基づく評価が困難な状況では

---

32　G・ホフステード『多文化世界』岩井紀子，岩井八郎訳，1995年，有斐閣，116～123ページ。

特に，主観が介在する余地が増えるため，人が危険と感じること（リスクパーセプション）とリスク管理における評価（リスクアセスメント）とは乖離する可能性に十分留意する必要がある。その違いは**図表２－６**のように整理できる。

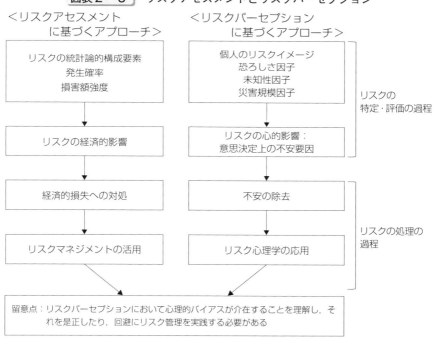

**図表２－６** リスクアセスメントとリスクパーセプション

（出典：Slovic, P., 1987, Perception of Risk, *Science* 236：280-285を参考に著者作成）

## 3．リスク化の意味

ナイトのリスクの概念を応用したリスク処理手段の典型例の１つに保険がある。そこで，「リスク化」の意味について保険制度を例にとり説明したい。前述したとおり，人は将来の具体的シナリオが予測できないという理由で思考停止に陥るのではなく，異なるアプローチから不確実性に対処するという技術

（リスク管理）を発展させた。多数の過去のデータから導かれた法則性を活用することでそれを可能にした。このように個々のシナリオの予測は不可能でも集団化すれば予測可能となり管理しうるという発想を生んだ。まさにナイトのリスク概念を具体化したリスク処理の仕組みが「保険制度」といえる。例えば，個々人にとってランダムな火災事故や自動車事故を考えてみよう。火災保険や自動車保険を購入することによってこれらの危険に起因する事故による不確実な損害の可能性発現を一定のコスト（保険料）という確定値に変えることができる。

　保険の起源として，大航海時代の欧州において今日の保険の原型を見出すことができる。航海をしたくてもお金がない冒険者たちは，航海によって得られる莫大な富を配分することの見返りに，資金を出してくれる人を募って，航海に出た。初期の段階では，航海に出るたびに出資を募り，その航海が終わるたびに配当を行い，清算，終了する形をとっていた。これが冒険貸借（Bottomry）といわれる制度であり，銀行の融資と海上保険が未分化の制度といわれている。

　保険は，事故や災厄といった固有の危険を対象にする。その危険が持つランダム性は変えようがない（事故のもたらす災厄による損害の変動性は低減できない）にしても，個人の単位でみた場合の偶然性に基づく不運を，多数の人と分配して被害者の負担を軽くすること，すなわち個々の危険（不運）をプールすることによって合理的な事後処理（分配）を可能とする。換言すれば，保険を購入することにより，将来の災厄を不必要に恐れず，勇気ある意思決定や行動を可能にする。同時に，災厄といった社会的なリスクを，合理的な保険料の負担で，巨大な不測の損害を補償しうる仕組みを提供するという意味で経済的にも合理的な解決策といえる。

　しかしながら，不確実性を保険制度に乗せるための条件として，保険可能性（Insurability）と保険市場性（Marketability）が必要である。保険可能性は，保険引受け可能な危険を選択・特定できること，そして特定した危険に対して利用可能なデータから保険料を設定できることを意味する。

　市場で販売されている民間保険会社の火災保険の例で考えてみる。ここに過

去の多数のデータn個から次の期待損失が計算できるとする。

> Σ（家が火災によって毀損することによる損害額×火等の発生確率）/n＝期待損失

　保険会社は，多数の同種危険を集団として引き受けることにより，大数の法則から安定的な客観的確率分布を導出する。そして，支払う保険金の期待値と，危険保険料を等しくすることによって，民間の保険事業を運営することを可能とする。

　保険市場性は，十分な規模の保険市場が存在し，人々が購入可能なレベルの保険料を設定できることを意味する。

　なお，本書で「リスク化」という用語を使う場合は，「保険の仕組みに乗せうるように不確実性を管理しうる状況にある」という意味である。必ずしも民間の保険会社の制度に乗るか否かという意味ではない。なぜなら，保険市場性の要件は，民間の保険事業においては不可欠であるが，国や地球規模の危機対策といった観点では保険市場のリスク処理に限定する必要はなく，より広い視点で不確実性の特性を理解し管理しうる仕組み（リスク分配の仕組み）を考える必要がある。気候変動やサイバー空間の脅威などの不確実性を扱う場合，グローバル，あるいは地球レベルでリスク化を検討しなければならない事態も想定しうるからである。

第3章

# 事例にみる不確実性のインパクト

　「転」の章である本章では，企業が経験した過去の失敗事例を検討する。いずれも当時注目を集めた事例であり，経営学の世界でも教訓として検討されたものである。本章では，当時企業が直面した不確実性の内容に着目するとともに，いかに意思決定し行動したのかを振り返る。ここから得られる気づきを不確実性管理への留意点につなげていくことを目的としている。

　「戦略的意思決定」，「システミック・リスク」，「オペレーショナル・リスク」，「エマージングリスク」といった切り口から事例を分類し，それらと不確実性と意思決定の関係を検討する。エマージングリスクについては，その他の事例の検討視点とは異なり，むしろ気候変動のインパクトとサイバーの脅威を通じて不確実性の本質について整理し，今後の動態的ERM構築に向けた視点を整理する。

　これらの検討を踏まえ，不確実性に対処する際の留意点を抽出し，最終章につなぎたい。

94　第3章　事例にみる不確実性のインパクト

# 1　事例検討に先立つ着目点

## 1．先行知見の整理

　本章はERMの進化の糸口を探るため，過去の失敗事例を不確実性管理の観点から再検証することを目的としている。実際にこれらの事例が発生した当時，彼らが直面した不確実性は十分リスク化されていなかったと考えるからである。当時不確実性に対しどのように向き合い意思決定をし，不適切な事態を招くこととなったのか，これらを改めて整理することによっては，不確実性管理の教訓やヒントを得られるものと考えたのである。

　一般に，人間の能力は，単にその人の意思決定がどういう結果をもたらしたかではなく，その人がどういうプロセスとロジックで意思決定したかによって判断されなければならない。結果そのものはランダムである。意思決定者が直接コントロールできること以外にもさまざまな要因が介在して結果に至るためである。したがって，たとえ合理的な意思決定を下したとしても，よい結果は保証されない。逆に意思決定のプロセスが，合理的でなかったとしても運よく良い結果が出るケースもある。将来の1回きりの施行の結果のみから意思決定の合理性を判断することはできない。しかし，合理的なプロセスに基づく意思決定を続けているかぎり，数多くの施策の結果として，確率的によい結果を生む可能性が高まる。

　シドニー・フィンケルスタインは優秀企業が失敗する事例を分析し，『名経営者が，なぜ失敗するのか？』を著した。本書における事例検討に先立ち，この知見を共有しておきたい。同書から参考になる部分を要約し紹介する。

　優秀企業の失敗は，たいてい4つの局面で生じている。つまり，①新規事業に乗り出すとき，②イノベーションの導入や変化に対応するとき，③M&Aに乗り出すとき，④競争相手に反撃するとき，である。これらは，企業にとって

戦略的意思決定の代表的事例であり，不確実で経験のない課題への対処の事例である。

フィンケルスタインは，失敗が後を絶たない理由として，その失敗が起きるはるか以前にいつの間にか生じていた4つの行動を指摘する。それは，①経営トップが会社を取り巻く現実を見誤ってしまうこと，②現状認識の誤りに気づかないこと，③社内のコミュニケーションシステムが崩壊し，緊急情報の伝達を阻んでいること，④社内のリーダーシップに問題が起き，経営トップが経営を軌道修正できなくなっていること，である。この病魔は，傍目には健康そうな企業の内部で確実に進行していくおそれがある。

失敗を回避するためには，意思決定過程で生ずるバイアスによって判断が歪んでいないかを確認すべきである，と警告する。そして，次に掲げる10の質問でチェックすることを勧めている。

&lt;戦略的ミスインテント&gt;
1．他のあらゆる要素を無視してたった一つの原則やビジネスモデルに固執していないか？（魔法の解）
2．達成不可能な戦略を追っている可能性はないか？（聖杯）
3．成功の指標を誤っていないか？（誤った評価基準）

&lt;自己認識の誤り&gt;
4．過去には有効だったが，もはや通用しないことはないか？（賞味期間切れの答え）
5．よそでは有効だったやり方を，別のやり方が必要な市場に持ち込もうとしていないか？（別のゲーム）
6．自分の相対的な競争能力を見誤っていないか？（誤った自己認識）
7．自社や他社の勝因を見誤っていないか？（映画プロデューサーの失敗）

&lt;1つの解にこだわる&gt;
8．顧客のニーズについてのあなたの認識は，限られたモデルや経験に基づいていないか？（スモールワールド）
9．その市場にまつわる暗黙の前提を知らないで事業を行おうとしていない

か？（他人の土俵）
10. 現実的な収益性を無視して急速な拡張策に走っていないか？（拡大熱）[1]

またフィンケルスタイン他は，Think Again[2]の中で，意思決定の失敗事例を分析している。「誤った意思決定は，影響力の大きい個人の判断ミスに端を発している」と指摘し，このようなミスがどのようにして起きるのかをさらに研究している。要約し紹介しておきたい。
・経験豊かな人ほど，多くの意思決定を，過去の経験や直感（Intuition），想像力（Imagination）を使って無意識の内に行っていることが多く，われわれは，選択肢を特定したり分析したり，前提条件や当初の評価を検証するといったような意識的な分析は行わないのが普通である。引き合いに出すべき顕著な経験が無いときのみ分析し，合理的に確信があると感じる場合は，直接回答に飛んでいき，極端に不案内な状況に直面するといった場合のみ，選択肢を比較分析するといったプロセスを使う[3]，という。
・人間は，記憶の中にある類似の経験から引き出された状況を評価する。これは，脳の中にある「パターン領域」で，30もの異なる部位から発せられる情報を統合する複雑なプロセスの中で，過去の経験や判断に基づいた推論（パターン認識）をおこなっており，それと同時に，記憶の中にある「感情タグ」が脳に働きかけ，注意を払うべきか否か，行動すべきか否か，

---

1 シドニー・フィンケルシュタイン『名経営者が，なぜ失敗するのか？』橋口寛監訳，2004年，日経BP社，244，245ページ。
2 Finkelstein, S, Whitekead, J., Capball, A. 2008, *Think Again*, Boston, A Harvard Business Press.
3 クレイン（Klein, G.）は，この意思決定プロセスを，選択肢の比較考量の中で決定していく伝統的意思決定モデルと対比してRecognition-Primed Decision（RPD）modelと呼ぶ（Gary klein, 1998, Sounces of Power : Flow People Make Decisions, Cambridge, MA : MIT Press）。カーネマンは，二重プロセスモデルという形で説明している。すなわち，迅速で，連想を駆使し，無意識のうちになされる，努力の必要のない直感的プロセス（システム１）と，規則に支配されて熟慮と努力を要するよりゆっくりとした思慮深い考察のプロセス（システム２）の二重プロセスである（本書80ページ参照）。

即対応すべきか延期すべきか，戦うか逃げるかなどについて指示する役割を果たしている，という。感情タグとは，記憶された考えや経験に伴う感情情報に，特定のタグをつけて脳の中に保管しておくものである。
- このようにパターン認識と感情タグによって1つの対応策が抽出されると，ほかの選択肢を考えようとしない。つまり，人は通常一度に1つのプランしか考えられない（One plan at a time process）傾向がある，という。一度意思決定するとそれを確認する情報は受け入れるが，否定する情報は割り引こうとする。われわれは支持する情報にはポジティブな感情タグをつけ，支持しない情報にはネガティブな感情タグをつけるのである。
- 人は自らが最初に評価した判断（初期設定：イニシャル・フレーム）を改めるのが苦手のようである。そして判断ミスが結果として現われた時だけ，初めて代替選択肢を検討しようとする。

## 2．ERMの視点からの分類

さて，金融機関や保険会社の失敗事例を著者なりにERMの視点から分けると，「財務健全性管理の失敗」，「戦略の不適合」に大別できる（**図表3-1**）。

フィンケルスタインが分析したように，企業の主な失敗事例は，経営が戦略上重要な行動に出るケースで起こっている。このような行動をとる背景はさまざまである。外部環境の変化や競争関係の下でポートフォリオを改善したり，大胆な成長戦略に打って出ることもあろう。しかし，これらの取組みの過程では，未経験で想定外の事態（不確実性）に直面することも多い。その対処を誤った場合，企業価値を大きく毀損させる事態を招く。

失敗の結果としての破綻を回避するためには，①不確実性をどのように理解するか（リスクの特定・評価），②どのように適切に意思決定し・行動するか（リスク処理），③その結果を検証する，④気づいた点の改善を行う，といったリスク管理プロセスにおいて重大な失敗を犯さないことが大切である。

それでは，リスク管理と不確実性管理の相違は何であろうか。リスクの場合は，①のリスクの特定・評価の過程において大量のデータや情報が利用可能で

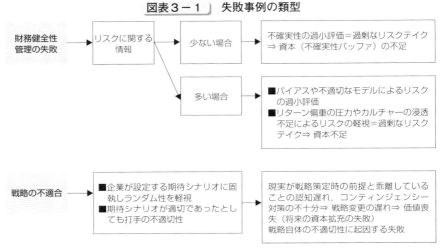

図表3-1 失敗事例の類型

（出典：著者作成）

あり，リスクを計量化することも可能である。しかし，不確実性の場合はデータや情報が絶対的に少ない。いわゆる直観でもって意思決定せざるを得ない局面も多い。また，その当時企業が置かれた状況からバイアスや不適切なリスクテイクが誘発されることもある。

事例検討においては，当時の環境前提とリスクファクター，リスクポートフォリオ，リスク管理の関係を踏まえたうえで，どのような意思決定を行ったかを確認すべきであろう。そしてリスク管理上本来どうすべきであったかの気づきにつなげたい。さらになぜ不適切な意思決定を是正・回避できなかったのか，その背景・要因から今後の留意点を抽出したいと考える。

## 2 事例検討と教訓

企業は変化する将来に対し，予測を立て戦略を設定し行動する。動態的環境下では，予測の精度は低下する。企業を取り巻く外部環境の変化が不確実性の拡大と既知のリスクの中に不確実な要素を拡大させることとなる（**図表3-2**）。

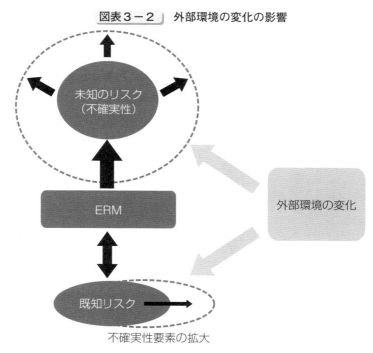

図表3-2　外部環境の変化の影響

（出典：著者作成）

これから検討する事例は，次の類型に分けられる。

> 1. 規制の変化などによって引き起こされた不確実性や自らの戦略推進の結果創り出された不確実性に対して，的確に対応することに失敗した事例（戦略的意思決定と不確実性）
> 2. 対象となる不確実性の中にリスク化できていない部分が存在するが，それを無視して失敗した事例（システミック・リスクと不確実性）
> 3. 日常業務における不適切なリスクテイクによって失敗した事例（オペレーショナル・リスクと不確実性）
> 4. 外的環境が変化しているため不確実性が拡大している事例（エマージングリスクと不確実性）

事例1，2は，リスク化されていると思っているものの中に潜む不確実性への対応の失敗について示唆が得られよう。そして事例3では，最近関心が高まっている人の行動に関するリスク管理上の課題を探っていきたい。事例4では，現時点未知の要素の大きい領域の事例である。事例1〜3と比較すると，教訓を抽出するというよりは，不確実性の特徴を洗い出すことに主眼を置く。

## 1．戦略的意思決定と不確実性

### （1）米国貯蓄金融機関（Saving and Loan：S&L）の破綻

#### ① 検討に先立つ考察

金融の歴史を振り返ってみたい。信用創造は，金の預り証を担保とする金本位制からスタートし，産業革命後の設備投資や貿易，経済活動が拡大すると同時に不安定になってきた。1929年の世界恐慌によって，各国の金融体制は次々と瓦解し危機に瀕した。その再建は，政府による銀行の再編，規制強化を中心とする管理型の金融行政（護送船団方式）によって推進された。

第二次世界大戦後は，ブレトン・ウッズ体制の下で世界経済は記録的な成長を遂げる。

1970年代以降，ニクソンショックを契機にブレトン・ウッズ体制が崩壊すると金融の自由化の流れに向かっていく。それに伴い金融規制は緩和されていく。1973年と1979年には，オイルショックが発生している。このような過程で，

1980年代，90年代前半にかけ米国では多数のS&Lの破綻が発生した。この間，1987年10月19日市場最大の株価暴落（ブラックマンデー）が発生する。1994年には，メキシコ通貨危機，1997年には，インドネシア，韓国，マレーシア，フィリピン，タイで通貨危機が発生している（アジア金融危機）。1998年にはコロンビア，2001年にアルゼンチン，トルコで金融危機が起こっている。2007年には，サブプライムローン問題を契機に金融危機が発生している。

1980年代末の米国の銀行危機には銀行収益を制限する古い非効率的な規制と銀行に資金調達の方途を与える連邦預金保険制度の開放的適用との不調和が存在した。この不調和がS&Lの危機を生む背景ともなっている。

経済政策の変化や規制の変化への対応は，戦略的意思決定における重要な課題の1つである。保有資産のリスク・リターンは，金融環境に影響を受ける。S&Lの破綻は，市場リスクに対して柔軟性の無いポートフォリオを保有していた結果，政府のインフレ対策に基づく金利の上昇が長期間続いたことによって発現したものである。S&Lのポートフォリオは，銀行や生命保険に比し，危険な程大きな金利リスクを抱えていた結果，70年代の後半に，急な名目金利の上昇により，長期金利主体の資産の価値が大きく下落することとなった。

② 事故の概要と背景

S&Lのビジネスモデルは，顧客から短期貯蓄を獲得し，資産運用として，長期固定金利モーゲッジを抱えるという特徴を有していた。この投資戦略は，第二次世界大戦以降1960年代を通じて金利が安定している間は期間構造による金利差から安定的収益の確保が可能であった。しかし，金利の変動幅が大きくなると問題を抱えるようになった。当時，規制（Regulation Q）で資金調達金利の上限が設定されていたため，金利上昇期には，他の競争相手と競合する高い金利が提供できない。結果，利用者はS&Lからよりよい収益を求めて預金を引き出すこととなる。S&Lにとっては，貯蓄が流出し，流動性に対する問題が発生した。この動きを止めるために，規制金利の対象外の商品を作ることによって資金調達を図った。資金を確保したものの，負債は支払い金利の上昇により

拡大した。一方，80％超を占める長期貸付資産は，過去の低金利時代の固定金利の資産であるため，資産ポートフォリオ全体の利回り水準より短期負債の利回りの方が高い状況となる。その結果，極端な逆鞘構造を作ることとなった。このためS&Lは金利の上昇により著しく資本を毀損させた。

当時レーガン大統領は運用の自由化を推進した。連邦政府は，S&L業界を救うために，1982年ガーン＝セント・ジャメイン法（Garn-St Germain Depository Institutions Act of 1982）を制定し，以前に比しリスクの高い投資を可能にした。

この規制緩和によって，S&Lは逆鞘で毀損した資本の回復を図るべく，リターンが大きい投資にシフトした。特に不動産投資が多く選好された。しかしこの投資は結果としてS&Lの資本をさらに毀損させる原因を作ることとなった。もし，1982年に米国の景気が後退しなかったとすれば，そして，石油価格が高い水準に維持されていたら，S&Lの規制緩和による投資は成功していたかもしれない。

現実にはいくつかの不幸が重なった。当時，多くの不動産投資はテキサス州の石油生産部門によってなされていた。そのため，S&Lの新たな投資対象である不動産の価値は，石油業界の好不調に影響を受けることとなった。すなわち，石油業界の信用リスクとの強い正の相関を持っていた。このような状況の下で石油価格が70年代後半の高い水準から急激に落ち込んだため，石油業界の業績は悪化し，不況となり不動産投資も低下した。その結果，不動産業界は深刻な打撃を受け，多くのテキサス州に対する不動産投資は損失を被ることとなった。これは，S&Lの破綻を助長した。

この状況は，日本において1980年代，土地を担保とした融資行動がバブルにつながり，その後の不良債権問題の原因となった状況と類似している。

③　合理的意思決定を阻害する要因

大々的なS&Lの破綻を招いた当時の規制当局は批判を受けた。将来への予測を誤り，80年代初頭には多くのS&Lが潜在的に倒産しそうな状況にあったにもかかわらず，その時点でS&Lに介入して閉鎖し，損失額を制限して預金者に払

い戻すといった措置を採らなかったため，S&Lがますますリスクの高い投資に走り，さらに投資の失敗を招くという悪循環に至ったからである。結果として，10年経過後の救済コストは10倍くらいに達したといわれた。

S&L問題に対する重要な意思決定上の段階が2つ考えられる。1つ目は，米国の経済環境の変化や政府の経済政策という企業のコントロール外で起こった要因に影響を受けて長年かけ脆弱なポートフォリオを構築してしまった。その状況で発生した規制緩和に対してどのようなインパクトを予測し，いかに合理的な行動をとったのか，という段階である。2つ目は，第1段階の後，これも企業のコントロール外で生じた規制緩和によってより柔軟な投資戦略が可能になった段階でどのように行動したかである。

これら2つの環境変化において適切な行動をとっていれば，あるいはここまでの惨事に至らなかったかもしれない。もちろん結果論といえばそれまでであるが，規制に関連する大きな変化は，金融機関にとっては事業の基本ルール（the Rule of the games）の変更を意味し，自社が保有するリスクポートフォリオの将来価値の方向性を大きく変更するものである。製造業でいえば，技術革新や顧客ニーズの大きな変化に匹敵する事態といえよう。ビジネスの世界においては，「賞味期間切れの答え」と呼ばれることがあるが，かつては機能していたが，今はもはや効力を失ってしまった事実，ビジネスモデル，技術などを相変わらず信じ込むことによる失敗はこれまで多く見聞される。

まず第1段階についてであるが，経営は，自社が抱える事業ポートフォリオの潜在的な不確実性を常に洗い出す努力が必要である。過去の傾向を踏襲したリスク管理では適切な分析は不可能である。非連続な環境下で起こる事象は，過去の蓋然性の延長線上にはないからである。もし不確実性に対する適切なセンスがあれば，これまでリスク管理上の分析とは異なったストレスシナリオに基づく分析を必要としたであろう。そのインパクトを分析し脆弱性を承知したときにとる行動は異なったものになったであろう。このようにポートフォリオ自体の脆弱性を早期に発見し，解決までの時間軸や対処方法をあらかじめシミュレーションすることが重要である。

第２段階では，S&Lにとって運用の自由化は，すでに保有している逆鞘の上乗せをせず緩和する方向へと変えるきっかけになったはずである。しかしながら中期的で大局的な思考ができなければ，不合理な意思決定を生む危険もある。同様の事例は，モトローラのケースであろう。1994年米国の携帯電話市場の60％を占めていたモトローラの失敗は，その頃アナログ携帯電話を脅かす技術としてデジタルPCS（Personal Communication System）携帯電話が登場したことに端を発する。4,300万人のアナログ利用者を有していたため，経営陣は短期的利益を優先しすぎて十分な将来投資を怠ったと分析されている。

なぜ，S&Lの経営者は不適切なリスクテイキングに走ってしまったのであろうか。S&Lに対して，連邦政府は預金を保証していた。S&Lの経営者にとって，仮にリターンの高い（裏返せばリスクの高い）資産投資に失敗したとしても連邦政府の保証があるといったことから安易なギャンブル的投資につながった状況も指摘されている。

④　今後の教訓

過去に成功した基本戦略を変更することは難しい。しかしながら，経営者は，大局に立って戦略の変更を断行しなければならない。かつて，ヘンリー・フォードがリバールージュ工場で標準Ｔ型モデルをオートメーション化して大量生産に成功した。しかし，高効率であるが硬直した生産プロセスを抱えたフォードは，その後ＧＭが導入したバラエティ豊かなモデルに顧客のニーズを奪われる結果となった。

前述のとおり，特定の不動産への過剰投資は，リスク分散に歪みをもたらす危険がある。S&Lのケースでは，規制緩和をチャンスと捉え，既に大きく歪んだリスクポートフォリオに対し大胆な資産運用戦略で一気に問題解決を図ろうとする短期的思考に陥った可能性も指摘できる。

シューメーカーとルッソ[4]が指摘する「フレームの盲目性」の概念は，S&Lの検討において参考になる。要約して紹介する。

フレームを認識していないことは，大きなリスクをもたらす。マネージャーは1つのメンタルな窓（フレーム）から世の中を見てしまい，他の窓が示す見方に気づかないことも多い。彼らは時代遅れのフレーム（例えば業界がグローバル化しているときに国内のフレーム）を用いたり，セールスのフレームを用いてマーケティングの問題を解決しようとする。さらに悪いことには，特別なフレームを用いていることを理解していないマネージャーは，自分たちが「完璧なイメージを持っている」と誤信することもある。

S&Lの事例においても金利の上昇が長期間上昇し続けるといった異常な事態もありうるといった判断に立てなかった点は，フレームの盲目性に陥ったともいえる。

フレームの盲目性による意思決定の失敗を回避するため，フィンケルシュタインは，次の確認[5]を勧めており，参考になる。

1）複数の不慮の出来事が同時に起きることを予期しているか？
2）今後の改革において，既存のやり方で対応できるものと新しい発見が必要なものを峻別しているか？
3）大きな変化を起こす必要があるときに小さな変化にもきちんと目配りしているか？
4）競争相手，とりわけ新手の競争相手にちゃんと目配りしているか？
5）自らの業界が一変してしまうこと，あるいはこれまでと異質になってしまうことを予期しているか？

---

4　ポール・J・H・シューメーカー，J・エドワード・ルッソ「より良い意思決定のためのフレームをうまく扱う」前掲書『ウォートンスクールの意思決定論』2006年，159～160ページ。
5　シドニー・フィンケルシュタイン『名経営者が，なぜ失敗するのか？』（前掲），254ページ。

## (2) エンロンの破綻
### ① 検討に先立つ考察

　企業は生き残るためには環境変化に対して革新を起こし続ける必要がある。企業の発展の歴史は，創業期，成長期，成熟期，衰退期を経て，第2の成長期を迎えるのか，現状維持か廃業や倒産の途を歩むことになるのか，を繰り返している。戦略とリスク管理のバランスが問われることとなる。

　企業がイノベイティブで大胆な戦略によって大きく事業ポートフォリオを変革しようとすると，多くの戦略的リスクに直面する。エネルギー商社エンロンの事例は華々しい成功の後に不正会計のスキャンダルを引き起こした事件である。

　エンロンは，1990年代に急成長した米国優良企業であった。2000年には，売上高が1,000億ドルとなり，全米7位の巨大企業にまで発展し，フォーチュン誌にも，「最も革新的な米国企業」に5年連続で選ばれている。

　デリバティブ，証券化商品，ブロードバンド事業など多角化による拡大戦略を大胆に推し進めた。しかし2001年に入り，不透明な会計処理を行っているとの疑惑が持たれ，株価が下落し始めた。そして，8月に当時のCEOが突如辞任した。エンロン事件発覚の契機は，CFOの利益相反行為や，エンロンが行っていた特別目的会社（Special Purpose Entity：SPE）取引の会計処理問題，不十分な情報開示に関し内部告発文書が会長に提出されたことから始まる。この問題は，その後コーポレートガバナンスに関する巨大な不祥事へと発展する。

　エンロンはいわば自ら主導した戦略推進の過程で，これまでの経験知の少ない不確実な領域へ踏み入ったケースである。当初打ち出した戦略が功を奏し成功をおさめたが，どこかで不確実性の管理に失敗し，自社のバランスシートを毀損させ，不正会計に手を染めることとなる。この事例で何が起こり，何を教訓とすべきかを見ていきたい。

　米国では，その後，アデルフィア・コミュニケーションズ，グローバル・クロッシング，インクローン・システムズ，タイコ・インターナショナルで粉飾決算やインサイダー取引，経営者の不正報酬，会社財産の私的流用などの疑惑

が表出した。さらに全米2位のワールド・コムが粉飾決算で破綻するに至った。これら一連の不祥事は，企業活動の目的を「株主価値の最大化」に置き，社外取締役が株主の利益の観点から経営を監視するシステムを中核とする米国のコーポレートガバナンス機能の不全を物語るものであった。このような米国資本主義の根幹を揺るがす事態に対して，財務報告目的の内部統制にかかわる米国企業改革法（通称USSOX法）が制定された。

このような経緯もあり，エンロン事件は，会計不祥事に関するガバナンス面から考察されることが多い。しかしながら，ここでは，事業拡大に伴う不確実性に対しどのような意思決定や行動がなされたのかといった観点からアプローチする。

② 事例の概要と背景

エンロン調査特別委員会報告書によると，90年代後半にエンロンの事業投資は急拡大した。一般に事業投資の急拡大は，投資資金調達によっては負債の拡大を通じたバランスシートの悪化につながることが多い。デリバティブを多用してエネルギー商品の取引を行うエンロンにとって，格付け維持は生命線であるがその格下げの懸念が出てくる。そこで，SPEを設立し，外部からの出資を集め，SPEに資産を売却してオフバランス化（連結対象外）するといった会計操作がなされた。また，SPEの債務超過に対して，引当金計上を回避するため，エンロンは，100％子会社を通じてSPEに自社株式を拠出し，100％子会社がSPEとの間でデリバティブ取引を行い，その取引から得られた利益でエンロンの投資の評価損を相殺していた。ところが，エンロンの株価の下落によりSPEの支払能力不足が深刻になると，追加拠出やSPE間の相互保証，担保提供契約の締結，複雑なデリバティブ取引を実施することによって，損失拡大の表面化を回避しようとしていた。なおヘッジ取引は，複雑な構造をとってはいるが，結局はエンロンの株式価値に依存した構造となっていた。これでは，「経済的ヘッジ」とはいえず，評価損と益を相殺するための「会計的ヘッジ」にすぎなかった。それゆえ，SPEへの投資価値が下がると同時にエンロンの資本の低下

を招くこととなった。

　このような経緯から推定すると，どこかの時点でグループ全体のバランスシートの歪みが生じており，不正会計処理が繰り返されていた可能性がある。エンロンの戦略の基礎は，金融エンジニアリングにあるといわれている。天然ガスをアメリカ大陸に輸送するベストな経路を選ぶことと金融市場で巧妙なヘッジ方法を見つけ出すこととの間には共通点がある。パイプラインも証券もトレーダーがコンピュータを駆使してマーケットのなかの有効な要素を探り出し，偶発的なリスクを最小限に抑え，それらをもっとも儲かる仕組みに仕立て上げるという意味において，パイプラインを上手に運用・管理する技術は，ヘッジファンドの運用に使用する金融エンジニアリング技術と共通点も多い。

　例えば，米国の住宅ローンの証券化市場は，投資銀行がたくさんの住宅ローンをまとめて1つにし，それをさらに切り分け（トランシェ），普通の債券のように組成し直すことによって発展した。通常住宅ローンは借主の繰上償還等によりキャッシュフローが不安定となるが，他のトランシェからの利益を組み合わせることによって全体として安定化させることができる。天然ガスの市場でも，需要家は天然ガスのコストを前もって安定化させたい，一方で不要なガスは保有したくないし，価格の上昇したガスも買いたくない。それゆえ，これらのニーズを満たすことができるような，オプション契約が作りだされることとなる。エンロンは，天然ガスの長期供給契約を生産者グループと結ぶことによってガスバンクを創り，ガス需要家との間のオプションやスワップのカウンターパーティにエンロンがなることによって，新しいエネルギーの取引市場を創造していった。

　このように急拡大し，その動きを維持し続けるためには，借入や社債発行による資金調達を積極的に実施する必要がある。しかし，他人資本の拡大は格付けを低下させるおそれがある。当時のエンロンにとって，デリバティブを多用したエネルギー商品の取引の維持において，格付け低下はビジネスモデルの致命傷になる。そこで，SPEを設立し，SPEに外部からの出資を集め，エンロンの出資割合を低下させ，連結対象外[6]とし，含み損のある資産をSPEに売却し

て本体からオフバランス化する行為につながった。

　この結果，実際売上高と純資産残高との関係を見ると，1998年より，売上の方が上回り，その乖離幅は2000年に向けて急拡大するというレバレッジ経営が推し進められていた。リターン，リスク，資本の関係は常にトレードオフの関係にある。三者のバランスを調整し，健全で持続的な成長をいかに果たしていくべきか。しかし，本件はこれらのバランスを崩すレバレッジ経営の裏で，過大なリスクを積み上げてしまった。その事実を隠そうとした事件といえる。

③　合理的意思決定を阻害した要因

　フィンケルシュタインは，当時の同社の状況を次のとおり指摘する。特に，今日では，ERMの実効性を確保する際不可欠の要素となっている組織カルチャーやインセンティブ制度に対し下記のとおり言及している。

　エンロンにおける生き馬の目を抜く激しい社内競争は，あせった社員たちが悪事に手を染めかねない点で非常に危険だった。…CEOとCFO（は），非常に「脅迫的」で「傲慢」だった。…思わしくない会計評価や見通しは，隠すのが常だった。…エンロンは，改善方法や異なる現実認識を意図的に締め出し，現状を維持しようとする会社だった。成功を維持し，偉大さを飽くことなく追求するとの美名の下に，柔軟性のない不寛容な文化が育まれ，新しいアイディアは疎まれ，懸念は顧みられず，批判的な思考はすぐに解雇の原因になる。…顧客，消費者，投資家，従業員に対して，あらゆる背信行為がなされていた。その行為を支えていたのは，閉鎖的な社風であり，インセンティブ・システムであり，暴走する社員たちであり，傲慢だった[7]。

---

6　当時会計上，簿外取引とするためには，次の要件を満たす必要があった。①独立した第三者がSPEに対して十分な持分投資を持っていること，②独立の第三者による投資が実質的であること，③独立の第三者がSPEの支配財務持ち分を保有すること，④独立の第三者のSPEへの投資は実質的なリスクを負っていること。

7　シドニー・フィンケルシュタイン『名経営者が，なぜ失敗するのか？』橋口寛監訳，酒井泰介訳，2004年，日経BP社，393〜394ページ。

エンロンとSPEの取引は，利益相反があり，取締役会承認事項であったにもかかわらず，それらの取引は承認されている。しかも当時17名の取締役中，15名が社外取締役であった。また財務報告書への非開示（簿外取引）の取扱いについても取締役会は承認している。さらに，当時の外部監査人がエンロンの監査を行いながら，コンサルティング・サービスも提供するという実態があった。取締役会は，監査法人の独立性に関する十分な監視を怠ったと指摘されている。

後日の調査によると，社外取締役の中に，エンロンから多額のコンサルタント料の支払を受けていた者や，エンロン子会社の取引先の取締役が就任していたこと，エンロンから寄付を受けている慈善団体の役員が兼任していたことなどから，取締役の独立性に関し疑問が投げかけられ，ガバナンス不全が指摘されている。

また，エンロンの経営陣もSPE取引に関する情報を正確に報告しなかったこと，同取引のエンロン側担当者とSPE側担当者を人事上分離しなかったこと，さらに，エンロン経営者のストックオプション制度や粉飾が行われていた期間中に大量の自社株売却というインサイダー取引が行われていたことなどが明らかになっている。この種の事件を後日検証してみると，ガバナンスの不全，経営管理の腐敗，脆弱な組織カルチャーなどの問題点が指摘できる。

ただ，注目すべき点は，このような不祥事に発展するまでは，同社はリスク管理の観点から非常に優良な企業として認知され，先端的な事業ポートフォリオマネジメントを実施していたと評価されていた事実であろう。確かにエンロンにはそのような事業があったものと考えるが，ある時点から戦略とリスクのバランスが崩れたものと推定する。当時のエンロンの特徴を知るため，当時の論評を要約して紹介したい[8]。

1930年に創業したノーザン・ナチュラル・ガスは，85年にヒューストン・ナチュラル・ガスを買収し，エンロンに社名を変更した。以後エンロンは毎年

---

8 ダイヤモンド・ハーバード・ビジネス2000年2-3月号63〜67ページに掲載された，「リスク・マネジメント・エクセレンシー」を参考に要約した。

20％を超えるペースで企業価値を創出し続け，今日に至っている。同社は 3 万 8,000 マイルに及ぶパイプラインを保有し，米国天然ガス市場の 18％を供給する，最大手の天然ガスオープン・マーケット供給者である。当時「グローバル・コンバージェンス」「業態のアンバンドリング」「オープン・マーケットの台頭」という潮流に，エンロンが順応した結果といえる。

　当時業界では，天然ガス供給者以外のプレーヤーに天然ガスの販売・流通を認める規制緩和が行われ，業態のアンバンドリングを促進する環境があった。エンロンはこの動きの機先を制し，「リスク仲介業」という新たな業態（オープン・マーケット）を自ら創り出すこととなる。

　エンロンの事業ポートフォリオ管理は，すべてのビジネスを市場リスクや信用リスク，オペレーショナル・リスク，災害リスクなどリスク要因ごとに「分解」したうえで，独自の方法によって「定量化」し，全社的にリスク量を管理していた。そのため，多種多様な事業をグローバルに展開しているにもかかわらず，常にトップ・マネジメントがポートフォリオ全体のリスク量を把握でき，大胆に事業を展開しうる原動力となっている。

　当時「全体最適化」の思想の下，仮にとあるプロジェクトのリスクとリターンが適正範囲内に収まっていても，全社としての各リスク要因に影響を与え，適正値を外してしまうような場合，そのプロジェクトは採用しない。常に全社的なリスクの観点に照らして各事業部門の判断をチェックするという緊張関係が存在すると評価されている。さらに，投資資本がどれくらいのリターンを生み出したかを事業部門ごとに検証すれば，事業の方向性や事業ポートフォリオの見直しなどについて，いままで以上に精度の高い経営判断を下せるようになる。例えば，リターンが期初の水準に至らない場合には，リターンの向上だけでなく，「リスクの減少」という面から戦略を見直す。前者の場合，価格政策やコストの見直しなど，事業の経済性に影響を与える要素に関するアクション・プランを策定することになる。後者の場合，リスクをヘッジする施策を検討する。もしくは事業の縮小や撤退，すなわち事業ポートフォリオの組み替えも考える。

このように今日のERMと概念上変わらない枠組みを持っていたものと考えられる。しかしその後の不正会計の背景を考えるに，上記ファイナンシャルテクノロジーを活用したエンロンの成長戦略は，結果としてある時点から自社のリスク許容度（Risk tolerance）を超える不適切なリスクテイクがなされていったものと推定する。

さらにエンロンが抱えるリスク（不確実性）の特徴についても，当時の論評から以下要約して紹介する。

エンロンは自社の企業価値が，天然ガス価格の変動という市場リスクと中小ガス生産事業者が抱える信用リスクに大きく影響されることを認識していた。そこでまず，市場リスクの問題に対処した。自社のガス生産能力を最大限に活用することによって，発電プラントなど大口需要者の潜在ニーズである「長期的な安定供給」を実現することに全力を投入した。具体的には，他の事業者と彼らが余剰生産したガスを優先的に引き受ける契約を取り交わし，十分な供給能力を確保したうえで，「エンロン・ガス・バンク」という戦略部隊が大口需要者に長期固定価格による販売を全国展開した。

市場リスク管理能力を外部に適用したこの戦略は奏功し，エンロンは供給者と需要者の双方に，天然ガス市場における自社の存在感を強く印象づけた。さらに，地域分散させた顧客ポートフォリオを構築したことで，天然ガスの在庫リスクを最小化させることにも成功した。

次にエンロンは，供給者の資金調達ニーズに応えることにも着手した。中小ガス生産事業者の多くは格付けが低く，ガス生産設備を増強させようにも，一般の金融機関からは容易にガス井戸の開発資金を調達できないという状況に苦しんでいた。ここに着目したエンロンは，「エンロン・ファイナンス」を通じて中小ガス生産事業者に生産設備増強資金を前倒しで融資する「前払いローン」を開発した。信用リスクを計量化し，コントロールする自社の能力を活用したのである。

この事業スキームのポイントは，エンロンが顧客である中小ガス生産事業者

の信用リスクを背負う代わりに，開発に成功した場合には購入の優先権を確保するところにある。顧客が抱える信用リスクのシェアリングという事業コンセプトによって，エンロンは中小ガス生産事業者への資金提供者としての地位を確立し，中小ガス生産事業者の系列化に成功し，天然ガスの供給をコントロールする力をいっそう堅固にした。

さて，このように従来の金融機関や総合商社とは異なり，エンロンは，リスク仲介サービスの需給両サイドに対して本格的な関与を開始した。その際，リスク仲介サービスの契約が満期になるタイミングで，天然ガスの物理的なデリバリーが必要な従来の市場に加えて，それを必要としない市場を新たに創設し，拡大していった。この新たな市場は，天然ガスの実需を持ったプレーヤーのほかに，機関投資家などにも天然ガス市場の値動きから利鞘を稼ぐ機会を提供するものであった。さまざまな相場観を持ったプレーヤーが参入したことで，この新しい市場の流動性は大きく高まったこととなる。当時このような戦略推進が可能なのは，エンロンが天然ガス事業を熟知し，ガス生産事業者が抱える事業をリスクの観点から分析・管理できる，卓越したリスク管理能力を持っていたからこそ実現したものと考えられていた。

天然ガスの市場リスクに対するこのような精緻に関連付けられた取引群を整斉と継続し全体としてレバレッジの高い状況を維持しうる資本効率を上げていくためには，堅牢なリスク評価が前提になろう。しかしエンロンが失敗したという事実を前提に結果論から言えば，モデルリスクを指摘できる。すでに述べてきたとおり，一般にリスクを完全に評価できるほどリスク評価モデルは完璧ではない。そのため，ストレステストを実施し，モデルの限界や不確実性を担保する資本をストレスバッファとして確保する必要がある。しかしエンロンの場合は，モデルへの過信があったのではないかと推測する。不確実性を十分リスク化できていなかったため，実際にはリスク許容度以上にリスクテイクしたことが考えられる。

### ④　今後の教訓

このような不正会計や倒産に至る前に，これらの戦略がなぜ修正しえなかったのか，それを阻害する要因としてなにが考えられるのか。

次の点が指摘しうる。①エンロンは各案件のリスクを独自の方法で定量化していたとされるが，その中に十分定量化できない不確実性は存在しなかったのか。②多角化戦略を推進していたが，多様なリスクをすべて同程度の精度で計測できていたのであろうか。③特に，先端的ビジネスを遂行する過程においてはよく起こりうることではあるが，リスク評価の不可能な不確実性は，なかったのであろうか。

このような観点から，今後の教訓の1つとして留意すべきは，リスクと不確実性の区別の重要さであろう。仮にリスク評価に精度の差がある場合（つまり不確実性の介在に対しては），別途ストレスバッファを見込んでおくことが健全性管理においては必要であろう。

エンロンの失敗を検証すると，結果論として「成功の罠」というバイアスやリスク管理に対する過信を指摘しうる。これまでの成功体験からくる自信過剰からリスクの過小評価につながる点に留意しなければならない。

急成長を続ける場合，戦略/資本効率の追求/持続的成長といった好循環を維持するペースにも留意が必要であろう。戦略推進とリスク管理のバランスが崩れた場合，時間の経過と共に適切に評価されたバランスシートにその兆候が現れる。しかし，実際の組織活動は，成功の過程で形成されるバイアスなどによって，この兆候を隠す圧力がかかりやすいのも事実である。リスクガバナンスやリスクカルチャーの重要性が強調されるゆえんである。

### （3）検討後のまとめ

#### ①　対応のタイミング

企業が組織的活動を行おうとする際，将来の環境を予測し，自らの活動の選択肢を描く。そして，達成しうる目標を設定し，具体的取組に関する選択肢の結果を予測する。このような枠組みの中から戦略は策定される。戦略とリスク

は表裏の関係にあり，リターンが高い戦略を選択することは大きなリスクを覚悟することになる。

今回検討した事例において，S&Lは規制という外部環境の変化に直面した。エンロンの事例は，むしろ自ら推進する戦略が新たな不確実性を生み出した事例と考えることができる。いずれのケースでも環境変化への適切な対応に失敗すると企業価値を大きく毀損させた。変化に対して，リスク化されていない不確実性の存在の有無と，その自社に与えるインパクトについて確認しなければならない。また変化への対応のタイミングにも留意が必要である。タイミングと結果との関係は次の4つに整理されよう。

---

a　対応が完全に遅れ，対応を検討した時点では既に勝負はついていた。
b　結果論として適切な対応をしたが，対応のタイミングが遅れたために十分な成果が挙げられなかった。
c　適切なタイミングで対応したが，結果論として市場に受け入れられず十分な成果が得られなかった。
d　適切なタイミングで対応し，結果論としても市場に受け入れられ十分な成果が挙げられた。

---

したがって，タイミング遅れが生じないよう，普段よりストレスシナリオに基づく自社ポートフォリオへのインパクトを多面的に分析し対策についてあらかじめ議論しておく必要がある。

②　戦略のパラドックスとバイアス

あらかじめシナリオ分析を十分実施し綿密な戦略を立て，経営がそれに強力にコミットしていたとしても，想定したシナリオどおりに進展する可能性は少ないことに注意が必要である。このランダム性ゆえ，具体的戦略シナリオに企業が巨額の資源を投入し，強力にコミットしたとしても，その投入の多寡とその戦略の実現との間には比例関係はない。このような状況をマイケル・レイナーは，「戦略のパラドックス[9]」と呼んだ。レイナーは，大成功はほとんどの場合，正しいと判明したコミットメントと，幸運がもたらした結果である，と

指摘したうえで，戦略的成功にとらわれすぎると，戦略的不確実性に足をすくわれる結果となる．そこで，「戦略的不確実性」に対して「戦略的柔軟性」を作り出さなければならない，と強調している．

林昇一，寺東寛治は，組織体の戦略行動とは，「過去と現在と未来とをつなぐ時間軸と，時間軸の上に配置される空間軸とから成る統合的座標軸の中に描かれ，展開される[10]．」と指摘する．

戦略経営の概念を打ち立てたイゴール・アンゾフは，下記の5種類の戦略類型（アンゾフ・マトリクス）を提示している．すなわち，既存商品を既存市場に（市場浸透戦略），既存商品を新規市場に（市場開拓戦略），新規商品を既存市場に（製品開発戦略），新規商品を新規市場に（多角化戦略）である．アンゾフは，戦略を「外的不確実性への対応」と定義し，戦略立案には事業環境の多様な変化（乱気流（Turbulence））を考慮に入れなければならない，と指摘し，環境変化の類型を次の5つに分類している[11]．

---

(1) 反復型：変化のペースはゆっくりで，予測可能である．
(2) 拡大型：市場は安定しており，徐々に成長している．
(3) 変化型：成長は限定的で，顧客の要求はかなり速く変化する．
(4) 不連続型：予測可能な変化とより複雑な変化が交じり合う．
(5) 突発型：予測不可能な変化が起こり，変化が新製品や新サービスを生み出し，また新製品や新サービスから新たな変化が起こる．

---

戦略とは他者とは異なる組織的活動に歪みをだすことである．この戦略的な歪みは，長所と短所を内包している．人は特定の戦略観を身につけると他の戦略観から遠ざかってしまう傾向があるためである．つまり，自らの立てた戦略

---

9 マイケル・E・レイナー『戦略のパラドックス』櫻井祐子訳，松下芳生，高橋淳一監修，2008年，翔泳社．
10 林昇一，寺東寛治『企業革命の戦略行動学』1982年，日系新聞社，2，3ページ．
11 H.イゴール・アンゾフ，中村元一ほか監訳『「戦略経営」の実践原理―21世紀企業の経営バイブル』1994年，ダイヤモンド社．

の虜になってしまって異なる思考ができなくなってしまうという。

　このような戦略バイアスはそれぞれの人の業務における経験や学習履歴によって形成されるといわれる。人はその業務経験の中で，特定の戦略観を形成する。例えば，開発・生産・販売など部門特有の戦略バイアスをもつ可能性や，トップとミドルとフロントなどの各層や世代ごとに異なる戦略バイアスを持つこともあろう。

　多様な戦略バイアスが社内に混在していること自体は問題ではない。多少議論に時間がかかるものの，多様な意見を交わすことにより集団としてバイアスを是正しバランスの取れた戦略を構築できる可能性があるためである。

### ③　不確実性とリスクの峻別

　マーケティングに潜む不確実性を例にとって考えてみたい。消費者のニーズは変化する。その変化の方向が企業の予測したものと一致しない事態は常に存在する。

　セオドア・レビットが1960年に指摘した「マーケティング近視眼」の概念は，マーケティングにおける不確実性を考える際，変わらず核心的な留意点を提示する。すなわち，事業を，製品中心に定義するのではなく，顧客中心に捉えなければならない点にある[12]。

　技術革新と顧客ニーズの変化は，製品のライフサイクルを変化させる。サイクルは，製品が開発されて市場に投入され価値が認知されていく「導入期」，市場に普及していく「成長期」，多くの人々がその製品を所有してしまって需要の大きな拡大が望めなくなった「成熟期」，商品としての生命を失いつつある「衰退期」に分けられる。経営学のテキストに出てくる伝統的事例として，フォードとGMの攻防がある。ヘンリー・フォードは市場にT型車を投入し，その後も同車種だけを大量に生産するため，大工場を建て，コンベア・システム（流れ作業）を中核とする生産システムを作り上げる。そして，大量に販売

---

12　Levitt, T., 1960, Marketing Myopia, *Harvard Business Review*, July-August 1960, PP.24-47.

するため，自社の営業所を全国に配置しディーラー網を整備した。さらに，製鉄所，ガラス工場，製材所，森林，鉄鉱山，炭田の所有に至る自己完結型システムの実現を目指す戦略を採った。マイケル・ポーターの理論に従えば，コストリーダーシップ戦略を追求したこととなる。これに対して，GMのスローンは，傘下の企業が製造していた多数の車種を大衆車のシボレーから高級車のキャデラックまで，顧客の財布と目的にあった6車種に整理して「フルライン戦略」を採った。いわゆる差別化戦略を採った。

　車という商品のライフサイクルと戦略との関係から見ると，フォードの戦略は，当初，自動車が製品のライフサイクルの成長期を迎えようとしている段階にあり，同時に国民の所得が上がりはじめ，価格を一定水準まで引き下げれば耐久消費財が爆発的に売れる大衆消費社会の入り口にあった。つまり，当時の米国の車市場に適合した戦略を採った。ところが，その後成熟期に入ったにもかかわらず従来の戦略を変更しなかったため，時代遅れになってしまった，と整理することもできる。

　それに対してGMは，市場では既に大方の人々が車を持ち，所得水準もかなり高い車を買えるところまで上昇した段階にあるとの認識から，フォードとは異なる戦略，すなわち，成熟化した市場における新たなマーケティング戦略を採って成功したものといえる。

　商品が消費者に受け入れられるか否かといった市場の不確実性で整理するなら，導入期は，不確実性が高い。その後，成長期・成熟期に至り当該製品にかかわる不確実性は低下するが，同時に既存の戦略が前提としていた外部環境が変化し，既存商品との適合ギャップが拡大する。これがさらに進行すると市場ニーズとのミスマッチに伴う不確実性が高まり，商品の衰退期を迎える[13]。

　この製品ライフサイクルと売上高や利益との関係やこの製品を市場に投入する際の不確実性の度合いを図示したのが，**図表3－3**である。


④　不確実性と経験知

　不確実性に直面した場合に必要な経験知について考えてみたい。レナードと

**図表3-3** 製品ライフサイクルと不確実性,戦略の進化の関係（イメージ）

縦軸：価値

導入期 (Emerging stage) / 成長期 (Growth stage) / 成熟期 (Mature stage) / 衰退期 (Declining stage)

売上高
投資の回収
利益
技術の進化
顧客ニーズの変化
代替製品の登場等

横軸：時期

不確実性の度合（右縦軸）

成熟期に向かって低下するも,衰退期に至り,代替商品が登場する

不確実性の度合（製品投入時に想定した変動要因の総体）

（出典：著者作成）

　スワップは,米国におけるITバブル時とバブル崩壊後のIT起業家を対象として経験の種類という切り口について分析した。その結果,意思決定に求められる経験に対する現実の経験の偏りを指摘した。そして個人の経験のみでは限界があるため,それを補うため自分とは異なる経験を積んだコーチによるアドバ

---

13　このような関係についてよく引用されるケースとして,デジタル化への対応を誤ったブリタニカ百科事典の例がある。他の百科事典会社がCD-ROM版の代替品を開発していたのに対して,デジタル化へと向かう知識・情報ビジネスというフレームへ移行できなかったため,売上の53％を失うという事態を招いた。また販売チャネルにおいても,インターネットのなかった時代に,現在われわれが享受しているような利便性を想像することはできなかったであろう。また一方,個人情報の流出や,ネット詐欺のような弊害についても同時に想像することはできなかったであろう。このように知識や体験が増えると,想像力や発想の幅も広がるものと言えよう。逆に現在の我々の知識や想像力には,将来に対する利便性や弊害について認識するには限界を持っていることも事実といえよう。このように考えると,技術革新に伴う将来の収益機会（戦略）や損失機会（リスク）について,現時点での認識には限界を内包していると考えておくべきである。

イスの必要性を指摘している[14]。レナードらの研究は，確信ある決定のためには，異なる数多くの経験に裏付けられバランスのよい知識が必要である，と結論づけている。換言すれば，起業時（ブームの時期）から常態へと環境が変化したとき経営の意思決定に要求される要素は異なることを指摘した。

　イノベーションは，社会・経済に新たな機会を生み変革を呼び込む。同時に既存市場の衰退と新しい市場の登場といった環境変化も引き起こす。クリステンセンは，得意事業を高度化する正攻法が，時に革新を妨げる落とし穴になると，「イノベーションのジレンマ」を指摘した。これまで，イノベーションに対して，先頭に立つか（リーダーシップを採るか），それとも追随者でいくか，という議論があった。クリステンセンは，イノベーションを「持続的イノベーション」と「破壊的イノベーション」に分け，破壊的イノベーションについては，リーダーシップを採らなければ優位をとれない，と説明する。

　持続的イノベーションとは性能の向上を伴い，常に主流市場の顧客を満足させる技術開発のことである。**図表３－４**で示すように，持続的イノベーションが繰り返されると，技術の性能向上が市場のニーズを追い越す場合がある。その傾向が長く続くと，技術の性能と市場ニーズとの間に，大きなギャップが生まれる。そうすると，性能が低くても構わないので，価格の安い技術を求める層が現れる。この下位市場に根付いた技術が，改良を経て，やがて下位市場が求めるニーズを追い越すことになる。さらに改良が続くと，上位市場をも満足させる技術に発展する。ここに至り，破壊的技術に変身する。このような技術革新を破壊的イノベーションと呼ぶ。

　例えば，自動車，テレビを中心とする家電製品，携帯電話などにおいては，先頭を走る製品と比較すると，品質は低いが，機能を絞りシンプルにした製品は，単なる価格の安さだけではなく，既存メーカーの脅威となる。つまり，その背景に新しいバリューネットワークが構築される可能性があるためである。

　下位市場に根付いた技術が上位市場をも満足させる技術に発展する段階まで

---

14　ドロシー・レナード，ウォルター・スワップ『「経験知」を伝える技術』池村千秋訳，2005年，ランダムハウス講談社，44〜47ページ。

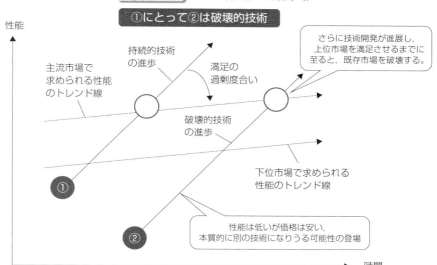

(出典：クレイトン・クリステンセン『増補改訂版イノベーションのジレンマ玉田俊平監修／伊豆原弓訳，2001年，翔泳社，を参考に著者作成）

は，上位市場の企業戦略は正しい戦略であるが，この段階を超えると，これまで正しかった戦略が失敗につながるおそれもある。このことを，クリステンセンは次のとおりコメントしている。「人びとは，自分に理解できない案は，そこに内在するリスクに関係なく『リスクが大きい』と判断し，理解できる案は，内在するリスクに関係なく『リスクが小さい』と判断する傾向があるという。このため，経営者は，存在しない市場は理解できないため，反対の結論を示す事実があったとしても，新しい市場の開拓はリスクが大きいととらえることがある。同様に，持続的技術への投資は，内在するリスクが大きいとしても，市場のニーズを理解できるために安全だと判断することがある。」と。

⑤ 戦略の柔軟性

前述した戦略のパラドックスの存在を，戦略推進において一定の不確実性と

して認識し，事業計画の中に組み入れておかなければならない。企業はさまざまな戦略を推進するが，戦略のすべてに共通する中核的な要素と，一部の戦略にしか見られない偶発的な要素を区別し，モニタリングすることは重要であろう。特に，偶発的な要素に対するモニタリングの強化と「戦略的柔軟性」を持つ必要がある。

　企業活動が将来に対する働きかけである以上，結果のランダム性は排除しようがない。かつ，不確実性の要素が高いほど，戦略の変更の柔軟性を確保しておく必要がある。

## 2．システミック・リスクと不確実性

　次にリスク評価モデルにおいて十分反映しきれないシステミック・リスクについて考えてみたい。われわれにとって市場リスクは，古くて新しい問題である。この伝統的リスクにおける不確実性について考えるのがここでの主眼となる。

　金融機関や金融監督当局は長年当該リスクへ挑戦し続け，その監督や管理を高度化してきた。それにもかかわらず，未だにこのリスクに関する不確実性を完全にリスク化できずにいる。

　当該リスクによる危機が発生するたびに，リスク管理や不確実性への対処について多くの教訓や示唆が与えられ対策が講じられてきた。また同時に，理解したと思った瞬間から不確実性の罠に陥るといった戒めも経験してきた。そのような意味合いから，まずこのリスクに介在する不確実性についていくつかの過去の代表的な事例を検討したい。

　今日の企業の資産運用は，何らかの形でグローバル金融システムとの関係を通して行われている。金融システムにおいては，信用創造が順調に回っている状況では，資金が経済主体に効率的に供給され，各関係者の経済活動を活性化させ，それがさらに資金ニーズを拡大するといったように経済，金融全般に恩恵を与える。ところが，この流れが逆回転しだすと，信用収縮が起こり，経済活動を縮小させ，資産運用にも悪影響を及ぼすという逆スパイラル現象をきた

す。これまでも多くのシステミック・リスクを経験してきた。1987年10月19日のブラックマンデーから1990年代初め，バブル崩壊により世界中の金融機関が危機に陥った。この経験を通してリスク管理は大きく発展した。金融機関が，事業会社と大きく異なる点（収益を上げるためにリスクをとるという本質）を明確に自覚するようになったのもこの時代である。リスクを金融機関の行動の基調として意識することによって，さまざまなリスク戦略が打ち立てられた。そして，この挑戦の中で多くの失敗も経験することとなった。

ここでは，トレーディングにかかわるシステミック・リスクの失敗事例を検討する。

### (1) ベアリングス（Barings）銀行の破綻
#### ① 事故の概要と背景

ベアリングスは1762年にフランシス・ベアリングによって創業され，かつては女王陛下の銀行とよばれるほどの名門であったが，1995年に経営破綻した。ベアリングスは1987年からシンガポールでの営業を開始した。急速に成長している先物取引マーケットへ参入するためであった。SIMEX（シンガポール国際証券取引所）の会員権は1992年に取得している。破綻原因は，28歳の主任トレーダーによって引き起こされた。彼は，1989年にベアリングス銀行に入社し，ジャカルタ支店に異動後，ベアリングスの先物取引部門の責任者に抜擢され，ベアリング・フューチャーズ・シンガポール社に勤めることとなる。

彼は新会社の決算業務の責任者に指名された。さらに異例のことではあるが，SIMEXにおける同社の売買業務（トレーディング）の責任者も兼務した。今日では両業務は分離し牽制する仕組みが定着しているが，同社では当時徹底されていなかった。その意味では倒産の原因の1つとしてこの内部統制上の原因が介在していたこととなる。

破綻の契機になったのは，彼の新米の部下のトレーディングミス（買うべき約定を間違って売り注文とした）である。当初はそれほど大きくなかった損失を隠すために架空取引口座（Error Account）に入金し，それを隠蔽するために

内規で禁じられていた自己取引を繰り返し，かえって損失を拡大していった。この口座は，協議中の取引について意見の相違が決着するまで，通常は24時間以内であるが仮取引としておくために設けられた口座であった。問題のトレーダーはその後，シンガポールの委託コンピューターコンサルタントに対してポジションおよび価格に関するロンドン本社への報告から同口座を除外するよう指示している。その後自分自身のデリバティブ市場でのミスをこの口座を通じて習慣的に隠す行為へと発展することとなる。

ロンドン本社には2つの情報が報告されていた。1つは，SIMEXコンピューターシステム上の信用取引収支（これには，同口座の取引も含まれていた）と，収支に関する情報（同口座取引は除外されていた）である。ロンドン本社では，後者の情報は定期的に綿密に調査していたが，この中に同口座情報は含まれていなかった。この秘密の口座の存在を知ったのは，倒産のわずか3日前であったという。

1992年までに損失は巨額に達していたにもかかわらず，ロンドン本社へ申告された利益は大きく（ベアリング社の5分の1の収益を稼いだ年もあったという），本社で彼はスタートレーダーとみなされていた。当時彼は，トレーディングと経理部門の両部門を兼務していたため，この事実を隠蔽することができた。内部監査でもこの隠蔽は発見されなかった。

② 合理的意思決定を阻害した要因

本件は，地震という自然災害が人の行動の結果である投資にリスク面で影響を及ぼした事例ともいえる。日本では1995年1月に阪神・淡路大震災が発生し，日本の株式市場が暴落した。これにより1日で5,000万ポンドの損失を出した。その後持ち直すかとみられた相場も下げ止まらず，損失を一気に取り返そうと賭けに出たが架空口座の損失は加速度的に膨れ上がった。この震災の影響で株価はアンダーバリューしていた，と判断した彼は，その後日経平均先物決済値が上昇すると読み，これまでの損失を回復するため，この投資に賭けた。しかしながら，この期待は裏切られ，日経先物指数取引で逆に5億ドル以上の損失

を負った。それでも，彼はその後も阪神大震災の復興需要で日本の株価は上昇に転ずると予測して日経先物を買い続けたが，株価は下落の一途をたどり，評価損を抱えたまま決算期を迎えてしまった。損失は資本を上回る8.6億ポンドに達し自己資産を超過し1995年2月に倒産に至った。

　合理的意思決定を阻害する典型的なバイアスについて考えてみたい。トレーダーには，自信過剰（オーバーコンフィデンス）によりリスクを過小評価する傾向が確認されている。これは，一般に確実視されている事象より，将来いつ起こるか明らかでない不確実な事象を過小評価しようとするバイアスのことである。人は一般的傾向として，ロス領域（本体においては既に損失を3年間も積み上げるに至った状況）において，初期の損失については大きく反応するものの，その後の損失の積み上げに対して反応がにぶるというリスク追求の傾向が指摘されている。したがって，彼も自らの投資に対する予測能力を過信するとともに，これまでの損失を回復するために過度のリスクを負担してしまった可能性がある。

　また，本社のガバナンスが効かなかった根本原因として，組織権限の分離と牽制が十分存在していなかったことが挙げられる。投資ポートフォリオの歪みを未然に防止するための内部統制上の問題があったのも事実である。一般に，収支管理を担う経理部門とリスク・リターンを担うトレーディング部門は権限を分離し，牽制機能を働かせる必要があるが，彼は双方を兼務していた。

　またイングランド銀行は，調査の結果，彼の不正を見つけることができなかった要因の1つとして，ベアリングスの経営陣が急拡大するデリバティブ市場への参入に急ぎ，十分厳しい制御システムを制度化することができなかったことを挙げている。経営がシンガポールにおける先物子会社の成長を戦略上過度に重視したため，相対的にリスク判断が軽視された，と指摘している。

　1994年に本社内部監査チームが監査をし，彼による二重職権の乱用の疑いとさらなる調査の必要性について報告している。しかし同時に彼の類まれな能力について言及し他社に引き抜かれた場合に会社の収益を損なう懸念についても

記述しており，経営者と監査役が彼の利益に魅了され続けた事実を確認することができる。その後1995年には，ロンドン本社はバーゼルの国際決済銀行から，日経先物ポジションに関する憂慮の連絡を受けていたが，経営陣は具体的な行動を起こしていない。この点については，日本市場でのポジションがSIMEXでのポジションにより相殺されると誤解していたようであるが，現実に統合リスク管理の観点から慎重に検証してみるべきであった。この点は，イングランド銀行が指摘するとおり，経営者が戦略上の視点からシンガポールにおける先物子会社の成長を過度に重視したため，リスクモニタリング自体にバイアスがかかっていたことを否定できない。

　もちろん内部統制が十分整備されていたなら，本社サイドにおいて，内部監査による中途半端な報告に対して，十分突っ込んだ調査がなされており，最悪の事態の前に何らかの手を打つことができたかもしれなかった。ただし，根本的原因は，彼自身がこのような投資行動に出たことと，日本市場でのポジションは，相反するSIMEXでのポジションにより相殺されると誤解していたことである。平時のリスク管理とストレス時（有事）のリスク管理の区別を十分していれば，また本書の用語を使えば，市場リスクに内在する不確実性に対する理解があれば回避できた可能性がある。

　次に彼が次々と拡大する損失を３年間も積み上げるに至った会社の内部統制の状況と当時の関係者のリスク心理について考えてみたい。彼の気持ちを想像してみよう。シンガポールで何度か成功を収めた結果，同僚も彼自身も彼には特殊な能力があると信じるようになったとしても不思議ではない。投資に関し，ランダムに引き起こされたいくつかの成功が過信を生み，無謀な投資へと彼を導いたものと考えられる。

　自信過剰とリスク過小評価は，人間にはつきものであるが，一般に本人には自覚が少ないことも多い。ここに個人の問題とはせず組織の問題として扱うべき意味がある。

　本事件では，監督にかかわる問題も指摘されている。ベアリングス事件では，

利益になったトレーディングだけを報告し，損失を隠していた。ロンドンの幹部もシンガポール支店の社員も，本トレーダーの損失隠しのコード（#88888）の存在を知っていたにもかかわらず，何の処置も取られなかった事実がある。あるとき，5,000万ポンドの不足が発覚した。彼は3つの矛盾する理由を並べて弁解したが，それについては真剣に追及されなかった。非常に儲かっていると思われる業務に対して誰も真剣にこの点を調べてみようとはしなかったという。

また，彼が途中で損切りをせず，破綻するまで市場の反転に期待をかけて当面の投資戦略を変更しなかった裏には，小数の法則（Law of small numbers）と呼ばれるギャンブラーの過ちの介在が推定される。これは，人はランダムな事象に直面した場合，その施行回数が小さい場合であっても，それがランダムな事象の真の性格を表していると勘違いするバイアスのことである。例えば，コイン投げをした場合，「表，表，表」と続くと次は裏が来る確率が非常に高いと思い込み，それを前提に行動してしまう心理である。

このように見ていくと，一個人のバイアスに対して組織として十分対処できていなかった点が，ベアリングスという巨大な会社を倒産に追いやる直接の原因であったものと思われる。

③　今後の教訓

経営陣がデリバティブ市場への参入を急いだ点については，戦略的視点からリターンに偏り，経営としては大局に立った統合リスクモニタリングを行い得なかった点が指摘される。

しかしながら，本事件の直接の要因は，彼のこのような行動を誘発した不確実性に対する理解不足にあると考えるべきではないか。

ベアリングスと類似の事例として大和銀行ニューヨーク支店で約11億ドルの損失を出した日本人ディーラーのケースがある。このディーラーは，「マルチンゲール戦略（失った額を取り返すような掛け方）[15]」の罠にはまった，と言われる。この罠に陥る傾向のある人は，最初の小さな損失を上司に報告せず，そ

れを粉飾し，今までの損失を取り返そうとさらにリスクの高い取引に手を出す。そこでも損失を出すと，今度はそれを含めて取り返そうと，どんどんリスクの高い取引に踏み込んでいく。本事例では，最後には取り返しのつかない巨額の損失を1人で築きあげてしまった。

1995年に隠蔽工作に疲れた本人が告白したことによって発覚した事件である。10数年にわたって不正が発覚しなかった。同社では取引限度額や損失時の手仕舞いルールなどの規則が存在したし，取引伝票と相手から送付される売買確認書を照合する形で取引状況を監視していたにもかかわらず，このような仕組みが郵便物の受取事務の不適正や，内部監査の確認の甘さなども介在して発見できなかったと報告されている。

トレーディングのように1日に取り扱うリスク量が大きい場合には，会社全体がとることのできるリスクの上限と現実に取るリスクを日次で担当者の上司がモニタリングする必要がある。経営は，トレーダーが陥りがちなバイアスを意識してモニタリングを実施しなければならない。そして，リスク化されてい

---

15 株価の変動は，多数の市場参加者の取引から成り立っているため，物理的現象である「ブラウン運動」に近いという仮説がある。ブラウン運動とは，物質を構成する個々の分子の運動，例えば水中の粒子に水分子が小刻みに衝突して，粒子が上下左右に確率運動する現象を言う。このブラウン運動を最も単純化したモデルに「ランダムウォークモデル」がある。これは，酔歩モデルというように，酔っ払いが千鳥足で歩くように，例えば1分に1回，確率2分の1で右に1メートル，確率2分の1で左に1メートル動くことを繰り返していく様子を意味する。株価も同様に実態的な株価を出発点として，取引者の思惑や推測によって，ランダムウォークと同じ確率現象が起きるというモデルである。そして，ランダムウォークモデルは，「マルチンゲール」という数学的な性格を備えている。これは，「過去のデータをどんな風に利用しても，未来に生起する数値の平均値を有利にすることはできない」という性格のことである。マルチンゲール戦略とは，ある金額Xを賭け，負けると掛け金を2倍の2Xを賭ける。さらに負けるとまた2倍の4Xを賭ける。これを繰り返し，勝って元に戻れば，最初に戻ってXを賭けるという戦略をいう。これは，マルチンゲールの理論から資金が元のXに戻る（元手回復）ことが繰り返されることを利用したものである。しかしながらこの元手回復戦略が成功するか否かは，いつ元に戻るかというタイミングの問題と，投資できる資金の限界の問題である。資金の限界の範囲内で，その復元が生ずればよいが，倍倍と投資するための資金が枯渇してしまうと，結果元手回復せず，損失をいたずらに拡大させてしまうという危険性がある。

ると思っている中に介在する不確実性要素に注意を払わなけらばならない。

　イソップ寓話の中に，塩を運ぶロバという話がある。これは，塩を背負って川を渡っていた時，滑って水中に倒れると，塩が溶けて身軽になった経験に味をしめ，海綿を背負って川のほとりにやってきた時，わざと滑ったが今度は海綿が水を吸って重くなり，立ち上がることができず，溺れてしまった，という物語である。リスクと不確実性を峻別せず，不確実性が介在しているにもかかわらず平時のリスクと思って行動することは，過去の経験や策定時の環境をベースにした戦略を遂行するロバのようなものといえよう。

### （2）ヘッジファンドLTCM（Long Term Capital Management）の破綻

　リスク・リターンの効率をいかに高めるか，そのデリバティブ戦略を設定するためにファイナンシャルモデルを活用する。本事例はファイナンシャルモデルの特徴，有用性，その限界を考える際に有益な事例といえる。

#### ① 事故の概要と背景

　LTCMのパートナーには，ソロモン・ブラザーズの有名トレーダーや元連邦準備制度理事会副議長に加え，ノーベル賞受賞者が名を連ねていた。また24人もの博士号保有者を雇っていた。ファイナンシャルモデルを活用したヘッジファンドとして著名な専門家が多く参画していた会社で起こった事件である。
　LTCMは1994年に創設され，年率40％という奇跡的なリターンを稼ぎ出すヘッジファンドであった。1998年のLTCMの総資本は40億ドルであった。また高い収益率を得るため1,000億ドルを負債として調達し，レバレッジをきかせた運用を行っていた。これらの資金は欧米の主要な銀行から借り入れていた。さらにLTCMが絡んだ無数のデリバティブ取引では，ウォール街のあらゆる銀行が影響を受ける仕組みとなっていた。ある時点では，デリバティブ・ポジションの名目価格（エクスポージャー：リスクにさらされている投資額）は，1兆2,500億ドルにのぼっていたという。主な運用戦略は，債券市場での裁定

取引であった。その主な方針は、収斂（Convergence）取引と、相対価値戦略を組み合わせていた。前者は、あらかじめ決まった日に満期を迎える以上、スプレッドが収斂するのは確実であるという考え方の下で、収斂した際利益が出るように仕組まれていた。後者は、収斂する見込みは高いが、収斂取引程確実とは言えない取引である。

　LTCMの投資アプローチは、ファイナンス・モデル[16]に忠実であったと言われている。その後、よりリスクをとる投機的投資も部分的に拡大したようであるが、主取引は、数学的な証明によって示された有価証券の組み合わせに基づいていた。その中心は、償還率が固定されている有価証券は、満期に払い戻される金額は同じなので、いずれ同じ価格に収斂するので、現在高値の有価証券は「下げ」に賭け、安い有価証券は「上げ」に賭けるのを基本にしていた。したがって、過去のデータを大量にモデルへ投入し、未来は過去を繰り返すという前提の下で、割安の債券をモデルが抽出する。そして、その乖離が収斂する間に利益を得るという考えに依拠していた。スムーズな資金調達を前提にレバレッジを効かせた大規模取引によって、小さなスプレッドから巨大で確実な利益を挙げる仕組みで驚異的な投資成績を挙げていた。

　LTCMの破綻は、ファイナンス理論に基づくモデルへの過信、モデル上の異常値（不確実性）への十分な対処を怠った点にあったと分析されている。ファイナンス理論で前提とされている投資家は、個人の効用の極大化を追求する合理的意思決定者として定義されており、金融市場には裁定が働き、適正な価格づけがなされるといった前提の下で理論構築されている。しかし多数の投資家が参画する現実の金融取引市場には、集団的バイアスが介在する可能性があり、投資家は他人の行動に誘発され行動をおこし、リスクを予期せぬほど拡大させ

---

16　効果的市場仮説を前提としていた。この仮説が成立するためには、2つの仮説が必要となる。①投資家が合理的な期待を形成すること。②割安の資産を購入し割高の資産を売却して利益を稼ごうとする投資家の市場裁定（Arbitrage）が資産価格をそのファンダメンタルズの水準に引き寄せる、というもの。この効率的市場仮説は、その後、現実には非合理的な投資家の行動で必ずしも理想的な形で成り立たないこともある、と指摘されている。

るおそれがある。

　1997年に発生したアジア諸国の通貨下落，さらに1998年8月にロシアが対外債務支払猶予（モラトリアム）を宣言し，通貨切下げに踏み切ることになった。このような世界的な金融危機の影響を受け，LTCMは保有債券において多額のデフォルトを被った。また，ロシアの通貨切下げに続く4週間で他の途上国でも連鎖的に通貨切下げが行われたため，世界中の債券市場や株式市場は下落した。そして米国国債は，世界中から安全資産を求める資金の逃避先となり高騰した。LTCMの投資シナリオの逆を行くスプレッドの拡大状況が続き，同社のポジションは下降スパイラルに陥り，売りが売りを呼んでさらにポジションが下落した結果，リスク管理モデルや最大損失予想モデルに組み込まれた水準をはるかに超える極端な損失を被った。また，価格が極端に下落すると逆に張る相対取引の買い手がいなくなりLTCMの取引が成立しなくなった。平時のように市場での取引がスムーズに流れなくなると，資金を他人から調達していたLTCMは資金調達が困難となり，前提としていたレバレッジ戦略も取れなくなった。危機状況では，かつてのレバレッジ戦略は逆スパイラル状況になり，加速度的に資本を毀損させた。同社の自己資本は1カ月間で，40億ドルから6億ドルに減少した。

　連邦準備銀行は，LTCMに追証が発生することにより，1,000億ドル以上の運用資産の売却が発生すれば，金融システム全体が麻痺する事態を強く懸念した。最終的には1998年9月末までに，有力銀行団が35億ドルの資金をLTCMに投入し，金融システムの危機を救ったが，この1カ月の間に発生した損失でLTCMは破綻し，銀行団の管理下に置かれた。

② 合理的意思決定を阻害する要因

　LTCMの破綻の主因は，モデルへの過信（不確実性のリスク化の幻想）といえる。証券会社のリスクマネージャーが陥りやすい失敗の1つとしてよく指摘される。リスクマネージャーが自ら構築した金融リスク管理モデルに魅せられてしまうことである。当初モデルがうまく機能しているように見える。ただ，

そのモデルが優れているのではなく，たまたまマーケットが落ち着いているときにそのモデルを使い始めたからかもしれない。その後，モデルが想定していない突発的な事件が発生すると，予想外にリスクが膨れ上がる。その結果有効な手を打つことができないままに巨額の損失を出すおそれがある。

また，モデル自体一定の単純化をした結果であるという事実を無視するために起こる失敗も多い。複雑で動態的な現実にもかかわらず，単純化されたモデルの結果をうのみにしてしまうことによって生じる失敗である。これは，認識を容易にするため事実を単純化して整理しようとすることから生ずるバイアス，つまり単純化のバイアスと呼ばれる。

過去のデータから導き出されるパターンをモデルに組み込むことが多い。しかしそのモデルの信頼性は，そのパターンが将来も予測する力を持っている場合だけである。モデルの信頼性を，バックテストなどにより検証しなければならないといわれる理由がここにある。そして，モデルは常に妥当性検証を繰り返し，変更されていかねばならない。環境が動態的に変化している場合にモデル自体を過信すると，モデルが持つ限界（モデルリスク），つまり現実を完全には捕捉していないというギャップを無視することにつながり，予想外の損失を被るおそれがある。

LTCMの事例においては，モデルリスクを拡大させた要因の1つとしてレバレッジの存在がある。このリスクの深刻さについては，LTCMが設立された年に教訓となる事件が発生していた。米国オレンジ郡が運用する投資ファンドが，デリバティブ取引で15億ドルの評価損を出したことが発覚した。その後損失は17億ドルに修正されている。なお，当時の郡の年間予算は，37.3億ドルであった。この投資ファンドは，オレンジ郡投資プールと呼ばれるもので，郡収入役（Treasurer）がオレンジ郡のみならず郡内の市などから集めた資金で運用していた。郡の運用する投資ファンドの巨額の評価損が発覚し，郡のファンドからの資金流出の危機が切迫し，1994年に倒産（チャプター9）の申請をした事件である。本件の投資戦略を策定していた郡収入役は1973年から運用方針に携わるようになった。オレンジ郡は，確定利付（Fixed Income）証券を中心とする

ポートフォリオを保有しており，郡が保有する自らのエクイティを担保にしたリバースレポ方式[17]で資金を調達し，これで得た資金で高利回りが期待できるデリバティブ商品や長期債に投資するというレバレッジを効かせた運用方針を取っていた。当時，郡などから調達したオリジナルの投資額と借入金を原資とする投資額の比は，36：64であった，という。

このレバレッジ戦略は，長期金利の低下局面では効果的に利益を出す構図になっており，1980年代から1990年初めにかけての長期金利下では有効に機能した。しかし，1994年2月にインフレ懸念から連邦準備銀行が，フェデラル・ファンド金利（Federal Funds Rate）を0.25％引き上げ3.25％とした。その後の断続的金利上昇によってレバレッジは逆に損失を拡大する方向に働いた。この間1991年に郡の監査人は，ポートフォリオが抱えているリスクについて警告を発している。また，郡内の財務戦略に対する批判が出されたが，これらに対し実際に方針変更や改善の手は打たれなかった。

郡収入役の当時の行動にはいくつかの心理的バイアスの介在が推定される。例えば，彼のポートフォリオの有利さは金利水準が現状または低下という状況が前提になっている。この状況が長く続くという現状維持バイアスや，一度金利が上昇してからは，またしばらくすると元の状態に戻るから何も特別な行動を起こさないほうが安全だと考える慣性のバイアスの介在である。この背景には，成功は自分の力であり，失敗は運が悪いと考える，成功と失敗の取扱いに関するバイアスや，自信過剰バイアス，いずれ大事に至る前に過去のパターンに戻るというパターン探求のバイアスが働いたともいえる。

さてLTCMでは，同社が取引でかかわった市場全体にリスクが及ぶ，システミック・リスクが発現した事例である。一般にポートフォリオ理論を実行するには，投資に関して3つの要素を考慮する必要がある，といわれている。第1と第2の要素は，期待収益率とリスク（収益率の標準偏差で示される）の水準

---

17 リバースレポとは，一定期間後に一定の価格で買い戻すことを条件に債券を売り，投資銀行などから資金を調達する取引である。

である。一般に投資家はこの2つの要素には関心が高い。第3の要素は個々のアセットクラスとの間の相関（Correlation）である。ストレス状況においては，平時より正の相関が強く働く。モデルで計測されたリスク量は，平時の相関を反映させたものであるが，ストレス時には正の相関によるリスク量の拡大に対してストレスバッファをあらかじめ考慮しておく必要がある。

③　今後の教訓

　本件においては，まずトレーディング中心の会社運営ではなく，リスク管理部という独立の部署を置き，多面的な視点からリスクを総合的に分析・モニタリングする体制の必要性を指摘できる。ただ，整備しただけでは，実際の意思決定者の心を捉えているモデルへの過信や，システミック・リスクの軽視を是正することはできない。モデルの特徴・限界を知ること，換言すれば，モデルに反映されているリスクと反映されていない不確実性を峻別することが大切である。

　彼らが確信を持って拠り所にしたのは，ブラック＝ショールズ式に基づく統計分析であった。同式は，期間を十分長くとるなら，金融市場の価格変動はランダムなものであるため，安定的な分布が描けることを前提とし，世界中いたるところで，同じスプレッド取引を行っていた。格付けが低いほうの債券にあらゆる配列で賭けていたわけであり，あるカテゴリーに対する集中リスクを抱えていたともいえる。このような状況下，サイクルの転換点を迎えて，信用が大きく縮小に転じたため，LTCMが手がける取引における正の相関が強くなり，もつれるように価値が下落し，彼らの対象にした市場が一斉に標準から逸脱するという異常値を記録したことになる。

（3）検討後のまとめ

　平時のリスク管理は，これまでの努力で高度化されてきて一定の水準にまで高められてきた。しかしながら，有事においては，この枠組みが十分機能しないケースがある。このような事態に直面して意思決定上の失敗が発生している。

人々は，これをモデルリスクと呼んだり，システミック・リスクと呼んだりして注意喚起している。しかし，より本質的に述べれば，十分リスク化されていない不確実性が存在していることの課題認識が薄かったといえる。

本節では，1995年のベアリングス，1998年のLTCMといったシステミック・リスクに関する2つの典型的な失敗事例を検討した。これらの事例はシステミック・リスクについて次の教訓を提示する。不適切なリスクテイクの原因となったモデルリスクに関して，例えば市場流動性が欠如した状況や平時の分散効果が機能しない状況においてはVaRの値の何倍にも相当する日次売買損失を記録することも稀ではない。従来の市場リスクモデルがストレスのかかった経済・金融市場の現実を十分反映しておらず，損失を過小評価していたこととなる。

市場リスクは，リスク管理の世界ではリスク関連情報・データが豊富で多くの経験を有する成熟した領域の1つである。しかしながら同時に，多数の独立した要素が非直線的な形で作用し合う複雑なシステムである投資のモデルは，それが一定の確率で一定の範囲におさまることを予測しているのにすぎない点の認識が十分でなかったといえよう。換言すれば，モデルはリスクに関する知見の集大成であるとは言え，さまざまな要因で市場にストレスがかかったときの個別具体的なシナリオをモデルが提示しているわけではないことを理解しなければならない。

形態は異なるものの，その後も同様の失敗事例は繰り返し発生している。例えば2007年に発生した金融危機において，格付け会社は信用力が低く収入実績の弱い住宅購入者に対するローン（サブプライム住宅ローン）を含むローンプールによって担保された有価証券にAAA格を付与していた。その後2002年から2007年の間にモーゲッジ引き受け基準が大幅に低下したが，それらのローンは格付けの高いモーゲッジ証券（Mortgage Backed Security：MBS）や債務担保証券（Collateralized Debt Obligation：CDO）として組成された。この信用補完手法によって格付けが維持されていると当時の市場関係者は誤認していたが，現実には2006年下半期から住宅バブルが崩壊し，AAA格を有していた

MBSやCDOの大半のトランシェがジャンク級に格下げされた。

　この事例は，信用リスク事象においても市場リスク事象と同様，経済・金融市場にストレスがかかった状況を格付け会社のモデルが十分反映していなかったことを意味する。

　また，2012年にはJPモルガン・チェースが大量のCDS（Credit Default Swap）の売り注文を膨らませ，ロンドンオフィスに所属していたトレーダーは，「ロンドンの鯨」と呼ばれた。その後の決算発表において累計62億ドルもの損失を被り，2013年に監督機関（FSB,OCC）から業務改善命令が出された。

　本件のその後の内部調査や上院常設調査小委員会での調査によって，二流企業のCDS指数（Markit CDX North America Investment Grade Index）の買いポジションの損失を一流企業CDS指標の売りポジションで埋め合わせようとしたことがCDS拡大の原因であったことが明らかになっている。このようなポジションの積み上げ行為の裏には，2011年後半の二流企業のCDS買いポジションで大きな利益を上げた経験が過信につながったものと考えられる。その後この買いポジションから評価損が出た際には，流動性の低い二流企業のCDS指数買いポジションを好機が来るまで維持した状態で流動性の高い一流企業CDS指数売りポジションを積み上げ，評価損を相殺する行為を誘発したのではないかと推定される。

　また取引制限を回避するためVaR計算式を変更することで制限水準をクリアしたこともその後明らかにされた。この事件はモデルが不確実性を十分捕捉できず不適切なリスクテイクが行われていた後も，意図的にモデルを改定するというモデルガバナンス上の問題を引き起こした事件である。

## 3．オペレーショナル・リスクと不確実性

　事業の遂行に伴うリスクのことをオペレーショナル・リスクという。企業活動は，組織構成員の日々の活動から成り立っている。個々の活動の総体が企業全体の活動である以上，個々人の行動を組織全体の目標に整合的に統合していく必要がある。しかし，ここで組織人として最低限守らなければならない法令

などの遵守を意味するコンプライアンスと，リスク管理における合理的な行動は区別して考える必要がある。特に，判断基準に目を転じると，コンプライアンスの場合，行ってはならない基準が法令などで明示されている。しかし，リスク管理の場合は，状況を踏まえた判断が必要となり，その判断基準をコンプライアンスのように提示することは難しい。通常，組織全体としてどのようなリスクをどの程度テイクするかといった方針をリスクアペタイト方針として明示する。しかし，個々の業務におけるリスク判断には，リスクセンスやリスクに関するナレッジが要求され，適切な行動には経験知が要求されることが多い。さらにリスク化された事象に対する判断の場合は，リスク量という客観的基準が判断の材料になるが，不確実性の高い事業に関する判断材料自体は少ないため適切な判断のハードルは高くならざるを得ない。

　オペレーショナル・リスクへの対策において，作業上の失敗に関するヒューマン・エラーの研究やリスク心理の研究が積み上げられてきた。しかし経済損失につながる事故の再発防止の対象としてのオペレーションに着目したオペレーショナル・リスク管理とは異なるアプローチとして，最近では，不適切な行為そのものに着目し，それを組織のリスクカルチャーとの関連で捉えようとするコンダクトリスクという概念が注目されている。

　本書の目的は，不確実性への対処にある。リスクカルチャーの浸透に取り組むにあたっても，リスクと不確実性を区別する必要がある。ここではまず，伝統的なオペレーショナル・リスクの事例を検討したい。そのうえで，コンダクトリスクについて検討する。

### （1）JCO臨界事故
#### ① 事故の概要と背景

　1999年9月30日，茨城県東海村にある会社JCOのウラン燃料加工施設で，臨界事故が起きた。臨界とは，核分裂反応が連続して起きることである。この事故で3人の作業員が大量の放射線を浴び，直接作業をしていた2人が死亡した。他にもJCO社員や救急隊員，工場の近くで働いていた人など合計49人が被爆，

近所の住民約150人が自宅から避難，31万人が屋内退避を勧告された。

　原子炉燃料用のウランを精製するプロセスは，まず原料のウランと硝酸液を溶解塔に入れて溶かし，ポンプで貯塔に送り，さらに沈殿槽へ送る。沈殿槽から取り出し焼いて粉末にしたウランに硝酸を混ぜて溶解塔に戻し，再び貯塔に送ってから製品として取り出す。これが国に届け認可を受けた正規の作業手順である。

　ところが，JCOでは沈殿槽から取り出したウランの粉末をステンレス製のバケツに入れ，手作業で硝酸と混ぜたうえ貯塔に入れるという違法なマニュアルで数年前から作業していた。この事実から会社ぐるみの不安全行動である，と考えられた。

　さらに，事故の当日はバケツの中身を，貯塔の代わりに沈殿槽へ入れるという危険な行動を行った。貯塔の直径は17.2センチと細いため臨界が起きないが，沈殿槽は直径45センチと太いので，原子核が分裂するときに飛び出す中性子が他の原子核にぶつかって連鎖反応になりやすいからである。しかもこの日は，前日から高速増殖炉用のウラン燃料を加工していた。普通の原子炉で使うものより5倍も濃いウランをバケツで何杯も沈殿槽に集めた。制御棒もコンクリート壁もないただのタンクが，原子炉の炉心のような状態になってしまった。

② 合理的意思決定を阻害した要因

　本事故の直接の引き金をどのように考えるべきであろうか。会社が定めた方法から逸脱した手順，すなわちバケツの中のウラン粉末を貯塔ではなく，沈殿槽に入れるという行為であろうか。

　事故原因を作業上の単純なヒューマン・エラーとして結論づけては，意思決定にかかわる重要な課題を見落としてしまうおそれがある。

　作業員がなぜこのような不安全行動をとったのかについて，芳賀繁[18]は次のとおり分析している。

---

18　芳賀繁『失敗のメカニズム』2000年，角川文庫，150～153ページ。

- 第1にリスクを知覚していなかったこと。新聞報道によると，被災した作業員の一人は警察の事業聴取に対して「臨界の意味がわかならい」と答えたという。
- 第2の要因は安全行動のデメリット（不効用）が大きかったこと。国に届けた手順に従うと溶解塔を2度目に使う前に洗ったりしなければならないが，会社のマニュアルではそれが省略できる。それでも貯塔でウラン溶液を混ぜるのに3時間かかるので，当日は撹拌装置のある沈殿装置のある沈殿槽を使った。これなら30分ですむという。
- 第3には目標の効用が大きかったこと。行っていた作業は，本来，前日までに終わらせる予定であったこともあり，早く作業を終わりたかったのである。

　本事故は，安全基準に違反する工程手順の変更が10年以上にわたって徐々に繰り返されてきた結果であった。しかも工程変更が原子力安全委員会に無届けで行われていた。工程変更の社内会議の議事録は二重帳簿となっており，科学技術庁提出用は工程変更部分が削除され，政府には秘匿されていたという。
　この経緯から判断するなら，作業当日従うべき作業工程自体が不安全行為であったことによる。行動に着目するリスク管理の観点からは，なぜこのような作業工程に至ったのか。そのような不適切なリスクテイキングに誘導した心理的要因は何であろうか，を確認する必要がある。
　本事例には，コントロールに関する幻想のバイアスや慣れのバイアスが介在していたと想定される。前者は，結果の連続（起こった結果が続くと感じること）に慣れたり，あるリスクに関する多くの情報を収集したり，積極的に関与するといった行為をとると，そのリスクに対してコントロールが可能だという幻想に陥りやすいというバイアスである。後者は，人は，リスクをはらんだ選択肢を提示されたとき，それぞれのリスクに対する客観的評価とは無関係に，より慣れ親しんでいるという理由で選択する傾向がある。これら人の「慣れ」に起因する心理的影響が適切な意思決定を歪めてしまったと推定される。慣れ

とリスク管理の関係に注意が必要である。心の中の不安は無くなっても、リスクそのものは無くならない。

また当時JCOが置かれた環境にも注目する必要がある。同社の主力製品は軽水炉用のウラン燃料であり、問題のウラン溶液の受注は、売上全体の2％程度であったため、専門の要員を確保しておらず、スペシャルクルーを外部から雇用し臨時対応していたという。

類似のケースとしては、2000年6月に発生した雪印乳業大阪工場における低脂肪乳の食中毒事件がある。本件の背景としては、消費者の新鮮志向の高まりにつれ、製造から翌日配達を即日配達に変更させることにより、製品検査の時間的余裕が無くなる中で、コスト削減の重圧から生産能力を超える牛乳の生産体制を余儀なくされる状況があった。後日の調査で、製造日の改竄、返品された牛乳の他の乳製品の原材料への使用、設備のバルブの不適切な洗浄といった衛生基準違反などが行われていた。本件は、1万3,000人の犠牲者を出した戦後最悪の食中毒事件となった。7月の同社牛乳の販売は、前年同期比で88％落ち、市場シェアは、40％から10％に低下。1999年に33億であった利益は、2001年には516億の赤字に至った。

このような事態を引き起こした主因として、次の点が指摘されている。①効率追求の重圧から工場管理者たちは危険な、最終的には違法で非倫理的な作業手順から逃げられなくなり、長らく不法行為が潜行していたこと、②失敗を許容しない企業カルチャーがあり、最初の事故報告に際し、本社に報告せず自分達でどうにか解決しようとしたため、被害を拡大させてしまったこと、③経営トップが製造工場の実態から遠く離れており、食中毒が明らかとなった以降もCEOはそれを他の役員任せにしていたことである。JCO事故との類似性が確認される。

③　今後の教訓

これらに対処するためには、関係者のリスクセンスの向上とバイアスの排除が必要である。また、発想を転じて、環境変化があらゆる局面で生じているた

め，人のリスクに対する専門性や良識への過度の期待をあえて捨てた組織としての対策が必要である。例えば，フールプルーフやフェイルセイフといった設計上の発想転換や，環境の構造化と呼ばれる，行動する人が自ら判断するという考え方を主体におくのではなく，むしろ人の行動の回りにある環境のほうから人に教示する仕組みの導入（例えば環境側にセンサーやタグを組み込み，それに近づいた人へ情報を与える）なども考えられる。

またマニュアル重視の欧米企業との比較でいえば，日本ではQCサークル活動のように現場の創意工夫を相対的に重視する傾向がある。しかし，この伝統も改善の方向に使われると利点となるが，上記のようなバイアスが10年以上にわたって徐々に工程手順の変更が繰り返された例をみると，透明性ある枠組みが重要といえる。結果として改悪の方向に至る危険についても留意が必要である。

この事故で致命的となった要因は，突発的な事象によるものではなく，10年以上にわたって繰り返された安全基準に違反する工程手続の変更という下地の存在である。この下地があり，事故当日の作業上のヒューマン・エラーが介在して発生した事故といえる。ヒューマン・エラーを完全に排除することは不可能である。また作業上のヒューマン・エラーではなく作業計画策定自体に関するヒューマン・エラーについては，より注意が払われなければならない。一度計画・ルールが組織内にできてしまうと，それを所与として組織行動が行われるのが普通である。それゆえ，その計画・ルールそのものを定期的に点検する仕組みが必要である。

不安全行動は，安全性を阻害する意図はなかったとはいえ，意図的に行われる行動である。正しいリスク評価がなされ，適切な意思決定が行われていれば，回避することができる。心理的バイアスの介在によってリスクを過小評価し不安全行動を誘引する事態を是正するリスクガバナンスの強化やリスクカルチャーの醸成が重要である。当初は不安全行動と意識していたとしても，繰り返し実施し，安全であった場合，組織内で，従業員の間に「安心」が広がる。ある意味，そのときが，最も「危険」だとさえ言える。ヒヤリ・ハットを軽視

せず，そのリスク上の意味合いを適切に評価する態勢が必要である。本件においても，繰り返された不安全行動により，臨界事故に対するハザードが段階的に上昇し巨大なリスクに至っていることを組織として理解する検証機会があれば，回避された可能性がある。

### （2）三菱重工長崎造船所大型客船火災事故
#### ① 事故の概要と背景

2002年10月，三菱重工長崎造船所で進水を終え岸壁に係留し，艤装工事を進めていた大型客船（排水量11万3,000トン，甲板17層，最大旅客数3,100人）「ダイヤモンド・プリンセス」で火災が発生し，船体床面積の4割が焼損した。

出火場所は5番デッキの客室と判明し，調査の結果，階下の4番デッキで行われていた配管の天井面への直溶接による熱が5番デッキの客室に伝わり，同室内の可燃物に引火したことが明らかとなった。

同社では，可燃物が搬入された区域は特別防火管理区画に指定し，その周囲で直溶接を行う場合は，特別防火班に火気作業届を提出したうえで，溶接個所背面の可燃物を除去し，見張り員を配置してから作業を実施するよう指導していた，という。

当時溶接作業に従事していたのは，入社以来30年のベテラン作業員であった。同作業員は，問題となった作業の2週間の間，数十本の部品を直溶接していたが，火気作業届を提出していなかったという。同僚が注意するも，その態度はあらたまらなかった。また，この事実は，直属の上司には報告されていなかった。しかし，たまたま火災の前日に同僚から同作業員が注意されている現場に通りかかった上司も，特別の指導を行わなかったという事実も報告されている。

またその後調査で，同船では4件の失火事件が発生していた。いずれも初期消火に成功したが，すべて，直溶接の際の階上の確認怠りを原因としていた，という。

類似の事態は，比較的多い現象ではなかろうか。例えば，1987年に発生した

ロンドンの地下鉄キングス・クロス駅での火災事故の調査によると、長年、駅舎から外に向かう喫煙者の中には、エスカレーターに乗っているときにタバコをつけ、その場でマッチを捨てる者たちがいたという。それでも大過なく時が過ぎているうちに、万一、何かがあってもすぐに消火できるだろうとみなす風潮が関係者にはびこった。その結果、失火の危険自体が徐々にないがしろにされるようになった、と指摘される。

② 合理的意思決定を阻害した要因

当時の同社が置かれていた経営環境を考えてみたい。90年代以降、造船業界では韓国との受注競争が激化し、造船国日本の象徴であった大型タンカーの価格は大きく下落していた。そのため、利潤の高い付加価値船として豪華客船分野への進出は戦略上の急務であったという。同船の引き渡し期日を2カ月も早め、海外市場にアピールしようとしていたため、納期に間に合わせる意識のほうが強く、まだ火気作業が継続されている区域の隣に大量の可燃物が搬入されるといった事態を招く要因になった点は重視しなければならない。なぜなら、本件において、当該作業が火災の原因になることは、経験豊かな専門家にとっては明らかであったはずと考えられるからである。そのような状況の中でなぜ事故が起こってしまったか、という事実を考えてみる必要があろう。

規則違反の常態化は、「守るべきルール／マニュアルが多すぎ実情に合わない」といった「規則過剰症」に陥り、現場の実情から乖離した規則類が増えた結果、作業の中で規則を遵守しようとする意識が希薄になることが原因だと指摘されている。

規則どおりやらなくても、事故には至らないであろうという慢心があったと推測される。また、関係情報から判断するかぎり、管理者とベテラン作業員との関係も留意点と考えられる。つまり、ものづくりを尊ぶ現場の地位は、管理職といえどもみだりに現場に介入することを許さない気風があり、管理者側もベテランに遠慮して実質的に監督不在状態が生ずるおそれである。

バイアスとの関係で考察してみたい。本件の事故は，5度目の正直で大火災に至ったものである。ハインリッヒの法則[19]との関係でいうと，ヒヤリ，ハットを通り越し現実の事故に至っているにもかかわらず，その過程で直接の原因についてすら的確な対策が打たれなかった事件といえよう。

その意味では，直溶接に対するリスク意識は相当希薄化，常態化していたものと想像される。納期がリスクより重視された，現場作業の重視との指摘もあるが，やはり最大の原因はリスクそのものの過小評価，あるいは無視ともいえる事態の発生であったと考えられる。なぜなら，作業の同僚も事実に気づき，上司もその事実を知っていたが，それに対して対応がなされなかったということは，その事実を大事故が発生するまでには捉えていなかったと考えられるからである。すなわち，失火が起こっても消化できるといった「コントロールに対する幻想のバイアス」や「慣性のバイアス」が存在したのではないか。そして，それがいわば，作業員だけでなく，現場監督者の気持ちの中にも相当浸透していたと考えるなら，結果として対策が放置された理由を説明できるからである。その意味では，何度かの経験を通じて，同リスクに対する過小評価が形成されていった可能性も高い。大事故が起こり，改めて「コントロールに対する幻想のバイアス」や「慣性のバイアス」の怖さが再認識される。

③　今後の教訓

本件は，コントロールに対する幻想のバイアスや慣性のバイアスのように，組織内に徐々に形成されてしまった事例であるが，その事実はある意味でしかるべき関係者間で確認されてもいたが，本来リスクの状況に一番詳しいはずの専門家の意識から実質のリスクに対する確認とそれへの対処という部分が形骸

---

19　ハインリッヒ（Heinrich,H.W.）は，1930年代に工場災害調査からハインリッヒの法則を導き出した米国保険会社の技師である。ハインリッヒの法則とは，「1件の重大な災害事故の背景には29件の軽度な災害事故があり，さらにその背景には300件の傷害を伴わない事象が存在する」というものである（亀井利明監修，上田和勇，亀井克之編著『リスクマネジメント用語辞典』2004年，同文舘出版，98ページ）。

化していたことになる。

　本工事では，同船の引き渡し期日を2カ月も早め，海外市場にアピールしようとしていた戦略的背景を考えれば，なおさら失敗を許されない状況にあったと考えられる。このような事態に対処するためには，監視・監督機能の実効性を強化しなければならないはずである。

　2011年3月11日に発生した，東日本大震災による福島第一原子力発電所の国会の事故調査委員会の指摘にも留意する必要がある。同報告書[20]は，原子力発電の安全性を高める規制の先送りを働きかけた東京電力と黙認した規制当局のなれあいの関係を厳しく批判し，「原発に関する情報や専門性で優位に立つ東電に当局が取り込まれ（規制の虜[21]），監視・監督機能が崩壊していた。」と指摘している。本件は，複数の専門家に認識されていたにもかかわらず発生しているだけに，定期的に外部の専門家の目を入れるなど，監視・監督機能の担保が必要である。

### （3）チェルノブイリ原子力発電所事故
#### ①　事例の概要と背景
　これは，1986年4月26日にソビエト連邦（現ウクライナ）のチェルノブイリ原子力発電所4号炉が炉心溶融（メルトダウン）したのち爆発し，放射性降下物がウクライナ・白ロシア（ベラルーシ）・ロシアなどを汚染した事故である。後に決められた国際原子力事象評価尺度（INES）において最悪のレベル7（深刻な事故）に分類された事故である。

　原発から半径30km以内の地域での居住が禁止されるとともに，原発から北東へ向かって約350kmの範囲内にはホットスポットと呼ばれる局地的な高濃度

---

20　2012年7月5日にまとめられた東京電力福島原子力発電所事故調査委員会（黒川清委員長）の最終報告が発表された。原発事故への備えを怠った政府や東電の責任を厳しく追及し，事故は「自然災害ではなく明らかに人災である。」と断定している。
21　情報の非対称性による「政府の失敗」を表現する経済用語で，規制する側が専門知識や情報の面で規制されるよりも劣る場合に起こる。

汚染地域が点在し，ホットスポット内においては農業や畜産業などが全面的に禁止されており，その周辺でも制限された地域がある。

　事故当時，爆発した4号炉は操業休止中であり，外部電源喪失を想定した非常用発電系統の実験[22]を行っていた。この実験中に制御不能に陥った。爆発により，原子炉内の放射性物質が大気中に大量[23]に放出された。

　当初，ソ連政府はパニックや機密漏洩をおそれこの事故を内外に公表せず，施設周辺住民の避難措置も取られなかったため，住民は数日間，事実を知らぬまま通常の生活を送り，高線量の放射性物質を浴び被曝した。しかし，翌4月27日にスウェーデンのフォルスマルク原子力発電所にてこの事故が原因の特定核種，高線量の放射性物質が検出され，近隣国からも同様の報告があったためスウェーデン当局が調査を開始，この調査結果について事実確認を受けたソ連は4月28日にその内容を認め，事故が世界中に発覚した経緯にある。ソ連当局は応急措置として次の作業を実行した。

---

1. 火災の鎮火と，放射線の遮断のためにホウ素を混入させた砂5,000tを直上からヘリコプターで4号炉に投下
2. 水蒸気爆発（2次爆発）を防ぐため下部水槽（圧力抑制プール）の排水
3. 減速材として炉心内へ鉛の大量投入
4. 液体窒素投入による周囲からの冷却，炉心温度の低下

---

　この作業により，一時制御不能に陥っていた炉心内の核燃料の活動も次第に落ち着き，5月6日までに大規模な放射性物質の漏出は終わったとの見解をソ連政府は発表している。

　崩壊した原子炉と建屋を丸ごとコンクリートや鋼材で囲い込む石棺の建設が

---

22　試験の内容はいわゆるストレステストで，外部電源が遮断された場合の非常用ディーゼル発電機起動完了に要する約40秒間，原子炉の蒸気タービンの惰性回転のみで各システムへの電力を充足できるか否かを確認するものであった。

23　広島市に投下された原子爆弾による放出量の約400倍とする国際原子力機関（International Atomic Energy Agency：IAEA）による記録が残されている。

6月から始まり11月に完成した．火災の鎮圧，汚染除去，石棺建設といった事故処理作業には，軍隊をはじめとして大量の作業員がソ連各地から動員され，その数は60万人から80万人に及んだ，といわれている．

石棺はこの場合効果的な封印手段ではなく，爆発した4号機の放射性物質の外部への飛散を防ぐ応急処置である．石棺の耐用年数は30年とされており，老朽化対策として石棺を覆う鋼鉄製のアーチ型のシェルター（再石棺）の建設が2016年11月に完成している（耐用年数は100年という）．

事故当時の動作試験は原子炉熱出力を定格熱出力の20〜30％程度に下げて行う予定であったが，オペレーション・ミスによって炉心内部の熱出力が定格の1％にまで下がってしまった．運転員は熱出力を回復するために，炉心内の制御棒を引き抜く操作を次々に行った．これにより熱出力は7％前後まで回復したが，反応度操作余裕（炉心の制御棒の数）が著しく少ない不安定な運転状態となった．これにより実験に支障が出ることを危惧した運転員らは，非常用炉心冷却装置を含む重要な安全装置を全て解除したうえで，実験を開始した．実験開始直後，原子炉の熱出力が急激に上昇し始めたため，運転員は直ちに緊急停止操作（制御棒の挿入）を行ったが，この原子炉は特性上制御棒を挿入する際に一時的に出力が上がる設計（ポジティブ・スクラム）だったため原子炉内の蒸気圧が上昇し，緊急停止ボタン（AZ-5ボタン，起動するのに約5〜8秒，スクラム完了にはさらに20秒程度かかる）を押した7秒後に爆発した．

ソ連政府は当初，事故は運転員の操作ミスによるものと発表したが，事後の調査結果はこれを覆すものが多かった．重要な安全装置の操作が運転員の判断だけで行われたとは考えにくく，実験の指揮者の判断が大きかったものと推定される．

1986年8月のソ連政府報告は，事故の原因は「運転員による数々の規則違反の類まれなる組み合わせ」として，制御棒を引き抜き過ぎの状態での運転，原子炉停止信号のバイパスなど6項目の違反を挙げ，事故の責任を全面的に運転員に押しつけている．同時に，制御棒の引き抜き制限の強化，制御棒作動時間の短縮などといった5項目の安全対策を発表している．これらの対策は，事故

の原因に原子炉の構造欠陥が関係していたことをソ連当局が承知していたことを示している。

ソ連最高会議のチェルノブイリ事故調査委員会の要請を受け，事故原因の見直しを行ったソ連原子力産業安全監視委員会特別委員会は1991年1月の報告で，「事故の原因は，原子炉の欠陥とそれを知る立場にありながらしかるべき対策をとらなかった責任当局にある」とし，1986年の報告で列挙された運転員規則違反の多くは根拠のないものとしている。

この爆発事故は
・制御棒など根本的設計の欠陥。
・運転員への教育の不十分。
・特殊な運転を行ったため事態の予測を困難にした。
・低出力では不安定な炉に対し，低出力運転を続けた。
・実験が予定通りに行われなかったにもかかわらず強行した。
・実験のために安全装置をバイパスした。

など多くの要素が原因として挙げられる。学者らによる事故検証では，これらのいずれかが1つでも守られていれば，爆発事故，あるいは事故の波及を最小限に抑えることができた可能性が高かったと指摘している。

② 合理的意思決定を阻害した要因

目撃証言と発電所の記録の間に矛盾があるために，現地時間1時22分30秒の後に起こった事態の正確な繋がりについては今でも解釈が分かれている。最も広く合意されている説明は上述したとおりであるが，この説明によれば，最初の爆発は操作員が「スクラム」を命令した7秒後のおよそ1時23分47秒に起きたことになる。しかし，爆発がそのスクラムの前，あるいはすぐ直後に起きたとの主張もある。

もし原子炉がスクラムの数秒後に超臨界になったなら事故原因は制御棒の設計にあるとみなされるのに対して，爆発がスクラムと同時に起こったのであるならば，責任は指揮者にあったことになり，この違いは重大と言わざるを得な

い。

　これに関し，ソ連の原発の建設および運用体制に問題の一因があったと言われている。原発の設計と建設は中規模機械製作省が担当し，原発の運用は電力電化省が担い，それぞれが縦割りによって意思疎通がおろそかであったことと，前述のとおり軍事用原子炉の設計を転用した民生用原子炉であるため中規模機械製作省は軍事機密秘匿を最重要視しており他省にあまり情報を教えたがらなかったため，例えば制御棒を全部抜かないように，などの運用安全規則は用意するものの「なぜそうするのか」といった技術的レクチャーは一切しなかった，という。このため，実際の運転業務を担う電力電化省側はあまり技術的知識がなかったともいわれている。実際，事故直後は両省の間で責任を押し付け合うといった事態があったが，最終的に原子炉の欠陥設計を認めている。

### ③　今後の教訓

　現在においてもチェルノブイリ事故の当時の様子が十分に明らかになったとはいえないが，前述のとおり，責任者の不適切な判断や，原子炉に関する予期せぬ事態（不確実性）に対処するための経験不足が事態を悪化させたことは事実といえよう。日本では，福島第一原子力発電所の事故は，原子力発電所の安全神話を壊す結果となった。一定の前提条件の下で確率的に説明されていた安全性は，現実の事故においては十分な担保にはならなかった。理論的仮説と現実の不確実性とのギャップを再認識することとなり，安全対策上の考え方を大きく修正させるきっかけになった。

### （4）検討後のまとめ

　われわれが行動を起こす前に，状況を認知し判断するというプロセスが存在する。そして実際にはその過程を経験則や直観で判断することが多い。このようなヒューリスティクスは迅速な判断と行動を支える有用な手段であることに違いはないが，同時に，そこにバイアスが介在する可能性が高まる点にも留意する必要がある。今回検討したオペレーショナル・リスク事例においても，例

えば以下の典型的なバイアスを見出すことができる。

・コントロールに関する幻想のバイアス（Illusion of control）
　人は環境をコントロールできない状況であっても，あたかも自分がコントロールできるかのように思いこんで危険な賭けにでることがある。自分の成功の原因は自己の能力の高さに帰属させ，失敗の原因は環境の変化などの外的要因に帰属させたがる傾向がある。人は，結果の連続（起こった結果が続くと感じること）に慣れたり，あるリスクに関する多くの情報を収集したり，積極的に関与するといった行為を採ると，そのリスクに対してコントロールが可能だという幻想に陥りやすいというバイアスを持っている。例えば，宝クジで，買う人が自分でラッキーナンバーを選べるようになっている場合（自分が特定の番号を選ぶというコントロールが効くと思う）と，選べない場合とは，当選する確率を高く見積もる傾向があることが確認されている。

・慣性のバイアス（Inertia）
　何の行動も起こさないことは安全と思ってしまうバイアス（Inaction inertia）のことである。現状維持バイアス（Status quo bias）とも呼ばれる。これは，客観的に判断すれば，現状を打破しなければならないと考えられる場合でも，人は現状からの変化を回避しようとする心理的バイアスをいう。
　バイアスへの対処は難しい。なぜなら，それが無意識あるいは，自然な形で各自の判断の中に入りこむからである。現状維持バイアスを取り上げ，その対処について考察してみたい。
　一般に，現状からの変化は，良くなる可能性と悪くなる可能性の両方がある。そこで，現状がとりわけいやな状態でないかぎり，損失回避的傾向が働き，現状維持に対する強い誘引が働く。このバイアスが引き起こす例としては，いざ想定していない事態がふりかかった時に迅速に適切な行動がとれなかったり，もう少しデータを集めて分析してから意思決定しようとして後手に回ってしまうおそれが想定される。

人が現状維持を好むという傾向は，自分の失敗を認めたくないという心理（後悔回避）と深く関係しているとも説明される。後悔をしない選択を誰しも望む。結果として，自身で下す意思決定を避け，皆と同じ行動をとろうとする。具体的には重要な決定を先延ばしさせたり，他人が意思決定をし，それに追随しようとする傾向を助長させることとなる。

経営組織論に，組織の慣性（Organizational inertia）という概念がある。これは，人が一度魅力的な選択肢を見送ると，次に同種の選択肢が現れたときに，その人がそれを選択する確率は低くなり，不行動が繰り返される傾向をいう。

オペレーショナル・リスクというと，今回取り上げた事例のような作業をイメージすることが多いが，金融取引の例も挙げておきたい。例えば，現場ベースのヒューマン・エラーの事例として2005年12月に起こった証券会社の株式の誤発注がある。これは，単価と株式数の入力ミスという単純ミスに伴い，発行済み株式数の42倍という異常な売り注文が実行されてしまった。証券会社のシステムは異常な売り注文に警告を発したものの，強制停止機能が無かったため，これを是正できず400億円もの損失につながった。証券取引所も証券会社の注文取り消しをシステムが適切に認識せず，この不具合に気づいて発表するまでに3日もかかってしまった。

スペースシャトル・チャレンジャーの爆発事故原因の分析では，慣れのバイアスが指摘されている。つまり発射決定に関与していた人たちは自分たちがなすべきことを几帳面に実施したからこそ，事故が起きたという。これは，「受容できるリスク」と一緒に飛ぶということがNASAのカルチャー，あるいはそのまま航空界のカルチャーの実体を表しているという指摘である。この点について，ジェームズ・リーズンは，次のとおりコメントしている。

NASAは，「日常化された逸脱（Normalized deviance）」という言葉で表されるような閉じた文化をつくり上げていたのである。外の世界からは無謀なリスクを冒しているようにみえるものでも，NASAの管理職には仕事を進めていく上で当たり前の，微妙なやりとりとしかみえなかったようである。このような

組織事故において気になるのは、それぞれのステップやそこでの決定の積み重ねが自然と最終局面に至っているため、どの時点から事態が悪い方向に向かい始めたかということを正確に見いだすことが非常に難しいということである[24]。

このようなカルチャーが形成されていた結果、アイアン・ミトロフが指摘しているように、「より深刻な点は、組織が、その設計について大きな疑問を持っていた人間の話に耳を傾けようとしなかったことである。彼らの心配や懸念は無視されて、組織のトップまで届かなかった。この例では徴候が弱かったのではなく、遮断されていたのである。初期の警戒信号を遮断している組織は、より"危険に陥りやすい"と言えるであろう[25]。」

伝統的なオペレーショナル・リスクの概念は、すでに発生した失敗を二度と繰り返さないように、その発生の真因を探り、その防止策を検討するというアプローチが多かった。しかしミトロフが指摘するように、それをカルチャーまで広げることにより、単なるオペレーション上の対策という次元から、組織に所属する人の行動に影響を及ぼしているより本源的な領域にまで踏み込んで管理することが重要になってくる。そうすることにより、今後の人の行為（Conduct）そのものへの対策が可能になる。この発想は、過去の失敗の傾向から将来の同様の失敗を防止するというバックワードルッキング（Backward looking）的なアプローチから、人の行動に内在し将来の行為に影響を及ぼすカルチャーに対してフォワードルッキング（Forward looking）的にアプローチする管理への転換と考えられる。

### （5）リスクカルチャーへの展開
#### ① コンダクトリスク管理とリスクカルチャー
2007年の金融危機の教訓を踏まえ今日注目されているのがリスクカルチャー

---

24 ジェームズ・リーズン『組織事故』塩見弘監訳、1999年、日科技連出版社、224ページ。
25 アイアン・ミトロフ『クライシス・マネジメント』上野正安、大貫功雄訳、2001年、徳間書店、145〜146ページ。

である。リスクカルチャーは，組織構成員の個々のリスクセンス，リテラシー，コミュニケーション，それらを踏まえた総体としての組織の行動の特徴として理解されている。そのため個人の行動のリスクに対する適切性がERMの実効性を左右するという観点で論議される。

金融危機以降，グローバルの規制改革を主導してきた金融安定化理事会（FSB）は，ミスコンダクトについても一貫してその対策に注力してきた。その主要な流れを振り返ってみる。FXグローバルコードなどの行為規範や金融指標改革，ホールセール市場におけるミスコンダクトに対処するための措置，報酬ツールの利用に係るガイダンスなどについて定め，ミスコンダクトを低減させるための作業計画を2015年11月に公表している。2017年5月には，ミスコンダクトリスクを低減するためのガバナンスフレームワークを強化するための実態調査の報告書を公表している。そして，この報告書を踏まえて，重要な課題に対処するため，利用できるツールを2018年4月に公表している。その中で，ミスコンダクトリスクを低減するための望ましい文化的特性の明確化を提示している。そして明確にするために，幅広い情報を見直し総合的手法を用いて文化的ドライバーを確認する必要があることを指摘している。また，同時に，個人の責任および説明責任の強化の必要を説いている。

バーゼル銀行監督委員会（BCBS）は，これまでも金融機関におけるコーポレートガバナンスの強化についてのガイドラインを出してきたが，金融危機以降の状況を踏まえたうえで，2014年には，以前の内容を大きく改定し，銀行のためのコーポレートガバナンス諸原則を公表している。大きな特徴は，取締役会の責任や役割を従来よりも詳細かつ明瞭に示したうえで，リスクアペタイトを設定し管理する考え方やリスクカルチャーの重要性をコーポレートガバナンス中に取り込んだ点にある。コンダクトリスクとリスクカルチャーは切り離せない。そもそもカルチャーはわれわれの行動パターンに内在する傾向を表現した言葉であるからである。

最近各国の監督当局が金融機関のコンダクトリスクとリスクカルチャーを関連付けて論議する理由について考えてみたい。監督上重要な問題が発生すると，

その個別問題の解決のための対策を講じることとなるが，その後も形を変えて類似の事例が発生する場合，それは組織構成員の行動パターンとして定着したカルチャーに原因があるのではないかと考えてみる必要があるという指摘である。これがカルチャーに関連した問題であるなら，それを変えるための対策を打たない限り，いくら個別問題に対処したとしても根本的な対策につながらない。

　欧州の監督当局は，経営に対して次の4つの基本的な質問をするという。いずれも，適切なリスクカルチャー醸成に経営が率先して取り組み，組織全体としてのカルチャーの特性を把握し，対応策を打ち，その変化の方向性をモニタリングしていないと答えられないものである。質問内容は次の単純なものである。

・あなたの会社のリスクカルチャーがどのようなものか答えてください。
・リスクカルチャーの評価をどのような方法で評価していますか。また，方法や尺度はどのように開発したのですか。
・どのようなリスクカルチャーを問題と考えていますか。また，それに対してどのような対策を打っていますか。
・今使用している枠組みが，体系的な評価方法であることを書類で証明してください。

　さて，企業のグローバル展開が活発化すればするほど，コンダクトリスクとリスクカルチャーにかかわる問題は重要度を増すが，複雑化するのも事実である。例えば，M&Aを実施した企業のことを考えてみたい。M&Aは，事業ポートフォリオを分散し，拡大することとなる。また同時に，M&Aは，当該事業に従事する人的資本を取り込むことになり，自社グループに新たなカルチャーを持ち込むことも意味する。

　リターンを追求することは裏返せばリスクを取ることを意味する。どのようにリスクを取るか，責任を取れるように予めリスクに対処しておく必要がある。会社は，経営目標を達成するためにリスクをどのように取るかの方針（リスクアペタイト）を立て，リスクに関しどのように考えどのように行動するべきか

を行動規範などで示すのが一般的である。しかし組織構成員が実際にその意図する行動をとれるようにするためには，リスクカルチャーを醸成する必要がある。そして適正なリスクカルチャーの醸成と浸透の責任はトップマネジメントが担うというのが，今日のグローバルベースの考え方である。このマネジメントの責任の遂行状況を監視するため取締役会のガバナンス強化が求められる。リスクカルチャー浸透の課題がガバナンスシステムに組み込まれ，適正なリスクカルチャーへリードする経営の手段としてインセンティブ・報酬制度に関心が高まっている。

② 不確実性とカルチャー

「不確実性の回避」という概念を考えてみたい。ホフステードは，IBMの各国の支社で働く人々を対象に価値観の違いに関する調査を行った。価値観に関する質問に対する回答を統計的に分析した結果，どこの国のIBM社員にも共通する問題があることがわかった。ただし，次にあげるような分野では，解決の方法が国によって異なっていることを確認している[26]。

| | |
|---|---|
| a | 権威との関係をはじめとする，社会的不平等（権力の格差：Power distance） |
| b | 個人と集団との関係（Collectivism v. Individualism） |
| c | 男性らしさと女性らしさの概念（Femininity v. Masculinity） |
| d | 不確実性への対処の仕方（不確実性の回避[27]：Uncertainty avoidance） |
| e | 長期志向対短期志向（Long-term orientation v. Short-term orientation） |

ホフステードの不確実性とカルチャーに関連する説明を要約して紹介した

---

26 G・ホフステード『多文化世界』岩井紀子，岩井八郎訳，1995年，有斐閣，13〜15ページ。

27 不確実性の回避は，ある文化の構成員が不確実な状況や未知の状況に対して脅威を感じる程度と定義することができる。この用語は，アメリカの組織社会学者のジェームズ・G・マーチが最初に使い始めた。（Cyert, Richard M. and James G. March 1963 A Behaviorl Theory of the Firm, Englewood Cliffs, NJ: Prentice-Hall）

い[28]。

　文化というものは，共通のメンタル・プログラムを持つ市民が示しやすい一連の反応を示している。したがって，社会の中のすべての反応が同じ人間に見出される必要はなく，一個人レベルの話ではない。同じ社会の中でより頻繁に見出されるものである。すべての人間は，明日何が起こるかわからないという事実に立ち向かわなければならない。不確実性が極端に高いと，耐えられないなどの不安に陥る。あらゆる人間社会は，この不安を和らげる方法を生み出してきた。これらの方法は，科学技術，法律，宗教といった領域に含まれる。科学技術は，自然によって引き起こされる不確実な出来事を回避するのに役立っている。法律と規則のおかげで，他の人々が不確実な行動を取ることが避けられている。宗教は，超越的な力とつながりをもつ道であり，その力によって，個々の人間の未来が左右されていると考えられている。

　③　コンダクトリスク管理のその後の動向
　コンダクトリスク管理の強化は，金融危機やLIBOR問題で表面化した金融機関の不適切な行動を未然に予防，制御する目的でなされるものである。
　その後も個人の行動に関連した重大事件は多く発生している。最近の米国ウェルス・ファーゴ銀行の架空口座事件の発生によって個人の行動にかかわるリスク（コンダクトリスク）への見方は一定の閾値（条件分岐の境目）を超えた感がある。
　ウェルス・ファーゴの事件を振り返ってみると，架空銀行口座事件が発生した後，リスクカルチャーの問題を認識し，組織の不適切な行動に関連するインセンティブの原因となっているリテールバンキング部門の目標設定の変更と報酬改革を実施した。しかし，その後2018年5月に，一部の従業員による法人顧客に関する文書改竄が発覚した。この事態を従業員の報告によって知ることとなり，監督当局へ報告のうえ，調査が進められている。ホールセール部門の従

---

28　G・ホフステード前掲書118，119ページ。

業員が顧客企業に通知せずに顧客側の関係者の社会保障情報，住所，誕生日などの情報を追加，変更していたことが判明した，と報じられている。従来のオペレーショナル・リスク管理の取組みであれば，行動のインセンティブに影響を及ぼす報酬制度の改定といった対策までには至らなかった可能性もある。むしろ，個人の行動を管理するコンプライアンス面での態勢や管理手法の強化に主眼が置かれていた可能性もある。このように，ある行動へと引き立てる要因を組織のカルチャーといった側面に着目する点にコンダクトリスク管理の特徴を見出すことができる。行動視点のリスク管理（Behavioral Risk Management）というERM上の新たな視点の重要性が示唆される。

　ウェルス・ファーゴ事件は，各国当局のコンダクトリスク対策を大きく促進させるきっかけとなった。例えばオーストラリアでは，金融機関のミスセリングに関し徹底的な調査を実施するため，王立委員会（Royal Commission）が立ち上げられ現在厳格な調査が展開されている。

　日本における金融行政方針で掲げられている「顧客本位の業務運営」は，リスクカルチャーの浸透と組織構成員の行動に対する注目というグローバルの規制当局のモニタリング強化の流れと同期している。

　コンダクトリスク管理は，リスクカルチャーとの密接な結びつき，フォワードルッキングな未然防止に主眼が置かれている点で，過去発生した事故の真因の再発防止が重視される傾向のあるオペレーショナル・リスク管理とは異なる概念といえる。

　コンダクトリスクをめぐる当局の関心はグローバルベースでますます高まっている。ERMの専門家の間では，この動きを社会の期待と会社の意識のギャップからくるソーシャルリスクと捉え，警鐘を鳴らしている者もいる。豪州の動きを追いながら説明したい。最近のコンダクトリスクやリスクカルチャーへの関心の高さの要因の１つとして，社会の側で，金融や保険の商品，サービスに対する社会の期待が高まっている裏返しとして，企業に対する容認を許さない水準自体が低下してきている，との指摘がある。企業側に，このような社会的

価値観や行動様式の変化に対する感度が十分でないと，的確な対応を取るセンスや能力（リスクガバナンスや内部統制）が不十分となる点を指摘している。

デジタル革命で社会が急速に変化する中，社会の変化をモニタリングできる環境や手段も向上しているものの，ビジネスの現場では，これらを十分に捕捉できていない現状の中から新たなリスクが生まれているとも解釈できよう。

## 4．エマージングリスクと不確実性

世界経済フォーラム（通称ダボス会議）の公表した「グローバルリスク・レポート」2018年度版[29]の中で，ビジネスリーダー，学者，政府関係者，市民団体代表など約1,000名を対象に実施したアンケート調査の結果を報告している。これは，グローバルリスクについて顕在化の可能性および顕在化した場合の影響の大きさを5段階で評価した結果であるが，発生可能性と影響の大きさで見た上位10リスクの中に，異常気象，自然災害，気候変動に対する緩和策・適応策の失敗，サイバー攻撃，データの偽装・盗難が挙げられている。

ここでは，エマージングリスクとして懸念される不確実性として，気候変動による自然災害の変化とサイバー脅威について検討してみたい。

### （1）自然災害リスクと不確実性
#### ①　ソーシャルリスクとしての自然災害

自然的，社会的環境の変化により，リスクが社会化し，多様化，巨大化，国際化してきたことから，これらソーシャルリスクに対応しようとすれば，個別の経済主体のみによる管理では対処できず，企業，家庭，行政，地域社会，国際社会が相互に連携する必要がある。

ソーシャルリスクは自然環境由来と，社会環境由来に分類されるが，古来から自然災害の被害にさいなまれてきた経験を持つ日本にとっては，極めて身近なリスクといえる。自然災害の脅威は，日本だけに限定されるものではない。

---

[29] 同レポートは下記から入手可能。
　http://www3.weforum.org/docs/WEF_GRR18_Report.pdf

2017年8月に発生し，9月に北米大陸を北上し，巨大な被害をもたらしたハリケーン「イルマ（Irma）」は，保険金支払いなどで2005年のカトリーナを超え13兆円台と米国史上最大の被害をもたらした。

2011年3月11日に発生したマグニチュード9.0の東日本大震災は，三陸沖を震源とする海溝型地震とそれに伴う巨大な津波によって引き起こされた震災であった。約2万人の死者・行方不明者を出した惨禍であるが，震災前，これほどの規模の地震が発生することを中央防災会議も想定していなかった。

東日本大震災後に中央防災会議におかれた「東北地方太平洋沖地震を教訓とした地震・津波対策に関する専門調査会」の活動の中で，防災に対する考え方が抜本的に見直された。この内容を，2011年9月28日の最終報告の中から確認しておきたい。

報告書ではまず，今回の東日本大震災が，過去数百年間の資料では確認できない日本海溝の複数の震源域が連動したものだったことを指摘し，「過去数百年間に経験してきた地震・津波を前提に，日本海溝の地震・津波を想定した従前の想定手法」には限界があったことを認めている。従前の想定手法では，「過去に繰り返し発生し，近い将来同様の地震が発生する可能性が高く，切迫性が高い地震・津波」を対象にしていた。具体的には，過去数百年間の最大級の地震のうち，切迫性の高い地震について，これまで記録されている震度と津波高などを再現できる震源モデルを考え，これを「次に起きる最大級の地震」として想定した。その場合，過去に発生していても，震度や津波高を再現できない地震は発生の確度が低いとみなし対象外にしてきた。今回でいえば，貞観地震（869年）がそれにあたる。今回の報告書では，震源モデルを再現できない地震についても検討し，「確からしさが低くても，地震・津波被害が圧倒的に大きかったと考えられる歴史地震については，十分考慮する必要がある。」と結論づけている。そして，「自然現象は大きな不確実性を伴うものであり，想定には一定の限界があることを十分周知することが必要」と述べ，「地震は予測できる。」という従来の姿勢を戒めた。そのうえで，報告書は，従来の手

法に加え，古文書や津波堆積物などを広く調査し，「あらゆる可能性を考慮した最大クラスの巨大な地震・津波を検討していくべきである。」と明確に述べた。さらに，防災対策を検討するにあたって，施設整備が現実的に困難でも，ためらうことなく地震・津波を想定すべきだとしている。

これらの記述は，不確実性に対しどのようなスタンスを取るかによって，その評価や対策に大きな違いが生じることを示唆している。特に防災対策の失敗が被害の拡大に大きく関係することを考え合わせると，不確実性に対する評価のスタンスは防災の考え方自体を変えてしまうおそれがある。実際本報告書の後，2012年1月30日に消防審議会が，消防本部，消防団，自主防災組織などの充実による消防防災体制の整備を目指す「東日本大震災を踏まえた今後の消防防災体制のあり方について」を答申している。また，2012年3月には，内閣府の検討会が，東海，東南海，南海地震が，東日本大震災の巨大地震であった場合，M9.1という想定の下，それに伴う津波予測を発表した。高知県黒潮町で34.4メートルという最大の津波が予測された結果に日本中が衝撃を受けた。さらに，2013年5月に出された内閣府の有識者検討会の報告では，南海トラフ巨大地震について，地震の予知は困難とし，都道府県の枠を超えた広域の防災対策を提言している。この中で防災のスタンスが大きく変化し，予知や予測に頼る防災の限界を確認し，事前の備えにより，減災に重きをおくスタンスに移行している。

② 自然災害に介在する不確実性

損害保険会社にとって自然災害はトップリスクの1つである。これまで同リスクを管理するため，リスク評価モデルの開発が進められてきたことは第1章 3.で詳しく述べた。ここでは自然災害が包含する不確実性に焦点を絞ってその特徴を整理してみたい。

保険会社で使われている自然災害リスク評価モデルは，自然災害の外因の強度を評価するハザードモジュールと，各イベントの各地点における物理的損害

を評価する脆弱性モジュールで構成されている。そのうえで，保険条件下で評価するためのファイナンシャル・モジュールが用意されている。

しかし，かりに合理的なモデルであったとしても，巨大地震のように，極めて稀なイベント（500～2000年に一度といった頻度で発生）にとって，利用できるデータには限界がある。日本の地震で史料上最古のものが，日本書記に記録された約1600年前に発生した１件のみの記述であることからも明らかであろう。

また2011年３月11日に発生した東日本大震災においても当時の地震調査研究推進本部[30]の予測と大きく乖離した事実からみても自然災害について不確実性を十分リスク化できていないことは明らかである。

③　気候モデルの不確実性

今日のERMにとって，リスク評価モデルによる数値シミュレーションは有用な手段である。また同時に，モデルには種々の限界がある点も明らかである。気候モデルは，極めて複雑なメカニズムを対象としており，かつ長期的予測を必要とするものである。

気候モデルが科学的不確実性を内包していることを承知するものの，予防的側面からの社会的合意の下でグローバルな検討が進められていることは，第１章❸３.(2)①で述べたところである。ここでは，地球温暖化の予測内容に触れることにより，気候変動の有する不確実性を共有しておきたい。

気象庁では，地球温暖化による影響評価，地球温暖化の緩和策および適応策の検討の推進，地球温暖化に関する科学的知見の普及・啓発などに寄与することを目的に，1990年度から地球温暖化予測モデルの結果を「地球温暖化予測情報」として公表している。気候変動が地球環境に及ぼす影響の一端に触れると共に，このメカニズムが極めて複雑であり未だ十分解明できない不確実性を含

---

30　阪神・淡路大震災（1995年１月）を契機として，わが国の地震調査研究を一元的に推進するため，地震防災対策特別措置法に基づき，政府の特別な機関として，地震調査研究推進本部が設置された（1995年７月）。

んでいることを理解する必要がある。それゆえERMでは，不確実性とリスクを峻別する必要がある。不確実性の解明の複雑さを理解するため，少し長いが気象庁の分析内容の一部を以下抜粋する。

「地球の気象や気候はさまざまな周期で変動しているが，その要因として，気候システムに内在する自然変動（内部変動）と，外部強制力（自然起源又は人為起源）に対するシステムの応答としての変動に分けることができる。内部変動とは，流体である大気や海洋の内部，あるいは陸面や雪氷圏との間の相互作用により，様々な形態のエネルギー，流体の運動量，水などの物質が交換・分配される過程で絶えず生じるランダムな変動が観測されるもので，よく知られている現象として，エルニーニョ／ラニーニャ現象や北極振動が挙げられる。地域規模で見た気候は，内部変動により大きく影響を受け，大気の循環や海洋の温度分布が通常から大きくかけ離れた状態が長く持続すると，その地域に住む人々にとっては，熱波・寒波・多雨・少雨などの異常気象として感知されることがある。一方，地球全体の規模で数十年から数百年，あるいはさらに長期にわたって持続する気候システムの変化を，内部変動として説明することは困難であり，その要因は外部強制力に求めなければならない。

　地球全体で平均した気候の変化は，太陽から地球に入射するエネルギーと，地球から宇宙空間に放射されるエネルギーの収支によって決まる。近年の観測データに見られるように，気候システムの各構成要素で温暖化，すなわち熱の蓄積が進行しているとすれば，これは地球規模のエネルギー収支の均衡が何らかの外部強制力によって崩れ，「収入」が「支出」を上回る状態が続いているためと考えることが合理的である。近年の衛星観測や海洋貯熱量の増加傾向から推定すると，収支の均衡の崩れは，およそ $0.6 W/m^2$ の入超と推定されている。外部強制力をもたらす要因の一つとして，太陽活動の変動が考えられる。しかし，現在の温暖化の傾向が明瞭に現れ始めた20世紀後半以降について見ると，太陽からの入射エネルギーの変化量は $0.1 W/m^2$ 程度と小さく，観測された温暖化の進行を定量的に説明することは困難である。一方，外部強制力とし

て，人間活動から放出された二酸化炭素等の温室効果ガスの大気中濃度が増加し，温室効果が強められたことが要因と考えると，20世紀後半以降，気候システムに蓄積された熱量の増加を整合的に説明することができる。また，気温変化のパターン，例えば対流圏の温度上昇に対し成層圏では温度が低下していることについても，二酸化炭素濃度の増加から予想される変化傾向と合致している。以上のことをはじめとする観測事実や論理的考察を積み重ねて，20世紀半ば以降に観測された世界平均気温の上昇のほとんどは，人為起源の温室効果ガスの観測された増加によってもたらされた可能性が非常に高い，と結論することができる[31]。」

④ 気候変動のモニタリング

気候変動による変化をより正確に分析しようとする動きもある。これらの取組みを具体的な活用に結びつけるには時間を要すると考えるが，不確実性への解明に向けさまざまなアプローチがなされていることの一例として紹介しておきたい。

米国，カナダのアクチュアリー4団体[32]が，気候変動の様子を定期的に把握するための指標の開発を進めている。この指標は，アクチュアリー気候指数（Actuaries Climate Index：ACI）とアクチュアリー気候リスク指数（Actuaries Climate Risk Index：ACRI）の2種類である。

今後気候変動にともない自然災害リスクなど，大きな変化が想定されるだけに，公共政策の立案を担う公共部門や保険業界などから注目されている。

本指標は次のとおり要約できる。

---

31 地球温暖化予測情報第8巻（2013年）「IPCC 温室効果ガス排出シナリオA1Bを用いた非静力学地域気候モデルによる日本の気候変化予測」より抜粋。
32 米国損保アクチュアリー会（Casualty Actuarial Society：CAS），米国アクチュアリー会（Society of Actuaries：SOA），米国アクチュアリー学会（American Academy of Actuaries：AAA），カナダアクチュアリー会（Canadian Institute of Actuaries：CIA）

a　アクチュアリー気候指数（Actuaries Climate Index：ACI）

異常気象の頻度と海面変動の程度を客観的に示すモニタリングツールとして開発された。2016年11月にその成果を公表している[33]。その特徴をまとめると次のとおり整理できる。

・北米を12の地域に分割する。
・指標の算出方法は，まず，1961年から1990年までの30年間を参照期間とし，この間の平均と標準偏差を計算する。例えば，月の指標の場合，下記の6つの要素におけるある月の計測値と参照機関の平均値との乖離を標準偏差で割って乖離度を算出する。6つの乖離度の平均を月のACIとする。
・指標は，月別および四半期別（2月末，5月末，8月末および11月末）に算出し，更新する。

ACIにおける構成要素は，**図表3－5**のとおりである。

**図表3－5　ACIの構成要素**

| | | |
|---|---|---|
| 1 | 高温 | 1961年から1990年までの基準期間に対して90パーセンタイルを上回る日数 |
| 2 | 低温 | 1961年から1990年までの基準期間に対して10パーセンタイルを下回る日数 |
| 3 | 豪雨 | 連続する5日間の降雨量合計の最大値 |
| 4 | 干ばつ（連続乾燥日） | 降水量1mm未満が連続する日数の最大値 |
| 5 | 強風 | 風力が90パーセンタイルを上回る日数。風力は風速の3乗に比例 |
| 6 | 海水面 | 各月の海水面の，1961年から1990年までの基準期間の同じ月の海水面からの乖離 |

（出典：CEA（ヨーロッパ保健委員会：ヨーロッパの保険・再保険連盟であり，33カ国の加盟保険協会を通じあらゆる種類の保険会社を代表している）の整理を著者が試訳要約したものである）

b　アクチュアリー気候リスク指数（Actuaries Climate Risk Index：ACRI）
・前述のACIが気候の異常度合を示すのに対し，ACRIは上記6つの構成要

---

[33] 詳細は，次のACIのサイトを参照。http://actuariesclimateindex.org/home/

素と経済的，人的損害との相関を示す指数である。
・経済的，人的損害は，アメリカについては，SHELDUS（Spatial Hazard Events and Losses Database for the United States）を，カナダについては，Canadian Disaster Database のデータを使用する。

⑤　ストレステストとERM

　気候変動は，一般事業会社にとっては，事業に負のインパクトを及ぼす外部ハザードの変化と位置付けられる。それゆえ，このハザードの変化が，将来の新たなリスクと機会を生むこととなる。リスクとしては，例えば洪水や暴風雨の頻度の上昇や災害規模の拡大を通じて，物的リスクの拡大が想定される。また，低炭素経済への移行に向けた政策変更，技術変更，規制の変更などに伴う移行リスクが生じる。したがって，企業はこれをエマージングリスクとして認識し，その変化をモニタリングし，戦略とリスク管理両面で検討する必要がある。また，企業によっては，経営計画などの前提条件を大きく変化させるおそれもある。それゆえ，伝統的ERMにおける環境前提としては考慮されていない，動態的要素といえる。このようなエマージングリスクを，段階的にERMの枠組みに取り込んでいくことが動態的ERMでは期待されている。

　一般事業会社にとって，気候関連の自然災害に対して，保険の利用や銀行融資への影響がどのように波及するかを考えてみると，**図表３－６**のとおり整理される。

　自然災害による物的損害を補償する損害保険会社にとっては，同危険が抱える不確実性が経営に大きなインパクトを与えることから，常にトップリスクの１つとして認識されている。保険引受リスクについてはすで徐々に影響は出てきているものと考えられるが，自然災害の発生頻度や集積損害への影響が保険金支払いを拡大させている。また，例えば保険会社の保有するエネルギーや輸送産業などの有価証券が将来の移行リスクによって負の影響を受けた場合は，資本の縮小を招き保険引受キャパシティを縮小させることとなる。このような

**図表3－6** 自然災害の金融・保険業の損害やマクロ経済への伝達ルート

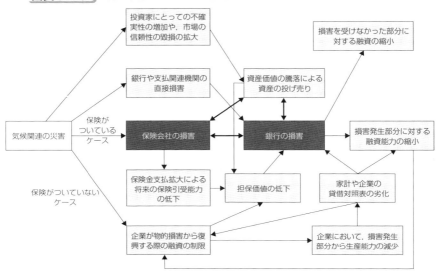

(出典：Sustainable Insurance Forum, "Sustainable Insurance The Emerging Agenda for Supervisors and Regulators," P.19
 FIGURE 4: HOW INSURED AND UNINSRED LOSSES MAY CASCADE RISKS THROUGH THE FINANCIAL SYSTEM を著者が試訳)

事態は，気候変動に起因する不確実性によって保険会社の戦略目標が影響を受けることを意味する。

　なお，保険会社の自然災害に対する補償率が低下した場合，契約者である企業や家計にとっては，当該危険を保険でヘッジできず自己資本で担保することを意味し，事業継続や生活の維持を損ねる危険が拡大することとなる。結果，企業にとっては，気候変動により当該事業に対するリスクの拡大によって発行している株式や債券の価値を低下させることにもなる。このように，自然災害による各種財産への損害の増大は，事業運営コストを上昇させることを意味する。

　このように連鎖する事態は，保険会社にとっては，保険契約者のレピュテーションを低下させる要因となる。

リスク評価モデルの精緻化努力については，すでに述べたとおりであるが，モデルで捕捉が困難な不確実性についてはストレステストを有用なツールとして活用することが多い。同テストを実施することによって，その特性の理解を深め，どの程度の追加資本を確保する必要があるか，また保険引受方針を見直す必要があるかについて検討するきっかけとなる。

一方，監督当局も，保険会社の健全性の確保と契約者保護の担保のため，気候変動を保険会社がどのように捉え，どのように取り組んでいるかをモニタリングする必要がある。そのため，例えば，当局自体がストレスシナリオを提示して損害保険会社のポートフォリオをモニタリングするといったことも行われている。このように，不確実性の高い危険に対しては，ストレステストを通じて多面的な検証からできるだけ多くの洞察を得ようと各方面の努力が続いている。

欧州の保険会社の健全性監督の枠組み（欧州ソルベンシーⅡ）が適用される。これは，保険会社が保有している資産・負債の1年後（短期）の負の価値変化をリスクとして評価し，それに見合う資本を規制資本として維持する形で監視するものである。また，3～5年（中期）のフォワードルッキングな視点から規制資本の動向を分析することが要請されている（自己資本とソルベンシーの評価：Own Risk and Solvency Assessment：ORSA）。なお，規制資本に十分反映されていない不確実性を捕捉する目的でストレステストの実施も要請されている。ストレステストを継続することにより，例えば，時間とともに変化する気候の影響をより精緻に捉えられるとするならば，不確実性への対応の手段といえる。

英国健全性監督機構（Prudential Regulation Authority：PRA）は，異常な自然災害が及ぼす損保業界への影響を検証するため，2015年に第1回目を，2017年に第2回目のストレステストを実施している[34]。1回目と2回目で，そのシナリオを変え，同テストから得られる洞察を蓄積しようという姿勢が観察される。

・2015年の損害保険会社に対するストレステスト

　PRAは，個々の損保と損保市場に及ぼす影響を把握するため，下記の11のシナリオに対する影響度評価（グロスの保険損害，再保険回収とネットの保険損害，繰延税金効果）を報告させるとともに，ソルベンシーⅡが要求している規制資本（Solvency Capital Requirement：SCR）の変化について試算させている。

1．欧州地域の第1，第2のウインドストームの発生とその後の洪水
2．米国における2つのハリケーンの襲来
3．London, NYを含む3つの同時テロの発生
4．自動車保険の大口事故の影響
5．2015年実施の銀行のストレスシナリオ（グローバル経済の減速とディスインフレーション，グローバル，ローカルの要因によるユーロゾーンへの経済的悪影響）と同様の経済的ショックの影響
6．自然災害などによるグローバルサプライチェーンの破壊による構外利益（Contingent Business Interruption：CBI）保険への影響
7．システミックな保険事故（特定の産業グループ単位でインパクトを与えるような巨損の発生，e.g.ナノテクに関連する損失）による集積的な責任保険負債や備金の増大（事故の再現期間のランダム性や数期間にわたる影響などの要素も考慮）や契約者の資産を預かる専門家としての過失に伴うアセットの価値低下の影響（過去の傾向を超える状況やレバレッジの影響の検証）
8．太陽フレア（太陽面の爆発現象）による衛星への影響や磁気嵐によるエネルギーの供給停止，輸送，コミュニケーションシステムへの悪影響から適時適正な対応ができないことに起因するストレス事象に対する経営行動
9．連続するサイバーアタックによる顧客の損失（クラスアクションや第三

---

34　PRA General Insurance Stress Test 2017　Scenario Specification, Guidelines and Instructions 11 April 2017。なお，本文書は，下記より入手可能である。
　　http://www.bankofengland.co.uk/pra/Documents/supervision/activities/gist2017.pdf

者賠償責任）におけるサイバー保険の損失や他の保険における免責をめぐる論争や再保険回収に伴うトラブル（e.g.事故の考え方）
10. 各社にとってユニークな200年に1度程度の集積保険事故による損失のストレスシナリオ
11. 各社のビジネスの失敗から生じるリバースストレステストとステークホルダーとの関係の考察

テスト実施後，PRAは次の報告を行っている。
・実施保険会社の耐性が確認された。
・影響の大きかったシナリオは，経済シナリオであった。特に信用スプレッドの拡大に伴う社債の価値低下であった。
・各社の各シナリオに対する影響に，幅が確認された。
・各社が想定するストレスシナリオは共通性が少なく，システミックリスクの懸念はなかった。

・<u>2017年のストレステストシナリオ</u>
　2017年のストレステストのシナリオは，下記5つのシナリオの発生による，グロス，ネットロスの評価を要求している。
　a．2つのウインドストーム（UK，欧州）の発生とその後のUKでの洪水
　b．太平洋北西でM9の地震の発生とその後の津波
　c．ロスアンジェルスで発生したM8の地震に続きM7の地震の発生
　d．カリブ，メキシコ湾で発生したカテゴリー3，4の3つのハリケーンが米国に上陸
　e．マクロ経済に起因するストレス

　2015年のストレスシナリオと比較すると，監督当局にとって次のより深い分析の意図が推測される。
　・シナリオの数は少なくなっているが，その分インパクトの詳細分析が求め

られ，各社ポートフォリオの特性をより精緻に把握しようとしている。
・保険のストレスシナリオが発現したときの特定の産業への影響度合いを確認しようとしている。
・マクロ・プルーデンスとミクロ・プルーデンスを意識した調査となっている。
・ストレスシナリオの影響から，保険会社の内部モデルをレビューしようとしている。

　自然災害の気候変動による変化といった不確実性を扱おうとする場合，**図表2-1**（本書59ページ）で示した「リスク構造」を把握する努力が必要となる。そのためのプロセスとしてストレステストは有用な手段として位置づけられる。本テストのベースとなるシナリオを多様化し，その影響を分析することがリスク構造理解の助けとなる。リスク評価モデルは，一気に作ることはできない。このようなストレステストの繰り返しの延長線上で可能となる。PRAのシナリオと分析は業界にとっても将来のモデル化プロセスの一環として有用であろう。

　また，モデルは不確実性をリスク化し，それをリスク量として客観化しリスク管理を高度化するための手段である。モデルが完成した後も，その信頼性を高めるためには，エラーフィードバックが重要だと言われる。モデルのアウトプットを信じて行動したとする。その結果誤った判断の可能性があると感じた場合，どこに間違いがあり，どこを読み間違え，どんなデータを見落としたのかを解明することが可能となるからである。ストレステストの結果から現在使用しているモデルの改善点についての気づきが得られることもある。その意味でもストレステストの活用範囲は広い。

　リスク化された不確実性の場合は，結果を検証できるデータが入手可能となるケースが多く，この検証が比較的容易にできるが，リスク化されていない不確実性の場合は，困難である。新たに入手した関連情報に基づき洞察力を発揮してストレスシナリオを立てインパクトの検証を丁寧に実施する必要がある。

## （2）サイバー脅威と不確実性

ここでは，サイバー空間における事象は極めて動態的で特殊であるので他と区別する意味で「サイバー脅威（Threat）」という用語を使用することとしたい。

デジタル革命の進行により，ブロックチェーン技術などを活用した新たな金融サービスが出現するとともに，IoTの活用によってコネクテッド社会が進行している。また，リアルタイムでの利用可能データ・情報の急激な拡大を背景にビッグデータの分析（データアナリティクス）に基づく新たなマーケティング，個人のリスク特性（自動車運転技術や健康状態）を踏まえた保険商品の開発など，各産業において新たなサービスが展開されようとしている。

しかし同時に，デジタル革命というパラダイムシフトは不確実性を拡大し，伝統的リスク管理手法の制約が懸念されている。例えば，多くの活動がバリューチェーンでつながり，さらにIoTを通して巨大なコネクテッド社会が形成されようとする中で，サイバー攻撃による誤作動への誘導，制御不能によるサービス継続の阻害，個人情報の流出，ランサムウェアによる重要情報への利用障害による病院などのサービスの中断被害などが発生している。

また，今後自動運転の自動車の開発競争が高まってくるが，ハッキングによる遠隔操作のおそれなども現実の懸念事項となっている。

### ① サイバー攻撃の現状

1988年に，モリスワームと呼ばれるプログラムが自己増殖することで，6,000台のサーバーに侵入し，インターネットに多大な負荷を与える事件が発生した。今日では，ウィルスやマルウェア[35]が，自己増殖により，1日に30種類以上ずつ増え続けているという。

2012年には，オペレーション・ハイローラーという事件が発生した。複数の犯罪グループによりマルウェアが使われたという。よくある流れは，まず取引先を装った偽メールを送りつける。添付ファイルにマルウェアを仕込んでおく

---

35 悪意のあるソフトウエアの総称。

などさまざまな方法で感染させるように仕込まれている。例えば，ある日被害者が取引先へ支払いを行うために，インターネットバンキングを利用したとする。ログイン画面を表示させようとするときマルウェアが動き出す。ブラウザーが乗っ取られ，ハッカーによって自動で不正送金プログラムが作動する。あらかじめ用意されていた不正口座に送金するよう仕組まれることとなる。2カ月間で，欧州，米国，中南米の1万4,000以上の金融機関から6,000万ユーロから20億ユーロの不正送金がなされたという。

ウクライナでは，2015年に電力会社へのサイバー攻撃があり，3時間にわたり停電が発生，140万人に影響を及ぼした。事件の概要は次のような流れとなる。ある日，電力会社の職員の元にウクライナ議会議員からのメールが届く。職員はその添付ファイルを開いた。ファイルに仕組まれていたブラックエナジーというマルウェアが動き出し，職員に気づかれることなくPCに感染した。ターゲットに対して偽メールを送る手段は，スピアフィッシングと呼ばれる。このマルウェアは，誰にも気づかれずことなくひっそりと動き出し，電力会社のネットワーク内を静かに徘徊し始める。そして，電力系統の制御システムを見つけ出すと浸入した。結果，3時間にわたって大停電が発生することとなったという。

また別の事件では，納入業者などのサプライチェーン企業を狙う攻撃があった。これをサプライチェーン攻撃と呼ぶ。ウクライナのケースでは，さらにDoS攻撃（Denial of Service attack）[36]が行われた。具体的には，市民からの停電に関する連絡を受けられないようにして，混乱を導くようにした，という。なお，DoS攻撃よりさらに強力な威力を持つ最近の手法として，DDoS（Distributed Denial of Service）攻撃がある。DoS攻撃が攻撃側と相手側の1対1で行われるのに対し，DDoS攻撃は，攻撃を行うホストがネットワーク上に分散しており，真の攻撃者を特定するのが非常に難しいといった特徴がある。

---

36　ウェブサービスを稼働しているサーバーやネットワークなどのリソースに意図的に過剰な負荷をかけたり，脆弱性をついたりすることで，メールサーバーのディスクやCPU資源，ネットワークの帯域を潰すことにより，サービスを妨害したり停止させる攻撃のこと。

2 事例検討と教訓　173

　2017年5月に世間を震撼させたランサムウェア（身代金を要求するWannaCry）は，1日未満に150カ国の200,000を超えるシステムに感染し多くの事象に影響を及ぼした，という。ランサムウェアは，ターゲットとするファイルを暗号化して利用できなくし，暗号を知りたければ金銭を払えと要求するものである。従来のランサムウェアは，1台に感染して端末内とネットワーク共有上のファイルを暗号化するだけであった。このWannaCryは，Windowsに存在したSMBv1の脆弱性を利用した攻撃ツール「EternalBlue」とバックドア「Doublepulsar」をセットで用いて攻撃したものであるといわれている。

　WannaCry以降のランサムウェアは，インターネットに直接接続されたコンピュータや社内ネットワークを介して，脆弱性のあるコンピュータを探索し，自身をコピーすることで感染を拡大させていくという特徴がある。

　2018年5月28日，チリ最大の商業銀行バンコ・デ・チリは，5月24日にサイバー攻撃を受けていたことを公表した。報道によると，東欧あるいはアジアのグループによる国際的な攻撃であったと言われている。顧客口座への影響はなかったが，支店サービス，テレフォンバンキングなどに影響がでたとしている。原因はマルウェアへの感染であるが，行内のワークステーション約9,000台とサーバ約500台に障害が発生した。この際，国際銀行通信協会（SWIFT）のネットワークが悪用され，1,000万ドル相当の資金が流出したという。

② 　サイバー脅威の不確実性

　今日のインターネットでつながる世界では，サイバー脅威が拡大している。革新的で付加価値をもたらすテクノロジーが新たなリスクを発生させ，顧客とのつながりが増すことで企業のエクスポージャーは指数関数的に増加する。脅威は急速に拡大し，サイバーに対する防御力を常に維持しないと企業をまたたくまに危険にさらすことになる。つまり，絶えず技術を進化させている攻撃者に対して，組織は防衛力を強化しなければならないというプレッシャーを受けている。

　また，サイバーインシデントに際して，いかに早く検知し，効果的にデータ

を保護し，復旧するかはサイバー脅威を軽減するという点において極めて重要である。検出までの時間と対応までの時間は，攻撃を仕掛ける者が会社に与えることができる機会を短縮するからである。例えば，データのバックアップ，定期的なパッチ適用，情報共有などの実施によって，情報漏洩を認識し，漏洩を食い止めるまでの時間を短縮できた企業は，情報漏洩に関連する諸々のコストを抑えることができる。さらに通常の事業運営まで復旧する時間を短縮でき，致命的なサイバーイベントによる財務的影響を回避できる可能性が高まる。

　サイバーセキュリティ対策に万全を期すためには，サイバー空間でどのような攻撃が行われているのかに対するリスクリテラシーを高めていく必要がある。われわれの生活空間において，サイバー犯罪は，以前とは比べものにならないほど身近なものとなっているからである。例えば，ハッキング（Hacking）は手軽に行いうる状況になっていることを理解する必要がある。

　もともとハッキングとは，電子回路の設計や工作を経て，コンピュータシステムの動作やソフトウェアの機構を詳細に解析し必要に応じてプログラムを改変したりする事を指す用語であった。しかし，これらの技術を悪用し，ソフトウェアの不正コピーやウェブページの改竄をする者などが現れてきた。これらの悪用行為をクライム・ハッキング（Crime Hacking, Cracking）と呼ぶ。

　ハッキングの動機が今日では，収入目的であったり，政治的主張の目的であったり，さらに国家の政策の一部として行われているものもあるといわれ，サイバー攻撃によって盗まれたお金がテロ集団の資金源になっているとも指摘されている。

　サイバー犯罪は，今やワンコインで始められるという時代になったともいわれている。攻撃ツールを専門に開発している事業者が存在し，効率的なアウトソーシングを行うためのサプライチェーンまで存在し，サイバー犯罪のためのエコシステムができているとの指摘もある。

　その一方で，攻撃自体も，洗練され，組織化されるなどの変化も起きている。したがって今日，サイバー攻撃をその目的と，技術面から，図表3-7の類型に分けて認識することも多い。

**図表3-7** サイバー攻撃の類型

| 5種類の攻撃者 | 具体的な分類内容 |
|---|---|
| 国家型攻撃グループ | 国家が軍事目的等でサイバー攻撃を実施 |
| サイバーテロリスト | テロの実行・思想の普及を動機として，公的性格が強い標的を狙い，洗練されたサイバー攻撃を実施 |
| ハクティビスト | 思想上の目的達成を目指し，公的性格が強い標的を狙ったサイバー攻撃を実施 |
| サイバー犯罪者 | 金銭的利益を目的とし，洗練されたサイバー攻撃を実施 |
| ハッカー | 知識欲，自己顕示欲などの個人的欲求を満たすことを目的にサイバー攻撃を実施 |

(出典：著者作成)

　このようなサイバー脅威への対策を担う責任者は，年中無休の24時間体制で自社のシステムに不正侵入しようとする者の監視をしている。企業を崩壊させてしまう可能性のあるサイバーの「大火災」を食い止めようとする一方で，終わりのない一連のサイバーの「野火」の消火にあたっている実態にあるという。このように防御側は攻撃者の一歩先を歩み続ける必要があり，後れをとらないように絶えず警戒を続け，革新的であろうとする。

　実務上の被害の大半は「情報漏洩」か「サービス・業務停止」と言われている。前者の一般的な経済損失では，漏洩した情報が悪用され，その後の2次被害が発生する可能性というものがある。しかし，この問題は，だれが，どのような目的で，どのように使うのか，といった不確定要素や選択肢の多さからリスクの大きさを特定することは困難である。また後者については，顧客向けに公開しているウェブサイトに対し攻撃行為による集中アクセスを引き起こし，通常の顧客がアクセスできないようにするなど業務停止による逸失利益の喪失にとどまらず，レピュテーションを落とす事態に発展することもありうる。

　サイバー脅威の要因の1つとして，サイバー空間が，同じオペレーティング・システムやクラウド・プロバイダーを使っている事実から，リスク事象が発生した場合，それが伝播，感染する可能性を共有しているといった意味で，これらにおける欠陥や脆弱性を通じてリスクが集中する可能性があるという点

に留意しなければならない。

　サイバー空間は，これまでの伝統的な領域の常識が当てはまらない点にも留意が必要である。サイバーリスクを定量化しようとした場合，一般に公開されたデータが不足していること，サイバー脅威は進化しているため，過去のデータを集めたとしても役立たないかもしれないとの指摘もある。しかしながら，一方で，1日に6,000億件ものメールをスキャンし，毎日150万件のマルウェアを発見している専門業者もいるように，これらの利用可能なデータの数はテラバイト単位の新規データが利用可能となっているのも事実である。

　サイバーリスクの評価のアプローチとして最も広く受け入れられているものは，サイバー攻撃に関する決定論的シナリオを描くことからスタートすることである。例えば，クラウドサービスプロバイダーの停止，データ漏洩や恐喝の脅威，大規模なDDoS攻撃，電力設備やインターネットのような重要なインフラの破壊や損傷などが含まれる。これらのシナリオは，悪意のある行為によって引き起こされるかもしれないし，事故や過誤によって起きる可能性もある。

　ロイズが分析したクラウドプロバイダーの停止と広範囲にわたる脆弱性に関するデータ情報漏洩による保険損害に関する集積損害は，再現期間200年で算出されたクラウドの停止を，2.5〜3日の停止と設定している。このシナリオによる経済的損害は500億ドルを上回っている。この規模を世界規模の自然災害の経済損害と比較すると，ハリケーン・カトリーナが1,550億ドル，サンディ750億ドル，東日本大震災2,290億ドルということになり，その規模の大きさを改めて確認することができる[37]。

### ③　サイバーセキュリティ対策とリスク管理

　サイバーセキュリティ対策の核になる機能は，特定，防御，検知，対応，復

---

[37] ロイズが2018年にエマージング・リスク・レポートとしてリスク分析報告書を公表している。下記より入手可能。
　https://www.lloyds.com/news-and-risk-insight/risk-reports/library/technology

旧の5つに分けられる。これまでは、防御を強化し、侵入させないということに関心の中心が置かれていた。しかし今日では、サイバー攻撃の脅威が高まるにつれ、侵入を防御しきるのは難しく、むしろ侵入された時の検知やその緊急対応、危機対応への万全性に重点が置かれるようになってきている。

また、特定の過程は、防御、検知、対応の前段階である自社システムのどこに脆弱性があるかを外部専門家による仮想侵入テストで明らかにし、検証するといった対策も一般化している。さらに、自社のどこにどのような保有情報があり、どのような攻撃者がなにを狙ってどのような方法で攻撃してくるかを想定することにより、サイバーセキュリティ対策を強化しようとしている。

サイバーセキュリティ対策は、リスク管理上、リスクの制御に属する。リスク管理の枠組みとの関係は、**図表3－8**のとおり整理しうる。

④　サイバー脅威の「リスク化」について

サイバー脅威について、そのリスク化を考えてみたい。サイバーリスクを引受けている保険市場の現状を踏まえて、リスク化の状況を観察してみる。サイバー保険市場が誕生してから20年が経過している。サイバー攻撃などの脅威が拡大するにつれ、サイバー保険のニーズが高まっている。しかし顧客のニーズの拡大に比し、保険会社の供給は十分伸びていない。

現在世界のサイバー保険の約9割は米国で販売されているという。少し古いが規制当局や格付会社が行ったさまざまな推定によれば、サイバー保険は現在米国で年間15億ドルから30億ドルの保険料収入に留まり、2015年の米国内保険会社が計上した保険料総額5,058億ドル[38]に占める割合は極めてわずかである。米国保険情報協会（Insurance Information Institute）は、今後数年間で売上高が2倍、あるいは3倍に増加すると予測している[39]。

米国保険エージェント・ブローカー協会（Council of Insurance Agents and Brokers：CIAB）の調査によれば、2016年10月時点でサイバー保険を購入して

---

38　Hartwig P. Robert and Steven N. Weisbart, 2015 year and results, Insurance Information Institute, May 16 2016, http:www.iii.org/article/2015-year-end-results

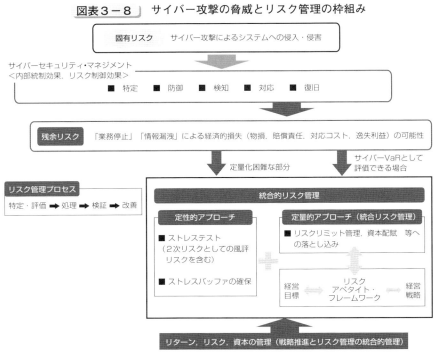

いる米国企業は29%に留まっている，という。

デロイト金融サービスセンターの調査[40]によると，多くの潜在的な顧客がサイバー保険の購入をためらう理由と保険会社が高額の引き受けに対して慎重と

---

39 Hartwig P. Robert and Claire Wilkinson, Cyber risk: Threat and opportunity, Insurance Information Institute, October 21 2015, http://www.iii.org/white-paper/cyber-risks-threat-and-opportunities-100715
40 The Deloitte Center for Financial Service (2017) Demystifing cyber insurance coverage: Clearing obstacles in a problematic but promising growth market, Deloitte University Press. https://dupress.deloitte.com/dup-us-en/industry/financial-services/demystifying-cybersecurity-insurance.html

なる理由に共通している点は，サイバー脅威を評価しようと試みるも，データ不足からくる集積リスクに関する不確実性や法的環境の不明瞭さの存在が指摘されている点である。

　一般的な保険リスクは，第2章の**4**3．で説明したとおり，大数の法則を基本としている。保険会社が十分な期間，または十分な規模のサイバー保険を販売しておらず必要なデータが蓄積されていないことも事実である。現在サイバーセキュリティに関し法律上の通知義務が徹底されている現状にはない。そのため，利用可能な被害報告は，サイバー脅威のほんの一部にしかすぎないものと見られている。これは，サービス拒否攻撃（DoS攻撃）やランサムウェア，知的財産の盗難といったサイバー事故は，表沙汰にされないことも多いといった事情も影響している。しかし同時に，サイバー脅威に関する事情が動態的に変化しており，伝統的手法である過去のデータから法則性を見出し，将来のトレンドを把握できるのかという疑問もある。

　例えば，企業があるタイプのサイバー攻撃に対処している間に，攻撃者は絶えず新たな手法やターゲット，侵入方法を考え出して攻撃してくるといったように常に変化するという特性がある。過去の経験知が限定的にしか使用できない状況にある。さらに，企業のサイバー上の情報財産はコネクティッド・エコノミーが進行する中で指数関数的に拡大しており，サイバー攻撃の対象となるエクスポージャーが拡大し続けているという特性もある。

　これまでの検討から，不確実性への対処の際の留意点を抽出してみたい。サイバー脅威の特徴を，伝統的なリスクと対比すると次の特徴が挙げられる。
- サイバーセキュリティに関する攻撃者と防御者の攻防は常に動態的であり，その意味でセキュリティ状況は変化している。
- サイバーセキュリティをめぐる規制が変化しており[41]，セキュリティに対する整備責任，インシデント発生時の義務なども変化している。
- ネットビジネスの拡大と進化によりサイバー空間におけるデータ量やスピードが常に拡張しており，エクスポージャーも変化している。

・ネットワーク化が劇的に変化しており、IoT化の動きを含めコネクティビティや集中化が進展している。

これらの関係をイメージ化すると、**図表3－9**のとおりである。

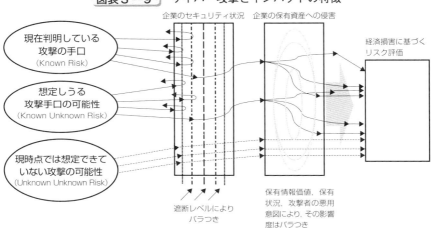

図表3－9　サイバー攻撃とインパクトの特徴

(出典：著者作成)

これらの要素から、既にリスク化された不確実性との違いは、サイバー攻撃、エクスポージャー、経済的損害といったそれぞれの要素が常に動態的である点にまとめられる。つまり、サイバー攻撃自体も今後ますます複雑化、多様化、進化していく。仮に脅威の構造を体系化したとしても、過去のデータからそのパラメータを安定的に把握できる状況にはない。したがって、従来のリスク管理の枠組みをそのままあてはめることは困難であり、われわれはマインドセッ

---

41　2017年から実施されているニューヨーク金融サービス局（NYDFS）が金融機関に課したサイバーセキュリティ規制は、サイバーセキュリティ計画の取締役会での検証・承認、最高責任セキュリティ責任者（CISO）の設定と半年に一度のサイバーセキュリティ状況の取締役会への報告、年に一度の侵入テストとリスク評価、四半期ごとの脆弱性評価と定期的訓練の実施、サイバーセキュリティ・インシデント発生から72時間以内のDFSへの報告、遵守保証書のDFSへの提出などを定めている。

トを変えて対処しなければならない。

　このような状況にある不確実性に対する分析方法の1つが，ストレスシナリオアプローチである。特にサイバー保険を引き受けている保険会社の実施例は参考になる。例えば，英国のロイズは，過去に類似の事故が発生したもの，あるいは発生する可能性が否定できないものとして，次のようなシナリオを検討している[42]。

- サイバー攻撃により発電所のコントロールルームにマルウェアが侵入。676の発電所のうち約50が損害を被り，一部の送電線をオフラインにする必要から電力供給不足が発生し，北米地区（1.5時間）の9,300万人に停電を含む種々の機能的低下の影響を引き起こすというシナリオ。
- ハクティビストが，クラウドサービス提供者の仮想化ソフト（Hypervisor）のアップデート用コードへマリシャス・コード（サービス停止の命令）を組み込んでおき，他のクラウドサービス提供者がアップデートしようとすると，マリシャス・コードが発動し，次々とクラウドサービスが停止するように仕組まれ，復旧までにサービスが停止するシナリオ。
- グローバルで使用されている45％におよぶオペレーティングシステムの脆弱性を記したレポートが入ったカバンを列車の中に置き忘れたため，それがダーク・ウェブで共有され，サイバー攻撃を誘発し，会社のオペレーティングシステムが破られ，顧客，サプライチェーン内にあるビジネスパートナへ影響が及ぶシナリオ。

---

42　ロイズは，2015年に米国の発電所へのサーバー攻撃についてエマージング・リスク分析報告書を公表している。下記より入手可能。
　https://www.lloyds.com/news-and-risk-insight/risk-reports/library/society-and-security/business-blackout
　また，2017年にカウンティング・ザ・コストというサイバーリスクに関する分析報告書を公表している。下記より入手可能。
　https://www.lloyds.com/news-and-risk-insight/risk-reports/library/technology/countingthecost

これらのシナリオはいずれも，サイバー攻撃による集積リスクの可能性として，多くの示唆を含んでおり不確実性の中身を検討する際の有用な手掛かりを与えてくれる。なお，これらの発生可能性については，過去発生した事例についてはセキュリティ上の対策が迅速に打たれることも事実であり，その点も踏まえた評価が必要であることも指摘しておきたい。

## 3 不確実性への対処における留意点

　これまで，不確実性を，関連する情報，データ，経験知が十分でないため，リスク構造を十分把握するに至っておらず，リスクを計量化し，客観的指標として組織内で共有して管理するに至っていない状況，と定義した。このように企業が抱えるポートフォリオを管理する視点（ミクロ的視点とでも呼んでおく）とは別に，企業が置かれた外的環境も含め，その変化にともなうポートフォリオへの影響も加味したマクロ的視点からも，不確実性を整理しておきたい。

　将来の不確実性が高まれば高まるほど，フォワードルッキング経営の強化が求められる。その場合，過去の事例において環境前提が大きく変化した事態，例えば，米国S&Lの事例や日本における生命保険会社の破綻[43]を思い出してみると，これらは外的ハザードとして，金利状況が激変したため，自社のポートフォリオが抱える特定のリスク（2つの事例の場合，金利リスク）が極度に増加し，大きく資本を毀損させ破綻に至ったものである。このような環境前提の激変は，自社の経済価値を大きく変化させることとなり，過去のパターンとは別に新たな状況を予見してそれを前提にした分析と管理が必要となる。

　本章で検討した気候変動による自然災害リスクに内在する不確実性やデジタル革命と同時進行するサイバー脅威は，過去の環境前提におけるパターンの繰り返しで将来を予測する従来のERMとは異なる。従来のERMを静態的ERMと呼ぶなら，これらの前提の変化を積極的に取り入れたERMは，動態的ERMと呼ぶべきであろう。これらの変化は一気に現実のものになるわけではない。むしろ足元で起こる小さな変化の連続が将来の大きな変化へとつながっていく。

---

[43] 1990年代後半のバブル崩壊後，平成9年（1997）年～平成13（2001）年に7社の生命保険会社が連続して破綻した。要因としては，①一時払い養老保険の大量販売，②高い予定利率の設定，③リスクの高い資産運用，④ALMの不在，⑤解約の増加などが挙げられている。

## 図表3−10　事例検討から得られる知見

**＜経営破綻の原因＞**

【戦略的意思決定と不確実性】

S&Lの破綻
- 規制の変化により旧規制下で形成されたポートフォリオの脆弱性が一気に顕在化
- その後の規制緩和における不適切なリスクテイキング

エンロンの破綻
- 戦略推進における成功体験への過信
- 金融エンジニアリング技術やリスク管理への過信
- リスクガバナンスの不全から不適切な会計防止の失敗

【システミック・リスクと不確実性】

＜LTCMの破綻＞
- 戦略推進を急いだ償いでリスク軽視の進行
- 内部統制不全による不正発見の遅れ
- トレーダーのバイアスによる不適切なスクリーニング

LTCMの破綻
- ファイナンス理論に基づくモデルと不確実性
- 過度なレバレッジ戦略

【オペレーショナル・リスクと不確実性】

JCO臨界事故
- 安全基準の遺反
- ヒューマンエラーの介在
- コントロールに関する幻想

三菱自工長崎造船所爆発
- 受注競争下で納期へのプレッシャー
- ヒューマンエラーの介在
- コントロールに関する幻想

チェルノブイリ原子力発電所事故
- 設計上の欠陥
- ヒューマンエラーの介在
- 運転員への教育と経験不足

**＜不確実性への対処の問題点＞**
- 環境変化による不確実性のインパクトに対する不十分な評価
- 規制緩和対応の失敗
- 戦略推進によって生み出される不確実性のインパクトに対する不十分な評価
- 戦略的対応のタイミングの不適切
- システミック・リスクのインパクトの軽視
- バイアスの考慮不足
- モデルリスクのサポート不十分な評価
- 人の行動に影響を及ぼすカルチャーの軽視
- 戦略とリスク管理体制のバランスの失敗
- 未経験事態への対応不良

**＜エマージングリスクからみた不確実性の特徴＞**

気候変動
- 気候変動のメカニズムの未知性
- 気候変動のインパクトの未知性

サイバー脅威
- サイバー攻撃の手口の多様化、巧妙化
- サイバー空間におけるコネクティビティの発展と集中リスク
- サイバーセキュリティ対策とリスク管理の強化

**＜ERM強化への気づき＞**
- リスクと不確実性の峻別の重要性
- 不確実性管理に対する固有な対応の必要性の認識
- 戦略的不確実性に対するバイアスへの対応の必要性
- 不確実性によって引き起こされるリスク・リターン、資本のアンバランスへの対応
- 想定外のマネジメント強化の必要性
- 柔軟な戦略の重要性

**＜不確実性管理の視点＞**
- 短期的視点の対応と中長期的時間軸における管理のマインドセットの必要
- 伝統的リスク管理のマインドセットからの転換
- 最新情報に基づく洞察力の強化

**＜ERM強化へのアプローチ＞**
- リスクと不確実性を峻別した管理体系の確立
- ディフェンスすべき不確実性の明確化
- 的判断基準の明確化
- 小さなシグナルの発見と迅速な対応
- 戦略のパラドックスの理解と確保
- 戦略の柔軟性の確保

(出典：著者作成)

このような不確実性の特性を意識した管理体制を構築しない限り，現在と将来の非連続性の発現（戦略的リスク）に対処できないおそれがある。

　本章で検討した内容を，この後の第4章につなげるため，事例検討から得られた留意事項を整理しておくと，**図表3-10**のとおりまとめられる。

第4章

# 不確実性をマネージするためのERM

　不確実性をリスクに変えるには時間を要する。つまり，その間不確実性の管理は，リスク管理とは比べものにならない不安定さを抱えることになる。
　そこで短期的には，リスクと不確実性を峻別し，不確実性を管理するための枠組みの構築，さらに，致命的な失敗を避け，不確実性管理の知見を蓄積し中期的にはリスク化しうる状態に持ち込む枠組みの構築が必要となる。
　「結」の章である本章ではこれまでの章での検討を踏まえ不確実性に対する合理的アプローチとは何か，運営における留意点は何かをあらためて整理する。そして，現行のERM体制に追加すべき仕組みを提示する。さらに今後ERMの進化において活用可能なAIなどの新たな技術との共生の可能性についても検討する。

## 1 不確実性に向き合うための視点

　リスク化できていない不確実性を新たな成長のための機会と捉えて戦略的に取り組んでいくことは，潜在的成長と将来の競争力を獲得するために重要な意義がある。しかし，資本という不確実性に挑戦するための元手が必要であることもまた事実である。

　不確実性に直面した場合，通常われわれが取る選択肢は2つである。1つ目は，当面は具体的行動を起こさず様子見すること。2つ目は，今何らかの行動を取るべきと戦略的に判断することである。どの選択肢が妥当かについては，直面している不確実性の特性によって違うだろうし，企業が置かれた状況によっても異なり，それぞれの選択肢自体に絶対的な正解があるわけではない。しかし，後者，つまり行動を取ることに戦略的価値を見出した場合に，どのような合理的なアプローチが可能であるかを検討することが本章の主題となる。

　さて，企業が何らかの戦略的行動を取ろうとする場合，将来に対する一定のシナリオを描く。そして，そのシナリオの実現を信じて，資源を投入することとなる。今日のERMは，戦略の推進とリスク管理を統合的に管理する枠組みとなっている。不確実性のプロファイルを承知しリスク化されたものを主な対象としている。不確実性については，経験知が少なく，そのプロファイルを十分承知していないことから，今後の予測が難しく，予備的対応が不十分となる。その結果，必然的に失敗する確率は高く，そのインパクトも想定外となるおそれがある。将来のシナリオを想定する場合も主観的な確信に負うところが大きく，主観的バイアスで歪むおそれもある。

　ところで現実に，われわれは不確実性に対しどのように対処しているのであろうか。身近な例に置き換えて考えてみたい。例えば，新たな場所に釣りに行く場合を想像してみる。もし自分の手元に今回の釣り場と狙った魚に対する十分な情報があれば，過去の情報，経験から魚がたくさんいる場所を予測できる。

# 1 不確実性に向き合うための視点

さらに，そこでの釣りの経験から，よく釣れたときの仕掛けの方法を知っているとしよう。その場合は，それらの情報を踏まえ釣りの戦略を立てることができる。これが，いわば，リスク管理に裏打ちされた戦略推進である。然るに，そこで釣りをした経験は全くないので，他の場所での経験を手掛かりに，あるポイントを選んで釣りをしてみることとなる。つまり，このポイントに魚がたくさんいるであろうと自分なりの確信で判断する。また，このポイントで狙った魚に適合するか否かは不明ながら，自分なりにある仕掛けで試してみようと思ったとする。不確実性下の意思決定とは，いわば，このような状況に似ている。

それでは，このような状況では，どのような対処をすればよいか。通常，まずは，これまでの自分の判断を基準にやってみて，その状況を踏まえてやり方を変えて試してみて成功するまで試行を繰り返すこととなろう。もしその場所で成果が挙がらないと判断すれば，場所を変えるなり，やり方を変えて試行する。このような行動は日常生活で常態となっている。企業の不確実性への対処も大きくは変わらないものと考えている。

実際の企業も，利用可能な情報をできるだけ集め，それを分析し，経験豊かな人材を集めて，彼らの知見を総合して対処策を検討する。しかしながら，このように組織的に行動したとしても，状況の本質は先程の釣りの例と変わらない。ここで成果を挙げられる保証はない。戦略のパラドックスで説明されるように結果はランダム性を有するからである。したがって，主観的判断の不確かさを承知したうえで，必要であれば，戦略を変更するという方針で臨むのが実際的であろう。ただし重要なことは，今われわれが直面しているのは，不確実性であって，リスクではないという，組織としての認識であろう。

この意味をもう少し考えてみたい。不確実性への対処は，通常のリスク管理のように，確率的に最も起こりそうなシナリオ（期待値）とそこから乖離する可能性の程度（信頼水準に基づくリスク量）を過去の客観的データに基づいて予測することはできない。そのため，今取ろうとしている対応策のベースになっているシナリオも，主観的な確信に依拠する部分も多いものと推察する。

しかし，この確信を疑いながら，新たな情報を分析して，必要な是正・修正を加えていくこと，さらに戦略的に対処する際に今後の戦略変更に伴う機会損失をあらかじめ覚悟し資本（不確実性バッファ）を用意する必要がある。そして，組織の知見を集めてストレスシナリオ分析を実施し，予期しない事態が起こった際の合理的行動についてあらかじめコンティンジェンシー・プランとしてまとめておく必要がある。

前章の過去の失敗事例の検討からは，次の留意点が指摘できる。

---
・リスクと不確実性を峻別した管理体系の確立
・テイクすべき不確実性の戦略的判断基準の明確化
・弱いシグナルの発見と迅速な対応
・戦略のパラドックスを踏まえた戦略の柔軟性の確保

---

さて，この視点を現行のERMの枠組みへの追加措置として捉えると，次の仕組みを導入する必要がある。

まず第1に，リスクと不確実性の峻別を，組織的に明確にすることである。

第2に，不確実性を分析する際，われわれの主観的確信を疑い，自らの判断のバイアスを組織的に管理する枠組みを構築することである。換言すれば，判断上のリスクに対する管理の追加である。

第3に，期中において，想定外のマネジメント体制を構築することである。

第4に，環境前提の変化の有無をモニタリングし，戦略の変更も意識した迅速な対応を可能とするエスカレーション体制の導入である。

## 2　リスクと不確実性の峻別と投資判断基準の設定

### 1．リスクと不確実性の峻別

　他者と意見交換したとき，合意点をなかなか見出せない場合，改めて双方の思考の枠組み自体が違っていたことに気づき，その枠組みの違いを共有したうえで議論をするとスムーズな意見交換ができコンセンサスを見出せた経験を持っていないだろうか。

　人は無意識のうちにある枠組みを作り思考しているという。思考の対象となるものの特性に合った適切な枠組みを持たないかぎり，効果的な解釈にいたらないことも多い。

　これまでの章で述べてきたとおり，リスクと不確実性は異なる。当然思考の枠組みも変える必要がある。未知の事柄の本質を探究する営みとして哲学が発達した。この科学の源泉となる思考力は，われわれに多くの知識を提供してきた。リスク管理においても同様である。将来の予測・選択といった課題は，ルネサンス以来人類が連綿と追求してきたものである。ERMもそのような試行錯誤の中で，リスクの概念を定義し，それを合理的に管理する枠組みとして今日の姿に定着してきたものである。

　さてERMは，今日のサイバー空間の発展や気候変動の影響が生み出す不確実性に対してどのように対処するか，といった課題に直面している。これらへの対処にあたり，著者は，今日のERMの枠組みを基本的に変える必要は感じていない。しかしながら，このままでよいとも思っていない。混沌とした事態を分析し，新しい価値観（第4次産業革命，地球規模の社会的責任など）が導入される中で，既存の価値体系の延長線からは必ずしも十分な解決策が導き出せないと思うからである。いかに不確実性に対する思考を合理化し，モニタリングや処理を進めていく枠組みの補強が必要であると考えている。

192　第4章　不確実性をマネージするためのERM

　アイアン・ミトロフは，クライシスマネジメントの観点からマインドセットの転換の重要性を次のとおり指摘する。

　まだ解決に至らない問題から，さらに危機が起こるという危機の連鎖に発展してしまうことにもなる。…何より重大な過ちとは過ちを犯すことではないという点だ。われわれすべてが間違いを犯しやすい。実際過ちを犯すことが人間存在の基本的条件とも言える。問題なのはむしろ，われわれが以前犯した過ちから学んでいないということである[1]。

　不確実性に対してどのようにアプローチすべきか。マインドセットの転換とは，物事に対する態度や姿勢の転換を意味する。それではどのように変化させる必要があるのか。2つの視点から考えてみたい。第1点目は，ERMの枠組みに関する視点の変化である。第2点目は，このような不確実性に直面し日常業務において，どのようなスタンスの変化が必要であるのかについてである。

### （1）ERMの枠組みの変化
　第3章❷4．(1)で検討した自然災害にかかわる気候変動といった不確実性を例に取り考えてみたい。気候変動のような長期的な課題をERMに取り込むためには，これまでのように，現時点の環境前提に基づく視点では不十分である。今後の構造的変化をERMに取り込む必要がある。気候変動によって自社のバランスシートの両側に大きな影響を受ける可能性がある保険会社の持続的保険（Sustainable insurance）やESG投資といった視点を踏まえて考えてみたい。
　マイケル・ポーターが提唱するように，企業が社会問題解決に，その本業の経済活動を通じて貢献する「共通価値の創造（Creating Shared Value：CSV）の戦略」の考え方を反映した行動の1つと捉えられている。同時に，ESG投資の意義を資本主義経済の枠組みで捉えようとすれば，ESGの要素は市場価値に

---

1　アイアン・ミトロフ『クライシス・マネジメント』上野正安，大貫功雄訳，2001年，徳間書店，178ページ。

織り込まれ，ESG評価が高まれば企業価値も高まるという関係が確認される必要がある。これは，実務的には，ESG評価の高い銘柄の選択がリスクプレミアムを伴わない超過リターン（$a$）が得られる。あるいは，ESG評価の高い企業は，現時点では非財務的要素となっているが，将来的には財務的要素となり企業の負担になるリスクが軽減され，中・長期的観点からの資本コストが低く（$\beta$が低い），潜在的RoR（Return on Risk）が高いことを意味する。現時点では，G（ガバナンス）との相関については検証が進んできているものの，S（社会）やE（環境）との関係については，学術的にもまだ十分なコンセンサスがえられている状況にはない。ただ，ESGに関するディスクロージャーについても，過去との比較からすれば進んできたとはいえまだ発展途上にある。それゆえ全体的にESG評価のための情報が不足しているのも事実である。ESG要素と財務的パフォーマンスの貢献の関係については，さらに時間をかけて分析されるべきものと考える。いずれにせよ，市場に対する積極的な開示が，市場原理に基づく有効な資源配分の確保につながっていくことは事実であり，TCFD基準が重視される背景となっている。

　また，気候変動への取組みは企業価値向上の機会を得る側面もある。例えば，より少ないエネルギーや水の利用などによる生産性の向上，再生可能エネルギーによる運用コストとの削減とレジリエンスの向上，市場競争力の向上などである。また，前述した新しいイノベーションによる温暖化の抑制とそれによる余裕時間を利用し持続的保険の観点から，保険市場・資本市場におけるリスク評価能力やリスクテイク能力の向上，効率的なリスク分散・消化能力を向上させるエコシステムの形成を通じてリスク処理の効率化，高度化できる可能性も考えられる。

　イノベーションを誘発するためには，新たな技術の導入やさまざまなアイディアの結びつけが必要になることから，企業が単独で実施するのではなく，多くの企業がそれぞれの得意領域の技術や知見を持ち寄って事業発展につなげていくというビジネスエコシステムの考え方がある。この考え方をさらに拡大し，保険市場・金融市場をより有機的に機能させることはリスク処理能力向上

にとって有益と思われる。

　水口剛[2]がESG投資に関して指摘する2つの視点（時間軸，資本の概念）はERMへの取り込みを検討する際にも重要と考える。要約し紹介するとともに，ERMへの対応について整理したい。

　(a)　時間軸を変える
　すでに規制が強化されたり，社会問題化したりしているものは，財務的要素に組み込まれているのが普通であるが，今後時間の経過とともに現実の課題として発言する可能性は非財務的要素として把握する。このように考えると，横軸の時間の経過に伴い多くのESG課題が財務的なリスクや機会に転化していくイメージとなる（**図表4－1**）。

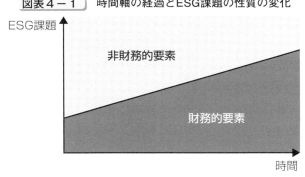

**図表4－1　時間軸の経過とESG課題の性質の変化**

（出典：水口剛『ESG投資－新しい資本主義のかたち』2017年，日本経済新聞出版社，35ページ）

　気候変動により一定の時間経過後，現実のものとなる物的リスク，移行リスクを企業の資産・負債へのインパクトとして反映させていくこととなる。

---

2　水口剛『ESG投資―新しい資本主義のかたち』2017年，日本経済新聞出版社。

(b) 資本の概念を拡大する

　水口が指摘するとおり，自然資本や社会・関係資本などは私有されないため，システマティックにそれを守ろうという力が働かない。その結果，貨幣資本の増殖の陰で自然資本や社会・関係資本が毀損されていくおそれがある（「外部性」）。

　ESG投資において，外部性となっているものを考慮することは，動態的ERMにおける資本の概念拡大に考慮することを意味する。

　さて，第1章**3** 4．で取り上げた動態的ERMの視点から気候変動の影響を予測する場合，**図表4－2**のような枠組みの変化を意味することとなる。

　気温の上昇スピードに応じて，自然災害による物的損害への影響（物的リスク）や，政治，規制，技術革新などの変化による影響（移行リスク）が大きく影響を受ける。

　これらの変化は，現時点では顕在化していないため，直接関連する過去データがあるわけではない。それゆえ，利用可能なデータからシナリオを設定して，そのインパクトを分析することとなる。

　動態的ERMにおいては，例えば，気温の上昇を2度以内におさえようとすると，政策面，法律面，規制面，あるいは再生エネルギーに関する技術開発などの技術革新といった脱炭素への厳しい対応をとらなければならず，移行リスクの発現を意識する必要がある[3]。

　ここで気候変動リスクの特徴とERMについて考えてみたい。伝統的ERMにおいてはこれまで，VaRによるリスク評価やストレステストに基づき，保有している危険に対しあらかじめリスク処理をしている。このアプローチ自体はな

---

[3] IPCCが2018年10月8日，地球温暖化が現状のまま進めば，早ければ2030年にも世界の平均気温が産業革命前より1.5度上昇する。1.5度に抑えたとしても，氷床の融解などによる海水面の上昇は2100年までに1986年～2005年の水準に比べて26センチ～77センチ上昇。2度上昇だとさらに海水面は10センチ高くなるという予測を含んだ特別報告書をIPCC総会で採択した，ことが報じられている。（2018年10月9日朝日新聞夕刊）

196　第4章　不確実性をマネージするためのERM

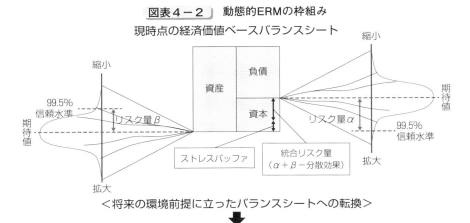

図表4-2　動態的ERMの枠組み

＜将来の環境前提に立ったバランスシートへの転換＞

動的システムとしての持続可能な社会の視点を導入してリスク評価する
- 地球環境（自然資本，社会関係資本）の影響も考慮⇒ インパクト分析
- 短期的リターンのみでなく長期的リターンも考慮⇒個別資産の超過収益（α）のみでなく，ユニバーサルオーナーとして市場平均（β）の引下げも考慮

動態的視点からのストレステスト
(ex. 気候変動のケース⇒ 気候変動の中期的，長期的影響の反映，「技術系の変化」⇒「技術などの変化」)
- 物理的リスク⇒異常気象の増加，海水面の上昇⇒ 自然災害の頻度の上昇や損害の巨大化の可能性
- 移行リスク⇒規制，技術系の変化⇒現在の資産の価値の低下の可能性＝座礁資産の発生

（出典：著者作成）

んら変わるものではない。しかし，いまだ財務的に影響を及ぼしていない危険を対象とすること，それが，財務的に反映されるのは，少なくとも数10年といった時間軸の中で引き起こされる可能性があるという意味で，動態的視点を組み込む必要がある点に本質的な違いがある。

　短期的な変動要素に着目するだけではなく，長期的視点でみた場合に事業自

体への質的な影響を意識し，現在把握可能なリスク要素に着目したマクロ分析を試みる必要がある。このような不確実性を理解しようとする動きは，持続的で長期的な企業価値向上を志向するコーポレート・ガバナンス，スチュワードシップ・コードの考え方に沿ったものといえる。

　先進的な企業は，TCFDのガイドラインに沿ってさまざまなアプローチを試みている。例えば先進的な保険会社は，移行リスクの評価において，パリ協定の下で各国が自主的に宣言した温暖化ガス排出量削減目標（Nationally Determined Contributions：NDCs）の達成を前提にして各セクターの有する工場など製造ファシリティに関するデータと，例えば2℃未満シナリオを実現するための今後の削減のシナリオを連動させる形で，各セクター・各企業への排出量削減目標を推定し配分する。そして，この配分に基づく企業収益への負の影響を予測する。また，温暖化ガス排出抑制技術や再生可能エネルギー技術に基づく新たな事業の可能性につき，企業が保有している特許の評価を活用して新事業や収益向上の評価をしようとするアプローチも試みている。

　これらの試みは，今後さらに加速され，同時にさまざまな検証が加えられていくものと考える。このように，伝統的なERMの方法論とは異なる新たな視点から，不確実性への挑戦が始まっていることを紹介しておきたい。

### （2）業務への展開

　われわれにとって自然は，いまだに科学で解明しきれない領域である。まず不確実性のプロファイルを現在可能な情報として集めて検証する必要がある。そのうえで，そこから得られた理解はほんの一部しか満たしていないという認識を持つ必要がある。これを欠くと決定的なバイアスに基づく不適切なリスクテイクを招くおそれがある。

　不確実性を多く含んだ自然に対する環境保全問題の現実的な対応を考える場合，宮内泰介は，「順応的管理（Adaptive management）」の必要性を説く。この考え方を抜粋引用する。

「社会もまた不確実性に富んでいるので、我々が把握できるのは、現時点におけるごく一部の「社会」である。それ故、科学の不確実性、社会の不確実性を踏まえて環境保全を進めようとするとき、科学の不確実性も社会の変化も、その特徴を活かしながら環境保全に結びつけることができる方法として、不確実性や変化を大前提として環境保全を進めるというやり方、不確実性のなかでよりよい解決へ向かうために、試行錯誤の柔軟なプロセスを辿るというやり方に転換する必要がある[4]。」

不確実性への対応は、われわれにとってこれまで馴染んできた主として経済的な観点からのリスクへの対処とは異なる視点が必要になってくる。もちろん、持続的保険の概念やESG投資といった領域は、今まさに始動したばかりの領域であり、今後の展開を見守る必要がある。しかしながら、これらへの対処の視点は、今後不確実性に対処する際の重要な視点を提供してくれることは間違いあるまい。

## 2．不確実性への投資基準

### （1）リスクアペタイトと不確実性

不確実性が高い場合、どのような対応を取るべきなのか。不確実性が高いとどのような影響があるのか。一般事業の販売戦略について考えてみたい。例えば新製品導入の成否は、既存の競合他社や潜在的な競合他社の反応、外部の供給業者から調達する部品の品質、経済状況などの要因に左右される。それらの要因の予測の難しさによって意思決定が異なる可能性がある。

不確実性の状況に対し、回避、中立、愛好の3つの対応パターンが考えられる。つまり、1つ目は、わからないものには手を出さないという態度である（完全な回避）。2つ目は、不確実性の度合いと挑戦の戦略性を比較考量するという態度である（中立的な態度）。3つ目は、認知できないものを過小評価し

---

[4] 宮内泰介『どうすれば環境保全はうまくいくのか』2017年、新泉社、16～18ページ。

て無謀に挑戦してしまうという態度である（極端な愛好）。論理的には，2つ目のスタンスが合理的だと考えられるが，比較考量が困難な点が不確実性の特徴であるため，競合他社の動きや，自社の戦略上の観点に左右されることもあろう。結果として不確実性の過小評価と無謀な挑戦に陥るおそれもある。また，意外な事態の発生を極端におそれて，十分検討を行わず，いわば実質思考停止の中で行動を起こさないという方針を所与のものとしてしまう事態も考えられる。その意味で，不確実性に対処する合理的な枠組みを組織の中に制度化しておくことが肝要と考える。

### （2）不確実性への投資の判断基準

ここで，企業価値に与える影響の大きさと戦略的意思決定について考えてみたい。もし不確実性の程度をなんらかの物差しで測れたとするなら，例えば，ある企業では投資案件が有する不確実性について8割は理解できているとの確信がある場合に，それをリスクとして扱い，定量的アプローチの枠組みに乗せているとする。これが，同社におけるリスクと不確実性を区別する基準といえる。

企業にとって投資対象の不確実性の程度は，意思決定の基礎になっているリスク・リターンの情報の信頼度にかかわる問題であるため，両者の意思決定上の取扱いは変えるべきであろう。この両者を分ける基準は，会社のビジネスモデルや保有ポートフォリオによって異なるであろう。また，エマージングリスクの特性によっても異なるであろう。

リスクと不確実性の違いは，リスク化の度合いの違いと考えることができる。したがって，リスク化の度合い（裏返せば，不確実性の度合い）と企業価値へのインパクトの度合いから総合的に判断する必要がある。そこで，不確実性の度合いとインパクトの度合い（仮に投資額によって判断）のマトリクスを想定する。イメージ化すると図表4－3のとおりである。

ここで，不確実性の度合いについて考えてみたい。すでにリスク化されている場合は，リスク評価モデルが作られており，バックテスト[5]を含むモデル検

図表4-3　不確実性とインパクトのマトリクス

どの程度の不確実性（αの水準）を定量的リスク管理の対象にするかは各企業の判断
※1　戦略性と不確実性バッファの確保状況から総合判断
※2　コンティンジェンシー対応の充実度に基づく会社の耐性（レジリエンス）の状況も含めた総合判断

（ここでは，○は投資実施を実行すること，△はケース・バイ・ケース，×実施見送り，を意味する）

（出典：著者作成）

証が行われているものと考えられる。しかし，前章で取り上げた，サイバー脅威や気候変動にかかわる不確実性に対して，ストレスシナリオに基づく分析を実施することとなる。

　ここで不確実性の度合いが高まれば，認識できていない不確定性要素を多く抱えることとなる。この投資を実施するか否かの意思決定を行おうとする場合，もともと十分な情報がない中での意思決定であること。また，可能な将来シナリオを十分把握できていないということは，意思決定後の環境前提の変化によって，戦略変更を余儀なくされることもありうる。

　その場合当初想定されたシナリオの中で，意思決定時において相対的に信頼性を置いた領域（コア・ストリーム）とある程度不安定と考えていた領域があったとする。時間の経過に伴いコア・ストリームに変化が生じる場合は，即時に戦略変更を検討する必要があろう。

---

5　モデルの有効性を検証するため，過去のデータを用いてその適合度を確認するテストのこと。

## （3）不確実性の評価

例えば，サイバー脅威を例にとって考えてみる。リスク管理プロセスにおける第1段階と同様，ある不確実性を戦略上テイクするか否かを判断するため，「リスクの特定・評価」の作業が必要である。通常次の考え方を取る。

> 固有リスク(Intrinsic Risk) － 内部統制(Internal Control)効果－リスク制御効果－リスク財務効果＝残余リスク(Residual risk)

サイバー脅威においては，前述したような不確実要素が存在するのは事実であるが，基本的なアプローチ方法は同じである。リスクを計量化するためには，リスク量が損害強度と発生確率の掛け算で算定されるので，まず，損失額の推定と発生確率の推定が必要となる。

損失額の推定には，事業内容・業務プロセスを把握する過程で，研究開発情報，知的財産，ビジネス戦略関連情報，製品開発情報，委託元・提携先などからの預かり情報，個人顧客および取引先の個人情報，製品や生産設備などのセキュリティ対策に関する情報，金融取引における認証情報，システムの安定稼働に必要な情報など情報資産を区分して，その存在を洗い出す必要がある。そして，識別された情報資産が毀損した場合の損失額を推定する必要がある。

次に，発生確率の推定であるが，上記の情報の毀損がどの過程でどの程度の確率で発生するかを分析しなければならない。サイバー攻撃によるリスク量を評価しようとするなら，システムの各階層で施されているセキュリティの状況から各種サイバー攻撃ごとの脆弱性度合いを評価する必要がある。

サイバー攻撃の手口が巧妙化するのに伴いそれを防御するためのセキュリティ対策も強化される。そして，その有効性を確認するため，自社のシステムが抱える脆弱性を社外の専門家に対してセキュリティ診断を依頼して先入観にとらわれず客観的に評価するケースも増えている。ただ，資料やヒアリングに基づく評価では，最近は，日進月歩で進化する攻撃に対応した実効性がどこまで確保されているのかを十分把握することはできないといった懸念がでてきた。そこで，最近では，過去の実際の手口に対して対策を打つというスタンスから

一歩進んで，サイバー攻撃者の視点で自社のセキュリティの実効性を確認するという手法も取り入れられている。そこで取り入れられている手法がレッドチーム・オペレーションズ（Red Team Operations）という考え方である。この命名は，アメリカ軍の中で，自軍内に敵の役割を担うチーム（Red Team）を組成し，想定される敵軍の攻撃をシミュレートすることにより，自軍の守りや戦略に弱点が無いかを評価することからきている。セキュリティ診断や侵入テストが，事前に対象機器や評価手法などが明らかにされた中で行われるのに対して，レッドチーム・オペレーションズによる検証は，実際の攻撃者と同じ手法を使って攻撃者に近い条件でシステムの耐性に関する現実的な状況を把握するのに有効である。侵入・侵害の阻止状況，侵入・侵害の検知や無害化対応能力，侵害発生の際のダメージ復旧能力といった一連の損害の阻止・損失に対する回復までのコントロールの評価を行うことができる。

## 3 バイアス管理の強化

### 1．不確実性への対処の枠組み

　システム１の思考（本書80ページ「二重過程モデル」参照）に頼った迅速な意思決定のみに堕してしまうと，多面的・複合的な特性を持つ不確実性の把握を誤るおそれがある。一方，すべての案件の対応をシステム２の意思決定のみに移行すると，多大な時間を要することになり，逆にタイミングを失ったり，消化しきれず重要な案件を放置してしまうというおそれがある。

　したがって，不確実性に対する意思決定の問題は，あまたある意思決定案件というポートフォリオに対して，システム１，システム２の思考をいかに適切に配分して，意思決定全体を管理していくかということに似ている。このような観点から不確実性の度合いに応じて意思決定を類型化したものが**図表４－４**である。

　不確実性の度合いが高い場合であっても，アプローチにおいてはリスク管理の基本プロセス（リスクの特定・評価，リスク処理，検証・改善）を適用することが合理的である。ただ，各ステージにおいて不確実性の特性を踏まえて追加の仕組みを組み込んでおくべきであろう。留意点は次のように整理できる。

### （1）不確実性の特定・評価

　不確実性とリスクを峻別することが大切である。つまり直面している不確実性をリスク化されているがごとく扱うと，リスク評価にバイアスを呼び込むこととなる。結果，不確実性に対する過小評価に陥る。不確実性の特性や度合いを冷静に判断するため，不確実性の度合いと企業価値へのインパクトのマトリクス上の評価を実施し，現在のリスクと資本の状況やリスクアペタイト方針との関係で，不確実な条件をテイクする余地がどのくらいあり，もし失敗したときにはそのインパクトを組織的に吸収可能か否かについて戦略的判断が必要と

図表4－4　不確実性の類型と対応上の留意点

| 類型 | 意思決定上の特徴 | 不確実性への対応上の留意点 | 判断上のリスクへの対処 |
|---|---|---|---|
| 類型1 | 特定のプロジェクトに関する経験が豊富で将来を計数的に落とし込むことが可能なケース。想定可能なシナリオをディシジョン・ツリーとして描くことができる。 | 不利なシナリオに陥る可能性（リスクファクター）を回避したり、是正するためのリスク管理計画を立案する。 | 経験知に基づくヒューリスティクスが現実の課題と合致しない場合に生ずる判断上のリスクに留意する。 |
| 類型2 | 一定ディシジョン・ツリーを描くことが可能であるが、類型1ほど将来のシナリオが明確に推定できないケース。 | 現時点で情報が不足している部分があり、確定判断をするためには情報が不足している。 | 確定判断に足る情報収集までの間、暫定的対処をなし、確定判断は先送りすると共に、戦略機会は一定確保する。（リアル・オプション的アプローチを探った意思決定） |
| 類型3 | 将来起こりうるシナリオを数本に特定することはできないが、多数のシナリオを想定することができる場合、集合的にポートフォリオとして捉え、リスク・リターンを推測することができる。 | 確率論的にリスクを把握でき、VaRで計量化し、リスク・リミット、ロスカット・ルールを設定し、リスクポートフォリオとして、リスク・リターンを管理する。 | モデルに介在する単純化バイアスの存在を意識し、モデルの限界を理解した上で、モデルのバックテストを実施し、リスク・リターンの変化やモデルの説明力を定期的に検証する。また、モデルで説明できない不確実性に対し、ストレスシナリオを推定し、有事に備えストレスバッファを確保したり、コンティンジェンシー・プランを策定する。 |
| 類型4 | 類型3のように将来のシナリオが多数想定するだけの情報はないが、過去に経験した類似事例から連想し、機会と脅威のバランスを判断するケース。 | 不確実性と可能性を予期せぬ事態が発生した場合の戦略変更の対策をあらかじめ検討しそのインパクトを予測する。 | 類似事例選択におけるバイアスや類似事例と現実の間のギャップに配慮した上で、機会と脅威の評価や判断を行う必要がある。 |
| 類型5 | まったく経験や類似事例が想定されず、脅威を判断する手段がないケース。 | 戦略性と不確実性を天秤にかけて、回避か挑戦かを判断することもできないので取組みをためらう。 | 戦略的な思考に過度に押される形で合理的な判断を歪められないことに留意する。 |

（出典：著者作成）

なる。

### (2) 不確実性の処理

不確実性に対し，リアルオプションの活用，一定の前提を置いたストレステストを実施し，今後の留意点をシミュレーションすることが有用である。その場合，シナリオにおけるコア・ストリームをイメージしておくことが重要であろう。

動態的モニタリング態勢の整備が必要である。その後の新たな情報によって予測の修正の有無と，コア・ストリーム自体の修正の要否を確認し，戦略策定時に組み込んだリアルオプションの発動の有無を判断しなければならない。

### (3) 不確実性の検証・改善

通常のリスク管理以上に，弱いシグナルへの感性を高め，不確実性のモニタリングを実施する必要がある。そして，事態が小さな段階で迅速に対処することが何よりも大切である。

不確実性を通常のリスクと区別し，その取扱いを特定の部署に集中させるのも一考である。これは，不確実性をリスクとは異なることを物理的に明示する意味でも効果がある。

## 2．不確実性のカルチャーの醸成

不確実性に対し，無意識のうちにリスクに対するのと同じ行動をとってしまうことを是正する仕組み作りが必要である。組織として気づかない間にこのようなバイアスがかかるおそれがある。これらへの対処においては，次元は異なるが，不正問題へのアプローチが参考になる。組織として気づかない間に不正の温床ができたり，知らない間に大問題に発展するという特性があるためである。

不正発生要因に関する古典的な理論として，「不正のトライアングル」理論がある。この理論は1950年代米国の社会学者であり犯罪研究者であったドナルド・R・クレイシーが体系化したものである。クレイシーは①動機・プレッ

シャー，②機会，③正当化，という要素が，人を不正に走らせ，この3要素を排除してやれば，それを防止できるとした。この理論を少し要約し紹介しておきたい。クレイシーが横領犯の裁判記録や聞き取り調査などをもとに，人が不正行為を行う場合の3つの要素を分析したものである。この理論を使って，横領のケースを考えてみる。動機として，例えば，個人的な理由で経済的に苦しくなった人がいるとする。その場合，お金の欲しさが横領の動機となる。またその者が，経理部門で専門性の高い単独業務を任されていたケースでは，機会は十分といえる。最後に正当化であるが，一時的に借りるだけだったら問題ないと自分自身を納得させるとする。このように3要素がそろった場合，不正行為が起こりやすいということになる。

　このトライアングルを崩すことができれば，不正行為を減らすことができる。例えば，機会を減らすためには，内部統制を強化する。動機については，私生活で問題を抱えている社員がいる場合，ヒアリングの実施や配置転換をする。正当化に対しては，意識改革を行うなど，この考え方を参考に対策を打つことができる。

　この不正の枠組みを，不確実性に対する注意喚起に当てはめてみたい。
　まず，第1の「動機・プレッシャー」である。不確実性をリスクと峻別し，特に不確実性の管理を十分なものとするために，積極的に検討しようとする動機づけに欠けた場合，不確実性が抱える企業価値へのインパクトを過小評価し，安易な意思決定へと導く危険がある，と考えてみる。リスク管理の場合は，リスクが大きければ，リスク量の大きさという形で社内的にも明示されて認識されるため，それに見合って関心が払われる仕組みが存在する。つまり，リスク量に応じて資本を担保に取っているため，それに見合うリターンを確保する，大きなリスクが発現して破綻しないようリスクコントロールに努めるなどの誘因が組織構成員のインセンティブ・報酬体系に組み込むことができる。これに対して不確実性の場合は，このようなアプローチをとることが難しい。そこで，例えば，本節2.(2)で述べた不確実性への投資基準の設定が有用となろう。

第2の「機会」については，不正の場合は，それに手を染める機会の存在に着目するが，不確実性については，不確実性はリスクと異なるといった意識が希薄になり，十分検討しないで済ませるといった事態に着目する必要がある。不確実性の意思決定をする機会は相対的に少ない。それゆえ，頻繁に登場するリスクに対する意思決定の中に不確実性の意思決定が混在すると，どうしても頻度の高いリスクに意識が偏りがちになるのも自然な気がする。そこで，不確実性への意思決定・対処は，リスクとは別の組織，専門家に関与させるという対処もあろう。つまり，不確実性の案件を特定し，それを検討する場を組織として特定し，そこで十分検討する機会を作り，例えば責任関係の明確化，意思決定やモニタリング・プロセスを別途設定することが考えられる。

　第3に「正当化」についてであるが，不正の場合は，自分の中で正当化してしまい，是正することなく続けてしまう，隠蔽してしまう，という悪い流れに陥るケースがある。不確実性の場合は，プロセスも基準もリスクほど明確でないため，自分の中でこれ以上の検討は無理だと諦めてしまう正当化を与えてしまいかねない。確かに不確実性はこれまで経験がない，あるいは認識すら十分でないことが多いため，個人の判断で中途半端な状態であってもこれ以上の検討は無理であると自分なりに正当化してしまい，必要な検討がうやむやにされてしまうおそれがある。この点の対策としては，不確実性投資案件をリスク案件と区別し，深くモニタリングし，弱いシグナルを見逃さず迅速に対処することである。また，これらのプロセスに関与する者のインセンティブ・報酬制度を別途設定する必要もあろう。これらの対策は例えば，**図表４－５**のようなプロセスを不確実性に対して実施することを意味する。

　無意識のうちに生ずる心理的バイアスへの組織的対応として，特別の「場」を設定することが有効であろう。**図表４－５**のプロセスを通じて，異なるフレームからの多面的な検証プロセス，すなわち，専門的視点，社内の異なる部署や社外の専門家など，経験・価値観が異なる者との間の意見交流を確保すべきであろう。

　このプロセスを定着させ，その実効性を担保するためには，この検証に参加

**図表4-5** 行動リスクマネジメントを実施するための追加フロー

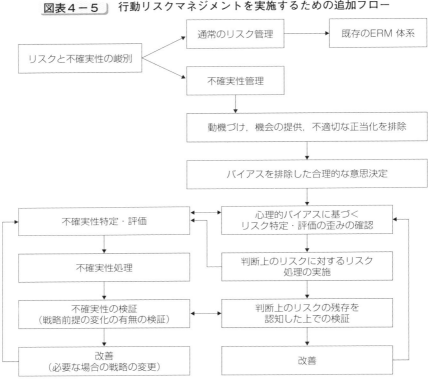

(出典：著者作成)

する関係者が，人が不確実性に対して有する認知の傾向を熟知していることが望ましい。カーネマンとトヴェルスキーはリスクやリターンの認知の特徴について，プロスペクト理論を提示した。認知においては，個人差があるが，同理論が示す一般的傾向はベンチマークとして活用できる。その観点からプロスペクト理論をバイアス検証のための構造として整理すると**図表4-6**のとおりである。

人は異なる情報に接し学ぶ。しかし個人の有する情報が非常に固定的かつ一義的となると，偏った判断へと導いていく危険性をはらんでいる。特に不確実性を伴う重要な案件の意思決定に際しては，複数の専門家や，異なる部門に

## 図表4−6　リスク・リターンに関する認知の特徴

**＜プロスペクト論理＞**

人のリスク・リターンの認知は下記の2つのプロセスで行われる。
- 編集プロセス…参照基準点により個人としてのロスとゲインがフレーミングされる。
- 価値評価プロセス…価値関数の特徴…ゲイン領域⇒ リスク回避型の傾向がある。

**＜個人差の存在＞**

個人の有する価値観等により上記一般構造は変化する。例えば，次のとおり。
- 参照基準点は，個人が置かれた環境によって変化する。
- ゲイン領域の価値関数は，個人によってリスク中立型，追求の可能性もあり形状は異なる。

**＜組織に属する個人に影響を与える要素＞**

- 組織が置かれた環境（マクロ経済環境，企業の戦略，リスク選好方針など）に組織構成員としての個人の行動は影響を受ける。
- 組織目標やインセンティブ・報酬制度に個人の行動は影響を受ける。
- 対処すべき不確実性に対して，恐怖，未知性，巨損性に対する感情が強いと，価値関数の特徴を鋭角にする。

（出典：プロスペクト理論を参考に，リスク管理の実務経験も踏まえ著者作成）

よって協議することを制度化することは重要である。この過程でリスクの分析・評価の歪みが是正される機会を確保することとなる[6]。

---

6　野中郁次郎は，次のとおり説明する。「主観と客観の往還プロセスは，具体的には対話と実践を通してなされる。対話は，他者の自己とは異なる視点を持つことを確認して，それらを受け入れ総合するための方法である。矛盾し対立するように見えることでも，事柄の本質を追求し，対話により他者の視点を取り入れて新たな文脈（関係性）のなかにおくことで無意識に抱いていた前提条件を捨て新たな解を見いだすことができる。また，対話により深い思いや感情といったもの（実存的文脈）が共有され，知識創造のベースとなる。さらに知識創造においては，現実の論理的分析をつきつめた上で，それでは乗り越えられない矛盾が，実践の中で総合される。ここでいう実践とはたんに実行するということではない。行動結果の本質的な意味を深く考え，そこからのフィードバックを踏まえて行動を修正する「行動の中の内省」が知識創造活動においては必要である。こうした内省では，論理的分析も当然徹底される。こうして主観的な経験は，主観と客観を往還するなかで，知識としてふくらんでいくのである。（2005年2月2日 日本経済新聞 やさしい経済学 知識と企業 対話と実践）

われわれの思考のフレームは、職務上の訓練や経験などによって、影響を受けているといわれる。人の文化的背景や職業上の専門性に伴い、例えば経理、エンジニア、心理学者、科学者など職業上の専門性にフレームが左右される。人はこのフレームにより、直面する問題の本質を効率よく単純化して浮き彫りにし的確に捉える助けとする反面、過度に単純化すると、フレームに内在する偏見や、フレームがもたらす盲点により、最良の判断を曇らせる危険もある。そして、フレームは人の注意を特定の側面に集中させ、他の側面を覆い隠す危険があり、意思決定をミスリードすることにもなる。このような自分の持つフレームは、他人から指摘されないかぎり、自分では気づかないことも多い。したがって、他人からの批評により欠点を補正する必要がある。

フレームの偏りを避けるためには、視点を移し、別の角度から物事を見たり、自分の仮説を疑い、他人の意見を聞くことが大切である[7]、と指摘されている。またブレーン・ストーミングにより自分のフレームの外に視野を広げることにより、選択肢の柔軟性を拡大することが可能となる。

パスカルのパンセの一節に次のような文章がある。バイアスの是正を期待して意見交流を実施する際に留意しておくべきであろう。

「人を有益にたしなめ、その人に間違っていることを示してやるには、彼がその物事をどの方面から眺めているかに注意しなければならない。なぜなら、それは通常、その方面からは真なのである。そしてそれが真であることを彼に認めてやり、そのかわり、それがそこからは誤っている他の方面を見せてやる

---

[7] 例えば、デヴィッド・ビーティ『機長の心理学』小西進訳、2006年、講談社は、飛行機事故を防止するため、機長に「あなたは間違っている」と言えるか？と指摘する。「悲惨な事故では、クルー同士のコミュニケーション欠如、とくに、ベテランの機長と副操縦士との問題が指摘されている。今まで再三、事故報告書は「機長と副操縦士間の協力不足」を指摘し、エアラインにたいして、「クルーの訓練を改正し、副操縦士が自分の意見をきちんと主張できるような訓練を追加すべきだ」と勧告している。副操縦士が機長に意見を言おうかと迷うとき、判断すべきは、機長から黒星をつけられるリスクではなく、何百人もの人たちを犠牲にする大惨事を引き起こすリスクなのに、どうやら彼らはそういう判断をしていない。」（48ページ。）

のだ。彼はそれで満足する。なぜなら彼は自分が間違っていたのではなく，ただすべての方面を見るのを怠っていたのだということを悟るからである[8]。」

---

[8] パスカル『パンセ』前田陽一，由木康訳，1973年，中公文庫，14ページ。

## 4　想定外のマネジメントの強化

　不確実性の案件に対処している過程で想定外はつきものである。それゆえ，弱いシグナルから不確実性のプロファイルの理解に努め，そのシグナルが意味する将来のインパクトを分析することが重要である。もしその小さな兆候が当初の想定した戦略前提から大きく乖離する可能性を予想させる場合は戦略変更も視野に入れた対応が必要となる。

　不確実性の要素が多く介在すると，DCF（Discounted Cash Flow）法などによる安定的なプロジェクションを描くことが難しい。そのため，将来予測が正確にできるまで意思決定に可逆性を持つという発想も必要となる。これが，リアルオプション（Real option）[9]を活用する理由である。原状に戻そうとすると膨大なコストがかかる不可逆的な戦略1つを選んでフルに実行してしまうよりも，戦略的選択の可能性を将来に維持することで柔軟性を確保し，将来のある時点で変更できる選択肢を持つことにより，現時点の戦略推進への道を閉ざさないようにすることができる。

　リアルオプションによって獲得する柔軟性は，スポーツの世界における休憩（タイムアウト）のようなものだとも説明される。つまり，行き詰まりを感じたときには少し休憩し，思索にふける余裕を見つけ出すようなものである。解決策を見つけるまで決してあきらめない粘り腰のアプローチともいえる。

　例えば，景気が悪くなった場合，工場の閉鎖や事業から撤退することは，有

---

9　金融市場で利用されるオプション取引は，株式投資家は将来の一定期間または一定期日に，予め契約した価格で，一定数量の株式を購入する権利または売却する権利を取引するというオプション行使権の購入である。ストックオプションに投資するのと同様，新規事業への人材や資源の投入を判断する際，損失額の下限を固定しながら利益拡大の可能性を確保する意思決定を行うことがある。この場合，高利益を生み出す可能性のある新規事業プロジェクトにコミットしたいが，不確実性も高い。そのため，将来のチャンスを期待して支払うオプション料として，現時点では，最小限の投資を行い，不確実性が低下した段階で確定的なコミットメントを行う，という意思決定をリアルオプションと呼ぶ。

**図表4-7** 柔軟性のタイプとそうした柔軟性をつくり出す企業行動の例

| 柔軟性のタイプ | 例 |
| --- | --- |
| 延期オプション<br>(option to postpone) | 埋蔵地探索のために，石油会社が土地を購入するのではなく，リースで借り受ける |
| 成長オプション<br>(option to grow) | 生産能力を低コストで増強できるように設計して工場を建設する |
| 縮小オプション<br>(option to contract) | フルタイム従業員ではなく，契約社員やアルバイトを雇う |
| 閉鎖・再開オプション<br>(option to shut down and restart) | 自社の製品のみを扱う流通業者ではなく，複数の企業の製品流通 |
| 放棄オプション<br>(option to abandon) | 汎用機械のみを設置した工場を建設する |
| 拡張オプション<br>(option to expand) | 将来，他の新製品につながっていく可能性のある，製品開発に投資する |

(出典：ジェイ・B・バーニー『企業戦略論・中・事業戦略編』岡田正大訳, 2003年, ダイヤモンド社, 192, 193ページ)

形，無形の資産を回収できない形で失うことを意味する。この場合，従業員が築きあげた特殊技能は他社に散逸してしまう。さらに長年かかり形成したブランドも失ってしまう。その後市場環境が好転したとしても，一度失った資本を再構築するコストは高くつく。それゆえ，事業を継続し，資本をそのままの形で維持し，景気好転時に生産を再開するオプションを保持する選択肢を持つこととなる。

また，新規事業に参入する場合，単独で参入するには不確実性が高すぎる場合，それをあきらめるのではなく，業務提携（Non-equity alliance），業務・資本提携（Equity alliance），ジョイント・ベンチャー（Joint Venture）といった戦略的提携による参入は，自力で全面参入するリスクとコストを軽減するとともに，戦略パートナーのスキル，技術，能力，その他の経営資源を活用し，リスクへの対応力を向上させることもできる。リスクと潜在的価値について十分確信を持った時点（つまり不確実性が解消された時点）で，市場へのさらなるコミットメントをすればよい。もちろん提携には，パートナーの逆選択，モ

ラルハザードなどのリスクが存在するのも事実であるが，これらと戦略的提携という柔軟性戦略が有する利点とを総合的に判断して意思決定することとなる。

　このオプションはさまざまな形を取りうる。ジェイ・B・バーニー（Barney, J.B.）は，**図表４－７**の例を挙げている。

## 5　不確実性に対する戦略的思考

　事例検討で明らかになったように，経営環境の変化に直面し，適時・適正な戦略変更に失敗したことやリスクを過小評価した行動をとったことが破綻や失敗の原因となっている。将来の不確実性が増せば増すほど，企業がとるべき意思決定や行動の選択に対する予測可能性が不確実となり失敗の可能性も高くなる。同時に予測不可能な度合いが高いにもかかわらず，それを推進するためには，経営として深いコミットメントが必要となる。いわば，戦略のパラドックスに直面する。コミットメントが深ければそれだけ環境変化への軌道修正が困難になり，戦略的リスクも高くなる。

　このような戦略のパラドックスに対しレイナーは，不確実性の高い領域を絞り込むことを提案している。戦略的リスクが相対的に小さい「中核要素」と，想像を駆使し，リアルオプションの考え方を導入する必要がある「偶発要素」の2つに区別すること，対応の選択肢について，成長オプションと戦略的オプションに区別することによって，深いコミットメントとそれが失敗したときの柔軟性に備える領域を明確にすることができると，説明する[10]。

　著者は，レイナーの主張を次のとおり解釈している。企業活動は将来に対する働きかけである。しかし取り組むべき課題には不確実性が内在している。偶発的要素が多い場合には不確実性は大きくなる。企業活動も相対的に不確実性が高くなく（リスク化されている場合は特に）確実な内部成長を目指すべき領域と，不確実性は高いが戦略的に成長を創発するべき領域を区別し，前者における，成長オプションに対する意思決定は，業務執行責任を担う事業部門に委ね，後者における戦略的オプションについては，不確実性管理を担う本社部門に委ねるといった，不確実性の度合いの違いによる組織体制と責任内容を区別して整備する必要がある。このようにリスクと不確実性を峻別した管理が，結

---

10　マイケル・E・レイナー『戦略のパラドックス』櫻井祐子訳，松下芳生，高橋淳一監修，2008年，翔泳社，18,19,271～275ページ。

果として，業務への深いコミットメントの実現と柔軟性を同時に可能とし，不確実性に対し的確に対応する体制を構築することにつながる。

　成長オプションと戦略的オプションを区別することは合理的である。前者が内部成長を支える施策の選択肢であるのに対し，後者は実行に移されるかどうかの判断をともなう代替戦略と位置付けられている。そして，戦略的オプションを有するポートフォリオ管理の責任は本部が担い，成長オプションから構成されているポートフォリオ管理は，業務執行責任を有する事業部門に委ねるといった役割分担を行うことにより，不確実性の度合いに応じた役割分担と評価によるマネジメントが可能となる。このようにして，より確実に実現利益を確保しつつ，不確実性管理を分離管理させ，総合的な成長の機会を確保することが可能となろう。

## 6  新技術の応用とERMの進化

### 1．新技術の特徴

　かつてわれわれの計算能力をサポートし向上させる画期的な機器として登場した電子計算機が今やパーソナルコンピューター（PC），スマートフォンなどのデバイスに置き換わっている。そして，これらのデバイスの情報処理能力はかつての大容量並みのサーバーに匹敵している。また，デジタル技術は，AI，ロボット，ウェアラブルといった形で進化しており，日常生活や企業活動に大きな変革をもたらそうとしている。また，ビルの各部屋に人センサーを配置し，人がいなければ自動的に消灯するとか，工場機器の各所にセンサーを付けて，遠隔から機械の動きを監視し，異常な動きや老朽化の兆候を見て迅速に対応する，IoTが企業の部品供給ネットや製品販売ネットと一体化して効率のよい企業活動を実現し第四次産業革命を推進していくこととなろう。

　デジタル革命は，指数関数的（exponential）な速さで進化，普及している。今やこのようなテクノロジーをいかに活用しビジネスモデルを変えていくかが経営課題になっている。人の単純作業を機械によって代替しオペレーティングモデルをスリム化するRPA活用や，AIと人（Human capital）の共生は次世代の生産効率の向上のための基盤となろう。一方，業務情報がデジタル化され，コミュニケーションや取引がネット化され，サイバー空間で相互に結合されるコネクテッドな環境になればなるほど，サイバー攻撃による脅威は深刻になってくる。

　これまでのリスク管理はサンプルデータによるモデル構築とその検証（検定）といった統計学に基づく将来予測を基礎に，将来に対してあらかじめ合理的に意思決定を行うための手段をわれわれに提供してきた。しかし，今後のビッグデータの利用は，従来にはないほどのデータ量の拡大，リアルタイムの利用を可能にし，われわれの予測能力拡大に貢献するであろう。一方，われわ

れの事業環境を過去とは異なる世界へシフトさせ、将来のシナリオを変え、その予測のためのファクターも変化させることとなる。ERMにとっては新たな課題の出現と新たな手段を持つ時代への移行を意味する。

## ２．人工知能（AI）利用の可能性

不確実性に直面した際の人間の弱点の１つが情報計算能力の制約であった。この弱点をAIで補うという発想から、AIと人間の共生の可能性を考えてみたい。まず、AIの現状について知見を整理しておく。

松尾豊は、「人間のように考えるコンピュータ」はまだできていない、という。換言すれば、「我々は、なぜ世界をこのように認識し、思考し、行動することができるのか。なぜ新しいことを次々と考え、学ぶことができるのか。その根本原理は何なのか、いまだによくわかっていない[11]。」と指摘する。しかし、AIの研究は、知能を「つくることによって理解する」ための研究であるという[12]。人間の脳は電気回路と同じで、百数十億の神経細胞で構成され、そこを電気信号が行き来している。各細胞はインパルスを発生するか否かの状態にある。この状態は、コンピュータのデジタル化と同じように、物質世界の現象であり、人工的につくられた人間のような知能としてコンピュータをつくることによって解明しようとしている[13]。

AIと脳科学の知見から機会学習が生まれたという（**図表４－８**）。

---

11 松尾豊『人工知能は人間を超えられるか』2015年、角川EPUB選書、39ページ。
12 松尾豊、前掲書、44ページ。
13 人間理性と機械の関係については、人間のあらゆる思考をアルゴリズムに還元できるという主張と同等であり、一定の公理と推論規則から構成される認知論理システムに還元できると考えたケンブリッジ大学の論理学者アラン・チューリングが提示したチューリング・マシンの概念を基礎にしている。なんらかの問題を解決したり、目的を達成するための処理手順であるアルゴリズムで表現できる全ての思考は、チューリング・マシンの計算可能性と同等だと考えた。様々なアルゴリズムをプログラム言語で作成したものがコンピューター・プログラムであり、それに基づいてコンピューターは情報処理を行っている。これは、思考と同様という考え方である。

### 6 新技術の応用とERMの進化　219

図表4-8　人口知能・脳科学・機会学習の関係

※1　コンピュータなどで人間のような知能を実現しようとする学問
※2　数学やコンピュータなどを用いて脳の仕組みを理解しようとする分野
※3　文書認識のような課題をコンピュータなどに解かせる際，認識のためのルールをデータから自動的に決定する方法

現在は，別々に発達した人工知能と脳科学の一部の領域（ニューラルネットワーク）が機械学習でいう共通の技術によって接近しつつあるステージと考えられている。

（出典：金丸隆志『Raspberry Piではじめる機械学習』2018年，講談社，P.16の図1-1に著者がP.14-16を参考に要約，補足）

　今日のAIのレベルは，人による判断基準となる変数（特徴量：学習データにどのような特徴があるかを数値化したもの）の設定によって，入力データに基づきシステムがパターン，ルールや知識を自ら学習し改善を図ることができる（機械学習）段階から，判断基準となる変数（特徴量）自体をデータから学習する（深層学習）レベルまできた点にある[14]，という。

　AIは，人間の脳の構造（ニューロン），生物の進化，人類の社会化，心理学分野からの着想を得た研究を重ね，ニューラルネットワーク[15]，遺伝子的アルゴリズム，決定木学習，ベイズ学習，深層学習などの手法を取り入れ，今日の機械学習アルゴリズムの体系化につながっている[16]，という。

　ガブリエル・ガナシアは，機械学習のアルゴリズムのタイプを，①「教師あ

---

14　松尾豊，前掲書，50～54ページ。
15　人間の脳の神経細胞の仕組みを模したつながり合ったノードの層構造を持つネットワークのこと。

り学習」②「教師なし学習」③「強化学習」の3種類に大別する。近年①と③が目覚ましい成果を挙げたが，①は正解をもつ例題が必要であり，③は報酬が必要であり，結局人間に教えられた理論やルールにのっとって行動している，と説明する。そして，今日の機械学習の手法は，既知のデータから経験的法則を求めることは得意だが，新たな概念を創造するまでに至っていない[17]，と指摘している。

また松田雄馬も，現在のコンピュータやロボットに組み込まれたAIの特徴を人間の知能と対比させ，次の3点を指摘する。

1つ目は，コンピュータは，人間の知能の中でも「論理的な演算」を可能にするものであり，論理演算を可能にするコンピュータは，密に記述されたアルゴリズムがなければ，計算機は動作を開始することができないということである。2つ目は，そのアルゴリズムの1つである，人間の脳の神経細胞が行っていると考えられる情報処理を模しているとされる「ニューラルネットワーク」は，あくまで，人間が与えたデータを「分類」することを目的にしており，人間の「知能」を再現したものではないということである。3つ目は，ロボット研究により，そうした「分類」を行うアルゴリズムよりも，「サブサンプションアーキテクチャ」という「反射」のようなアルゴリズムのほうが，むしろ，生物の「知能」にも似たものを再現しているように見えるということである[18]。

また松田は，人間の持つ錯覚という特性を検証し，「私たちは，「錯覚する（騙される）」ことによって，脳内で，本当は存在しない世界を主観的に作り出すことができるともいえる。…こうした主観的世界をもっているかどうかは，人間と機械の大きな違いである[19]。」と指摘し，人が進化の歴史の中で「社会

---

16　ジャン＝ガブリエル・ガナシア，『そろそろ人工知能の真実を語ろう』伊藤直子監訳，小林重裕訳，2017年，早川書房，57～58ページ。
17　ガブリエル・ガナシア（2017），63～68ページ。
18　松田雄馬『人工知能の哲学』2017年，東海大学出版部，32，33ページ。

性」を発達させる過程で獲得してきた，変化する「無限定環境」の中で，自己と環境との調和的な関係を創り出す「リアルタイムの創出知」の存在をAIとの違いとして説明する[20]。

AIが，人間の能力を超え，心を持つか（シンギュラリティ）については，専門家の間でも意見が分かれている。奈良の整理を要約し紹介したい。

賛否の分かれ目は，AIの特徴について，強みを強調する立場と，その限界を指摘する立場に分かれている。強みを強調する立場では，情報処理能力の指数関数的進歩である。限界を指摘する論点としては，ハードウェアの記憶容量が，指数関数的に進歩しているものの，ソフトウェアの機能は急速に進歩していないという。また，ディープラーニング（深層学習）の技術に関する期待と限界である。ディープラーニングの技術は，アルゴリズム（定型化した算法）とビッグデータからなる。支持派は，初めから終わりまで機械が学習して判断する点に大きな可能性を置いている。しかし，懐疑派は，ディープラーニングは思考プロセスがブラックボックス化されていることと，人工知能は，信頼できる十分なデータが入力されていないと，分析の精度を上げ，正確な判断をすることができない点を指摘する。さらに，AIが，得意とするのは，規則性がありパターン化された知的作業であるが，カオス現象の予測や身体感覚の欠如，課題に直接関係する思考を選択する能力（フレーム）などの課題も指摘されている。

さて，このようなAIの現状を承知したうえで，リスク管理への応用を考えてみたい。リスク管理プロセスの第1段階は，まず不確実性を特定し，それを評価することにある。サイバー攻撃のように今後新たな攻撃手段が無数に登場してくるといった特徴を有する。

現在のAIの先端技術であるディープラーニングは特徴表現をコンピュータ

---

19　松田前掲書，55ページ。
20　松田前掲書，129～132ページ。

**図表 4－9　AIと人の知能の特徴**

| 視点 | AIの能力 | 人の知能 |
|---|---|---|
| 情報処理能力 | マイクロプロセッサの演算能力の急激な向上により作業を迅速正確にこなすことができる。ただし，厳密に記述されたアルゴリズムがなければ計算動作を開始することができない。また，AIは人よりはるかに高い記憶力と計算力を有するため，問題を見極めるための適切なフレームを抽出するための洗い出しに無限の時間がかかり思考停止に陥ることもある。 | 情報処理能力に制約がある。ただし，本当は存在しない世界を主観的に作り出す能力を持っている。また，重要な問題か否かを柔軟に判断することができる。 |
| 思考プロセス | ディープラーニングには思考プロセスのブラックボックス化が存在する。つまり，どのような思考プロセスでどのような判断をくだしたのか，理由が不明。 | 人には，なぜそのように考えたのか，を説明できる能力がある。 |
| 総合的判断 | 例えば，一文を理解する際，述語の関係，パターンを正確に追うことが可能である。つまり，アルゴリズムに従い忠実に整理する能力（論理演算）がある。しかし，状況，経緯の下で文の意味を理解することができない。 | 一文の部分部分を必ずしも正確に追わなくても，全体に対する仮説を持ったうえで俯瞰することができ，状況，経緯を含めて総合的に判断できる能力がある。また，経験に基づく発想力や想像力，察知力により，状況の変化にしたがった柔軟な意思決定が可能。 |
| 作業の集中と正確性 | 疲労を感じず集中力が途切れることがない。作業中に先入観や主観，感情の起伏に影響を受けない。 | 左記と逆。 |
| カオス（無秩序）な現象への対応 | AIが得意とするのは，規則性がある現象の予測である。AIには感覚器が備わっていないため，人間のように五感や感覚器を使った思考はできない。身体感覚を数式化して表現することは極めて困難であり，人と同様の対応はできない。 | 人には，暗黙知や身体知（生まれてから毎日の行動で養われる）を活用した対応が可能である。 |

（出典：ガブリエル・ガナシア（2017），松田（2017），奈良（2017）を参考に著者作成）

自らが獲得できるようになったことといえるが，その前提はこの特徴量を過去の多数のデータから獲得することである。松尾や松田が指摘するように，AIの現在の能力は，深層学習の可能性が出てきて将来の可能性がでてきたものの，

いわゆる人間の知能，例えば人間の持つ判断（直観を含む）に現時点では及ばない。人間はフレーミングのように意思決定に必要な領域を絞り込み思考の節約をすることを無意識の内に実施しているが，この判断には類似の過去データだけではなく，これまでの人の経験知をフル稼働させて実施している。これを機械に代替させるためには，膨大な人間の持つ知識をコンピューターに覚えこませなければならない。人間の知能が生命体として身につけた能力に負うところが大きいとするならば，その構造の解明にはさらに時間を要し，現時点では不可能である。

過去に類似のデータが無い不確実性へのアプローチをAIによる自動分析に置換することは現時点では難しく，人の知能に頼らざるをえない。

しかし，人間の持つヒューリスティクスの利点にもバイアスという弱点がある。したがって，この弱点をAIで補うことは可能であろう。最近不正検知でAIが多く利用されているように，サイバー攻撃においても外部からシステムにアクセスするパターンが過去とは異なり，異常性のある動きを検知するためにAIが活用できる。しかし検知された通信が攻撃なのか，何らかの理由による通常のものなのかの判断は，人間が行う必要がある。しかし人間の判断データが積み上がってくると，そのパターンを見出す能力はAIが受け持つといった連携が将来期待されよう。

AIと人間の思考の特徴を整理すると**図表４－９**のとおりである。対比表を見て気づく点は，両者の強み弱みは表裏一体の関係にあることである。状況や場合によってそれぞれの強みが弱点に転じ，逆に弱点が強みに変わるといった点に着目し，共生を考えるべきであろう。

## ３．不確実性に対する合理的対処

不確実性に対する古典的な意思決定モデルとして，期待効用理論がある。これは次のような選択の手順としてモデル化されたものである。

・まず，現時点で自分にどのような選択の余地があるか，すべての選択肢を列挙する。

・それぞれの選択肢について，起こりうる結果のパターンをすべて列挙する。
・それぞれの結果について，それが自分にとってどれくらい望ましいのか（効用）と，その結果はどのくらい起きそうかと思うか（確率）を手持ちの情報から見積もる。
・それぞれの選択肢について，その選択肢を選んだ時に起こりうるすべての結果について，効用と確率を掛け合わせる。その結果（その選択から期待できる確率加重平均の効用）を見て，これに対処すべきか否かを判断する。仮に実施する場合は，効用と確率を掛け合わせた期待効用の高い選択肢を実施する。

　しかしながら，この枠組みを不確実性への対処にあてはめると，期待効用理論の2つの基本要素である起こりうる結果のパターン（シナリオ）と確率が十分特定できないという不都合が生じる。

　そのような場合に実務上よく行われることは，将来のシナリオを現時点で想定できる「悲観」「平均」「楽観」的なものとして洞察力でもって描くことと，確率は主観的確率を置くことからスタートすることである。そのうえで，これらの要素をその後の追加情報・データで補正していくことであろう。これは，期待効用理論を意識していること，主観的確率については，ベイズ・アプローチにより将来客観的確率に移行されることが期待されることから，伝統的な枠組みに落とし込める合理的なアプローチといえる。

　しかしながら，情報・データが蓄積されるまでは，不安定な意思決定といわざるを得ない。この点を補強するため，3つの視点から検討する必要があろう。1つ目は，予測の考え方の変更である。2つ目は，大きな失敗に陥らないため，途中から戦略を修正・変更しうる柔軟性の組み込みである。3つ目は，小さな失敗の段階で迅速に対処するため，想定外の事態における対応力の強化である。以下これらの重要性について，関連知見を踏まえて整理しておきたい。

## (1) 予測の変更

　例えばサイバー脅威は，日々攻撃の主体，方法が変化し，進化するという特徴を持つ。同時に防御方法も強化されているという動態性を有する。このような状況においては，過去のデータの傾向から将来を予測するという考え方が必ずしも当てはまらない。

　遺伝の分析でショウジョウバエがよく使われるのは，生殖のスピードが速く結果データが迅速に利用できるからである。現在のリスク管理の枠組みでは，内部モデルを構築できないような不確実性の高いリスクに関しては，ストレスシナリオを想定して資本の確保やコンティンジェンシー・プランを立てるのが一般的である。またこのシナリオに対する確率は，当初はエキスパートジャッジメントにより主観的確率を当てることとなろう。そして，その後の新しいデータや情報に基づき，ベイズ・アプローチや強化学習法の枠組みを応用して検証を加え，シナリオや主観的確率を修正していく。

　しかし，従来の枠組みではデータの蓄積を待つ必要がある。かつそのデータの将来の予測可能性が保証されないような事態においてはどう対処すればよいのであろうか。予測の迅速さと精度を追求するための視点の１つは，不確実性に対しより説明力の強いファクターを探し出す努力であろう。従来利用できなかったデータが利用可能になるとするならば，この可能性を増すこととなる。今日，自動車事故のリスク分析において，従来の運転者の属性分析の利用から運転技術自体のデータ分析の利用が進められている。医療についても，過去の治療データの分析から健康に関する個人データの活用，さらには遺伝子の利用の可能性も議論されている。

　このようなアプローチから発想すると，サイバー攻撃による結果データの蓄積を待ってそのパターンを読み取るものではなく，この脅威を生み出している攻撃者に着目し，彼らの直近の特徴から将来の攻撃のシナリオを洞察力で予測するといったアプローチが考えられる。

　第２に，着眼点を変え，弱いシグナルを感知することであろう。今日のサイバー攻撃は，既存のシステムに関する不具合情報を参考にしていると言われて

いる。そうであるなら，可能なストレスシナリオの想定において不具合情報から攻撃として考えうるシナリオの組み合わせを予測する。また，日々新たな切り口で展開されるサイバー攻撃のモニタリングにおいて，過去のパターンと異なる弱いシグナルを見落さないこと，人が持っている「なにか嫌な気がする」といった直観を活用する必要がある。

今日SNSなどの発達で，イベントの発生や多数の異なる視点からの意見は瞬時に共有される時代となっている。その中に大量の個人行動の可能性に関する情報が反映されているとするなら，これらの意見が新たな行動への予兆となりうる。このようにビッグデータを予測データとし活用する可能性も考えられる。

（2）戦略の変更

われわれは，物事が起こる理由を知りたがり，因果関係をはっきりさせたがり，目にしたことの背後にあるルールを理解したがる。人間には身の安全を守りたいという欲求があり，出来事が偶然によって起こりかねないなら心配をする性癖をもっている。これは，原因がわかれば結果をコントロールできると考えているためでもある。ここで過去のデータから得られるパターンと因果関係は異なる点に注意が必要である。統計学では，相関関係は，因果関係を含意しない，と言われる。因果関係には必ず時間的な前後関係があるが，時間的前後関係があるからといって因果関係があるとは限らない[21]。科学は証拠を積み上げ因果関係の検証を行うプロセスである。

しかし予兆はこれまでと異なるパターンの検索で足りる。それがどういう意味を持ちどのような背景と結びつくかはその後の話である。AIは過去のデータからパターンを抽出することはできる。現実の隠れた因果関係の確かな現れであるパターンとそうでないパターンとを区別する必要があるが，AIはこの違いを判断することはできない。人間もこれをできるとは言いきれないものの，過去の参考になる経験知から判断しようとする。これは直観と呼ばれるものか

---

21　デイヴィッド・J・ハンド『「偶然」の統計学』松井信彦訳，2017年，ハヤカワ文庫，35ページ。

もしれない。AIはなんらかの指標や基準を人間が与えてやらなければ，判断しない。あるいは，人間の判断もそのような状況で，自主的に判断しようとする点に大きな違いがあり，その正しさの精度は高くなく，AIよりは，判断できる可能性がある程度かもしれない。しかしながら，思考停止に陥らず，物事を前に進めていくという意味で，それを自主的に実施しようとする点は，大きな違いである。

このようにデータがない中でのアプローチとなると，いきなりAIを使うわけにはいかない。不確実性評価において，どのようなプロセスを取るべきか，どのような情報を参考にすべきか，といったデザイン構築の領域は，リスク管理の経験が豊かな専門家が考えていかなければならない。ここに，人とAIの現時点の住み分けが存在する。さらに，AIのどの機能を活用すれば，より正確に，より的確に，より効率的に分析ができるか，についても人がデザインしなければならないだろう。

現在，これまで，入手できなかったリスクファクターに関連するデータが利用可能となったり，数多くのデータが得られる社会システムが構築されつつある。今までは扱いきれずに捨象してきた，あるいは後回しにしてきた分析が可能な時代が到来している。ソーシャルメディアを通じた発信の中には，これまで利用できたデータより範囲においても量においても上回る情報がある。これまで触れていなかった領域の分析が可能になる。したがって，従来認知していなかった，些末に見える情報にも規則性があり，それを抽出することで新たなリスクモデルを作る糸口もできよう。

複雑系という考え方はもともとフラクタルやカオスといった数学を中心とした概念から出発していて，ランダムに動いているように見えるものに規則性を見出し，それが経済現象をはじめとするさまざまな分野に活用されるようになった。これまでは，人は情報処理能力の制約から，ある一定以上の分析ができず，規則性がないと結論づけていた。新たな情報をAIにより分析した結果，規則性が確認されるなら，予測の精度が向上することとなる。

AIは大量のデータを元に，人間の情報処理能力をはるかに超える速度で，機械自らが特定のパターンを見つけ出す。人の顔を見分けたり，人間の行動を予測できたりすることから，自動運転，医療，金融，製造業などへの活用が検討されている。AIは株式投資にも活用されている。ただし，AIが大量のデータからパターンを学習し，予測モデルを作りそれを活用した場合，過去，同じような状況下で何度も発生した事象への対応は得意であるが，ブラックマンデーや2007年の金融危機のような稀にしか起こらない有事においては判断を誤る可能性がある。そのような事態に対しAIをオフにして人が対応するなどの措置が採られている。しかし，このような有事対応に関するデータも蓄積されてきたり，その他のデータがこれらの事態との関連性が確認されるなら，それらのデータを統合的に使うことにより予測の精度を上げることも考えられよう。AIのシミュレーションがさらに進化する可能性もある。最近は，自然界で実際に起こる自然淘汰に発想を得たAIの形式も研究されているようである。進化的アルゴリズムと呼ばれている。例えば，多数の擬似トレーダーをPC上で作り，過去のデータを基にしたシミュレーションを実施する。その結果を検証して，最適なものを選択する。成績の悪い遺伝子を持ったトレーダーは，淘汰されていく。このプロセスを無数に試行することによって最適解を得るということも行われている[22]。

　このようにAIの幅広い活用が検討されている一方，AIのみに頼ってしまう弊害も指摘されている。AIはブラックボックスである，とよく言われように，なぜその結論に至ったのか，説明しない。すなわち相関関係で判断するのではなく，因果関係から意味を考える必要がある場面でのAIの提示結果への過信についての警告である。AIは多数のデータに基づく相関関係の繰り返しから最適解を選択するわけで，どういう考えでこうなっているか，といった理由を持たないからである。

　例えば，学歴や職歴，SNSで本人が公開した情報などからAIが相関関係や

---

22　NHKスペシャル取材班『人工知能の「最適解」と人間の選択』2017年，NHK出版新書，88〜90ページ。

確率に基づき出した個人の能力や信用力に関する判断を過信した結果，人生の重要な場面を左右してしまう場合があると指摘されている。米国では，蓄積された犯罪歴のある人物のデータを解析する再犯リスク評価モデルがすでに24州で使用されている，という。このモデルはもともと再犯の危険性が低い犯罪者に対する判決を軽くするために，裁判官の気分や偏見に左右されることなく一貫性を高める目的があった。しかし，モデルの評価やプロファイリングを過去のデータの傾向から評価するため，法廷で証拠として扱われるべきでないものが判決の判断に使われた場合のリスクが少数派への差別を助長しかねないといった懸念についても議論されている。つまり，われわれは何をしたかで裁かれるのであって，何者であるかで判断されるべきではない，という論点である。しかし，複雑なモデルのロジックがブラックボックス化された場合，モデルに含まれる前提の中に，偏見に満ちたものが含まれ，そのバイアスによってアウトプット自体が判断をミスリードするおそれがある。

　キャシー・オニールは，モデルの中のスコア算出アルゴリズム自体がオープンにされていない場合にその懸念があるとし，数理モデルが不透明性，規模拡大性，有害性の要素を持つと，数学破壊兵器になると，その脅威に警鐘を鳴らしている[23]。

　ERMにAIを活用する場合においても，その目的に適合する分析モデルのデザイン，ロジック，投入するデータの適性と品質について事前に十分検証する必要がある。

　なお，EUで2018年5月から施行されている個人情報を取り扱う，一般データ保護規則（GDPR）には，プロファイリングを根拠とした取扱いに意義を申し立てる権利を保証することが明記された。

### （3）想定外への対応

　想定外のマネジメントにおいては，センスメイキングが重要になることはす

---

[23] キャシー・オニール『あなたを支配し，社会を破壊する，AI・ビッグデータの罠』久保尚子訳，2018年，インターシフト，48～50ページ。

でに述べた。行動すると同時に見つけたものの本質を部分的に定義しながら状況を見定めることによって，迅速な行動に伴うレジリエンスを強化するという発想である。

　リスク管理の領域では，定量的アプローチ（「リスク」への対応）と定性的アプローチ（「不確実性」への対応）を補完的に組み合わせ実践している。その過程で人はシステム１の思考とシステム２の思考をバランスさせながら現実の意思決定を実行している。AIの技術の進化により，人の持つシステム１の弱点を補い，システム２の思考を迅速に行うための補強が可能である。また，ビッグデータにより，これまで利用できなかった情報を分析することができるようになり，定量的アプローチの領域を拡大する可能性がでてきた。同時にモデルの信頼性について関心が高まっている。モデルは物事を単純化させたものである。当然その過程で無視されたデータが存在する。この無視されたデータの影響でモデルの予測と結果が不一致になることもある。また，予測したい対象に直結するデータがないため，代理データを使用することもある。例えば，火災と煙といった強い相関を持ったデータもあれば，相関の強くないデータもあり，どのような代理データを使用するかによって予測の精度は異なる。

　前述した人とAIの特性を踏まえた対応が今後ますます拡大されよう。人は価値観を中心に思考し，因果関係を重視して判断する傾向がある。AIは，過去のデータから浮かび上がってくる法則（相関関係）に基づき思考し，傾向について判断する。また，人は事象間の因果関係を，自身の経験知や価値観で当てはめようとする。その際，無意識の内にバイアスがかかってしまうことがある。一方，AIはデータ処理そのものにバイアスはかからないものの，再犯モデルのように使用する過去のデータ自体によってバイアスがかかる場合もある。AIは，人間のように意味を理解したり，心理を読んだりしない。ただ，文書全体におけるキーワードの総合的な重要性を把握することはできる。

　このような両者の機能や特徴を十分把握したうえでより良い共存の有り様を検討することはセンスメイキングの強化につながることであろう。例えば，日々の運転状況をAIがモニタリングして，最近の傾向を過去のデータの傾向

とつきあわせて判断した結果，事故を起こしそうな運転手を抽出して研修に行かせるといった形の利用をしている事例がある。従来は，事故が起こってしまった後で，すべてのドライバーを研修の対象にしていた。これが，個別のフォワードルッキングな対応を可能にした。大量のデータに基づく傾向に則り，スピード感を持って対象者，対象物の予兆を掴み，対処する目的でAIを活用することは，弱いシグナルを見落とさず，想定外への対応を強化する観点からも有用であろう。

## 7 ERMの進化への期待

　ERMのさらなる進化には，不確実性への挑戦が不可欠ではないかということは当初から抱いていた問題意識であった。本書では，これまでの検討を通してリスクと不確実性を峻別すること，既存の発想から脱却し，不確実性に挑戦すること，新しい技術を活用することがERMを前進させるきっかけになることを示した。われわれはこれまで不確実性をリスク化することにより，合理的で安定的なフォワードルッキング経営を推進させてきた。

　しかし今後直面する不確実性は，われわれに想定外の事態をつきつけることであろう。これをテイクするか否かの判断はやはり慎重であるべきである。説明責任を果たせるほど十分合理的なプロセスを踏んだうえで判断すべきであろう。そして，不確実性をテイクするという戦略的判断が下された後の経営管理の枠組みについても，ERMに追加的仕組みを組み込んでおく必要がある。また期中のモニタリングにおいて，弱いシグナルへの感受性を高め，柔軟な思考と迅速な行動を実践するためのカルチャーを浸透させる必要があろう。

　今日のリスク社会においては，拡大する不確実性に対し，ますます効率的にリスク処理をしなければならない。AIを活用した分析力の強化とアナリティクスから得られる知見は，不確実性を解明するための気づきをもたらし，リスク化促進に貢献することは間違いあるまい。そして，得られた知見はさまざまな形で応用可能である。他分野の成果が交流される事態も増えている。例えば，疫学分野の研究から得られた洞察がヒット商品の予測へ，スパムメールを除外するフィルター機能がエイズウィルスの検出に活用されるように，デジタル革命がもたらす知見の交流の拡大が，不確実性に対するイノベイティブなアプローチを促進することに期待したい。

　また同時に，リスク管理は，将来の選択肢を合理的に行うためのツールであり，適正な目的の下で活用されてその本来の機能をはたすことを忘れてはなるまい。

不確実性への挑戦は，スタート点に立ったばかりである。われわれ自体がマインドセットを転換し，新技術を活用して不確実性へのアプローチ力を強化し，ERMの進化を後押しする必要がある。そして，そのような継続的なプロセスを支える合理的で科学的な枠組みの確立の重要性については，ERMが依拠している科学的プロセスのこれまでの発展の歴史が力強く証明している。


　　　（本論の中の意見の部分は筆者の意見であり，所属する組織のものではない）

# あとがき

　本書を脱稿したとき感じたことが3つあります。第1に，不確実性という主題が，われわれの挑戦心を駆り立て，知的刺激を煽る深い魅力を持つ懐ろ深いテーマであるという点です。第2に，ERMの活用領域は，不確実性の拡大とともに飛躍的に広がろうとしている事実です。ERMは企業の経営管理手段としてスタートしましたが，今日，例えば，気候変動という地球目線の不確実性が企業の社会的貢献と戦略が一体化するにつれ，その守備範囲は拡大しようとしています。第3に，デジタル革命や気候変動に代表される経営環境の変化は，ERMの進化を強く要請しています。

　企業の存続は容易に達成されるものではありません。今日の経営システムはこれまでの多くの失敗と克服の歴史の上に成り立っています。企業は不確実性への挑戦から逃れることはできません。常に実践の中で試され・鍛えられる中で経営技術を進化させていく必要があるとの思いを強くしました。

　本書でも触れましたように，企業の責任はグローバル・パートナーシップを意識したものになっていきます。それは同時に未経験の不確実性に対峙することを意味します。第4次産業革命やSDGsなどのグローバルな課題への取組みは，非連続な世界への移行を意味し，マインドセットの転換，ビジネスモデルの革新，戦略の刷新を要求することとなるでしょう。

　ERMは，今後，短期的には金融危機の教訓から導出されたERMの守備範囲の拡充（Extended ERM：EERM），実行性を重視する行動視点の強化（Behavioral Risk Managemen：BRM）に向かっていくことでしょう。同時に，中期・長期的には，リスク社会が生み出す新たな不確実性に挑戦する中で進化を模索していくことになるものと考えます。

　1991年にFacing up to the Risk[1]（リスクへの挑戦）という書物を手にしたと

きの新鮮なショックを今でも覚えています。同書は，1980年代後半のバブル崩壊の中で金融・保険業が経験した数々の失敗や混乱の教訓から何を学ぶかをテーマにしていました。そして，これらの事業の本質が「リスクをとることで，収益を生み出している」ことを指摘し，リスクとリターンの効率的なマネージが経営の根幹であることを示していました。収益をあげるためにリスクにフォーカスすべきであるといった経営の基本に関する提言は，「リスクへの挑戦」という表題に込められていました。

それから時代は大きく移り，本書で検討したとおり，ERMは今後，非連続な世界へ土俵を移し，不確実性への挑戦を繰り返すことによってERMの実効性を切り拓いていこうとしています。本書がERMのさらなる進化においてなんらかの参考になれば幸いです。

本書出版においてはいろいろな方のご支援をいただきました。

株式会社中央経済社の奥田真史氏には，本書の編集全般にわたりお世話になりました。心より感謝いたします。

有限責任監査法人トーマツをはじめ，デトロイト トーマツ グループの同僚各位に多くの助言・支援をいただきました。特に，栗村一也，笹田尚宏，笹部綾乃，中野圭一朗，堀越繁明，三津間なゆた，和田あずさの各氏の支援にあらためて感謝いたします。

最後に，本書の完成を日ごろから支えてくれた家族に感謝します。

本書の内容は筆者個人の責任のもとに書かれたものであることをお断りするとともに，ご教示，ご批判をいただければ，幸甚に思っております。

---

1　Dominic, Casserley, *Facing up to the Risk*, 1991, JohnWiley & Sons, Inc. New York.（日本語訳は，工藤長義訳で『リスクへの挑戦—金融機関の生き残り戦略』1994年，金融財政事情研究会，から出ている。）

# 索　引

## 【英数】

ERM ······················································· 2
ESG投資 ················································ 51
IFRS ······················································· 8
JCO臨界事故 ······································· 137
LIBOR事件 ············································ 32
LTCM ·················································· 129
PRI ······················································· 48
SDGs ···················································· 49

## 【あ行】

移行リスク ············································· 50
イノベーションのジレンマ ···················· 120
インシュアテック ··································· 43
ウェルズ・ファーゴ事件 ························· 33
エマージングリスク ························ 13, 158
エンロン ·············································· 106
オペレーショナル・リスク ···················· 136

## 【か行】

科学的アプローチ ···································· 9
気候変動 ················································ 45
気候モデル ············································· 46
規制の虜 ·············································· 145
期待効用理論 ········································· 74
帰納的推論 ············································· 11
共通価値の創造の戦略 ························· 192
グリーン・ファイナンス ························· 51
限定合理性 ············································· 78
行動視点のリスク管理 ························· 157
行動ベースアプローチ ··························· 41
国際財務報告基準 ···································· 8
コーポレートファイナンス ······················· 8
今回は違うシンドローム ························· 61
コンダクトリスク ································· 137
コンプライアンス・リスク ····················· 40

## 【さ行】

サイバー脅威 ······································· 171

サイバー攻撃 ······································· 174
サイバー保険 ······································· 177
再犯モデル ··········································· 230
サブプライムローン ······························· 25
サプライチェーン攻撃 ························· 172
時間軸の悲劇 ········································· 51
システミック・リスク ···················· 122, 135
自然災害リスク ······························ 16, 160
持続可能な開発目標 ······························· 49
持続的保険 ············································· 51
首席科学顧問 ········································· 72
順応的管理 ··········································· 197
証拠金規制 ············································· 27
進化論的科学論 ······································ 72
真の意味での不確実性 ··························· 86
ストレスシナリオ ································· 181
ストレステスト ······························ 29, 167
成功の罠 ·············································· 114
生態系 ··················································· 63
責任投資原則 ········································· 48
センスメイキング ··························· 71, 229
戦略のパラドックス ······················ 115, 215
戦略バイアス ······································· 117
想定外 ··················································· 58
想定外のマネジメント ··························· 69
測量可能な不確実性 ······························· 86
ソーシャルリスク ································· 157
ソフトコントロール ······························· 36

## 【た行】

チェルノブイリ原子力発電所 ··············· 145
地球温暖化 ····································· 46, 161
直観 ················································ 79, 80
デジタル革命 ········································· 24
統合的リスク管理 ···································· 2
動態的ERM ··········································· 54

## 【な行】

二重過程モデル ······································ 79
日常化された逸脱 ································ 151

## 【は行】

ハインリッヒの法則 …………………………… 144
破壊的イノベーション ………………………… 120
反脆弱 …………………………………………… 66
東日本大震災 …………………………………… 159
非財務的要素 …………………………………… 194
ビジネスエコシステム ………………………… 193
批判的思考 ……………………………………… 72
ヒューマン・エラー …………………… 141, 151
ヒューリスティクス …………………………… 78
不確実性 …………………………… 74, 84, 183
不確実性管理 …………………………………… 97
不確実性の回避 ………………………………… 155
不確実性の度合い ……………………………… 199
不確実性バッファ ……………………………… 190
不正のトライアングル ………………………… 205
物的リスク ……………………………………… 50
プリンシプルベース …………………………… 37
フレームの盲目性 ……………………………… 104
プロスペクト理論 ……………………………… 208
ベアリングス …………………………………… 123
米国貯蓄金融機関 ……………………………… 100
冒険貸借 ………………………………………… 90

## 【ま行】

マインドセットの転換 ………………………… 192
マーケティング近視眼 ………………………… 117

ミスコンダクト ………………………………… 153
三菱重工長崎造船所大型客船火災事故 ……… 142
モデルガバナンス ……………………………… 19
モデルへの過信 ………………………………… 131
モデルリスク ……………………………… 15, 135

## 【や行】

弱いシグナル …………………………………… 66

## 【ら行】

ランダム性 ……………………………………… 4
リアルオプション ……………………………… 212
リスク …………………………………………… 3
リスクアセスメント …………………………… 89
リスクアペタイト ……………………………… 31
リスクアペタイト・フレームワーク ………… 31
リスク化 …………………………………… 8, 91
リスクカルチャー ……………………………… 153
リスク感性 ……………………………………… 4
リスク社会 ……………………………………… 63
リスクと不確実性の峻別 ……………………… 191
リスクの3様相 ………………………………… 76
リスクパーセプション ………………………… 89
リスク評価モデル ……………………………… 12
レグテック ……………………………………… 44
レッドチーム・オペレーションズ …………… 202
レバレッジ ……………………………………… 129

【著者紹介】

## 後藤　茂之（ごとう　しげゆき）
有限責任監査法人トーマツ　リスク管理戦略センター　ディレクター

　これまで，大手損害保険会社及び保険持株会社にて，企画部長，リスク管理部長を歴任。日米保険交渉，合併・経営統合に伴う経営管理体制の構築，海外M&A，保険ERMの構築，グループ内部モデルの高度化，リスクアペタイト・フレームワーク，ORSAプロセス整備に従事。IAIS, Geneva Association, EAICなどのERM関連パネルへの参加。現職にて，ERM経営高度化，ガバナンス強化，規制変化への対応支援などのコンサルに従事。関連セミナー・講演の実施。

　大阪大学経済学部卒業，コロンビア大学ビジネススクール日本経済経営研究所・客員研究員，中央大学大学院総合政策研究科博士課程修了。博士（総合政策）。
　専修大学大学院客員教授，中央大学大学院非常勤講師

＜著作物＞
　「経営管理としての意義および留意点」有限責任監査法人トーマツ金融インダストリーグループ編『最新IFRS保険契約』第14章，保険毎日新聞社，2018年
　『保険ERM基礎講座』保険毎日新聞社，2017年
　「リスク社会とリスクリテラシーの変化—自然災害リスクを題材にした検討」高橋宏幸，加地敏雄，丹沢安治編著『現代経営戦略の軌跡』第9章，中央大学経済研究叢書67，中央大学出版部，2016年
　ERM経営研究会『保険ERMの理論と実践』金融財政事情研究会，2015年，第3章共同執筆
　Insurance ERM for New Generations, The Geneva Association, Insurance and Finance Newsletter No.13 February 2014
　Distinguishing Risk and Uncertainty- Building up Capital Buffers and Recognising Judgemental risk, The Geneva Association, Insurance and Finance Newsletter No.10 August 2012
　「サブプライムローン問題の検証とリスクマネジメントの再構築」林昇一・高橋宏幸編著『現代経営戦略の展開』第9章，中央大学経済研究叢書53，中央大学出版部，2011年

有限責任監査法人トーマツ

　有限責任監査法人トーマツは，日本初の全国規模の監査法人として1968年に創立されました。東京・名古屋・京都・大阪・福岡の5都市から始まった国内ネットワークは，現在では全国約40都市を結んでいます。「経済社会の公正を守り，率先してその発展に貢献する」ことを経営理念の第一に掲げ，公認会計士を中心とするプロフェッショナルファームとしてさまざまなサービスを提供しています。

ERMは進化する ── 不確実性への挑戦

2019年1月10日　第1版第1刷発行

著者　後　藤　茂　之
発行者　山　本　　　継
発行所　㈱中央経済社
発売元　㈱中央経済グループ
　　　　パブリッシング

〒101-0051　東京都千代田区神田神保町1-31-2
電話　03(3293)3371(編集代表)
　　　03(3293)3381(営業代表)
http://www.chuokeizai.co.jp/
印刷／東光整版印刷㈱
製本／㈲井上製本所

©2019 Shigeyuki Goto
Printed in Japan

＊頁の「欠落」や「順序違い」などがありましたらお取り替えいたしますので発売元までご送付ください。（送料小社負担）

ISBN978-4-502-28931-6　C3034

JCOPY〈出版者著作権管理機構委託出版物〉本書を無断で複写複製（コピー）することは，著作権法上の例外を除き，禁じられています。本書をコピーされる場合は事前に出版者著作権管理機構（JCOPY）の許諾を受けてください。
JCOPY〈http://www.jcopy.or.jp　eメール：info@jcopy.or.jp　電話：03-3513-6969〉